U0894819

北京大学政府和社会资本合作（PPP）研究中心
PEKING UNIVERSITY PUBLIC-PRIVATE PARTNERSHIP RESEARCH CENTER

History and Development of Global PPP
International Comparisons

全球PPP的历史沿革与发展

基于国际比较的视角

孙祁祥　岳鸿飞　著

中国财经出版传媒集团
经济科学出版社
Economic Science Press

总序

作为政府与社会资本共同承担公共事务的制度创新，PPP 并非现代经济的一个形态，而是一个具有深厚历史底蕴与时代印记的产物，它所遵循和反映的是政府与市场关系的经济逻辑和国家治理模式不断演进的社会规律。自中世纪法国最早出现特许经营业务至今，PPP 经历了数个世纪的演进。20 世纪 90 年代以来，伴随着以 PFI 为标志的现代 PPP 模式在英国出现，PPP 仅用了数十年的时间就席卷全球，成为世界各国争相实践并不断推广的重要公共服务模式。

从中国来看，新中国成立至改革开放初期，国家计划统筹是按照计划经济原则运行的中国经济建设的基本制度模式，罕有公共部门与私人部门的合作项目。始于 1978 年的改革开放，从某种意义上来说，也开启了政府与社会（私人）资本合作的序章。从 80 年代至今，我国 PPP 的发展先后经历了理论探索期（80 年代中期至 1993 年）、试点期（1994～2002 年）、推广期（2003～2008 年）、波动期（2009～2013 年）和快速成长期（2014 年至今）。在这一过程中，两个重要的历史时刻值得铭记：一是 2002 年党的十六届三中全会通过的《关于完善社会主义市场经济体制若干问题的决定》首次明确指出，允许非公有资本进入法律法规未禁入的基础设施、公用事业及其他行业和领域；二是党的十八大提出“市场在资源配置过程中起决定性作用”的论断，为 PPP 在发挥市场主体作用、转变政府职能、建设现代财政体制、促进国家治理现代化等方面提供了重要理论依据，我国的 PPP 也由此迅速发展起来。2014 年以来，经过短短 6 年的时间，中国 PPP 市场已经成为全球规模最大的市场。全国 PPP 综合信息平台中的数据显示，截至 2020 年 7 月，全国累计入库项目 9 668 个，投资额 15 万亿元；

累计落地项目6 626个，投资额10.4万亿元，落地率68%；累计开工项目3 964个，投资额5.9万亿元，开工率达59.8%。

纵观当今全球主要国家的PPP发展历程我们可以发现，无论是发达国家还是发展中国家，各国在运用和发展PPP的动因上均表现出了高度的趋同性。可以说，填补公共财政支出的财力缺口、寻求高效率与专业性的公共服务、深化市场化改革和提高国家治理能力的现代化水平，成为各国推广应用PPP的重要动因，中国也不例外。而正是经济社会发展对基础设施和公共物品提出的越来越高的要求，以及现代金融技术和管理的发展所提供的有力支撑，使得政府与社会资本相结合日益彰显出其经济合理性。PPP的生命力就在于，它将政府部门所追求的公平目标和社会（私营）部门所追求的效率目标，通过风险共担和利益共享机制有效地结合了起来。只要机制设计得当，政府与社会资本就可以形成良好的互补关系，使政府在宏观调控、资源的运用能力、公共服务的监督管理经验等方面所具有的优势和社会资本在技术、管理、运营等方面所具有的优势实现叠加，由此有效激活市场潜力，提升政府管理效能，提高公共产品和服务的供给质量，实现公平与效率的统一。

经过40余年的改革开放，特别是党的十八大以来，中国在治理体系和治理能力现代化上取得了长足进步，但仍有许多改进和提升的空间。2020年10月召开的党的十九届五中全会提出了到2035年必须实现的社会主义现代化远景目标，其中之一就是“基本实现国家治理体系和治理能力现代化”。全会特别提出，要处理好继承和创新的关系，做好“两个一百年”奋斗目标有机衔接；处理好政府和市场的关系，更好发挥我国的制度优势，这些都体现了以习近平同志为核心的党中央高瞻远瞩的战略眼光和强烈的历史担当，对决胜全面建成小康社会、全面建设社会主义现代化国家，对巩固党的执政地位、确保党和国家长治久安，具有重大而深远的意义。目前，中国正经历着从高速增长转向高质量发展的重要时期，即将开启全面建设社会主义现代化国家的新征程。作为化解当前社会主要矛盾的重要机制，PPP在经历了快速推广和调整以后，也正在逐步进入规范发展期。正是在这样的背景下，北京大学PPP研究中心推出PPP系列丛书，希望通过基础理论研究、国际经验总结、政策环境分析、机制体制设计、治理效能提升、绩效模式改进等的探索，进一步促进 PPP 理论体系的完善。

由财政部与北京大学联合设立的北京大学政府和社会资本合作（PPP）研究中心自 2017 年 9 月正式成立以来，以“服务国家战略、推动北大双一流建设”为目标，秉持“国际视野、中国理念、学术高地、行业智囊”的宗旨，以 3P 的定位（platform——“政产学研联盟平台”“创新理论研究平台”“科研成果转化平台”“专业人才培养平台”“国际交流合作平台”；provider——提供 PPP 的基础理论、政策咨询、国际经验、中国案例；producer——促进政府与市场有效结合路径的理论探索；促进资源配置最佳方式的实践探索；促进中国经济可持续健康发展的不懈探索），来承担 3P（Public，Private Partnership——政府与社会资本合作）的使命，分别从宏观、中观、微观三个层面，对推动国家治理结构、完善机制体制建设、解决项目融资困境等方面做了大量的工作，在推动 PPP 理论研究和实践探索方面取得了长足的进展。截至目前，中心已经出版了一系列研究成果，包括《北京大学·中国 PPP 指数（中英双语）》《北京大学·中国市场蓝皮书》《PPP 模式支持脱贫减贫的探索（中英双语）》《全球 PPP 的历史沿革与发展——基于国际比较的视角》《保险资金支持政府和社会资本合作发展研究》《PPP 模式在产业新城建设中的效能研究——基于县域经济高质量发展的视角》等专著，获得了理论界和实践部门的高度认可。

2020 年是人类历史上极其特殊的一年，突如其来的新冠疫情叠加大国博弈、地缘政治冲突、自然灾害等经济、政治、社会各类风险事件，对世界各国都产生了巨大的影响和冲击。这次疫情实际上也是对各国治理体系和治理能力水准的一次大考。我相信，随着实践的发展，越来越规范的 PPP 必将在我国今后推进国家治理体系和治理能力现代化的进程中，在全面建设社会主义现代化国家新征程中，发挥越来越重要的作用。我希望北大 PPP 系列丛书能够为构建中国 PPP 理论体系，为 PPP 的健康有序发展，提供重要的理论基础。

是为序！

孙祁祥

2020 年 11 月 30 日于北京

前言

作为政府与社会资本共同承担公共事务的制度创新，PPP 现已成为世界各国争相实践并不断推广的重要模式。然而，PPP 并非现代经济的一个形态，而是一个具有深厚历史底蕴与时代印记的产物，它所遵循和反映的是政府与市场关系的经济逻辑和国家治理模式不断演进的社会规律。

当前，我国已进入 PPP 发展的加速期。在此背景下，总结、梳理典型国家 PPP 发展过程中的做法、经验及其教训，为我国 PPP 的进一步发展提供“他山之石”，实属必要。正是出于这样的认知，本书基于国际比较的视角，系统梳理了全球 PPP 发展的历史沿革与发展实践，以期借鉴国际经验，更好地把握 PPP 的本质内涵、内在机理、功能定位及发展规律，确保 PPP 在我国的健康发展。

本书围绕以下六个方面开展：PPP 概念的国际界定；全球 PPP 的演进历程与主要特征；代表性国家 PPP 的模式应用；代表性国家 PPP 的制度框架；PPP 项目的实施与操作规则；“一带一路”沿线国家的 PPP 发展；全球 PPP 经验对中国的启示与借鉴。

其中，引言部分重点介绍典型国家和主要国际组织对 PPP 概念的定义阐述，由此构建本书的话语体系和基本范畴。第一章主要是从历史纵向的角度，梳理代表性国家 PPP 的历史沿革与发展脉络。第二章基于横向比较的视角，从 PPP 项目的类型划分与融资模式两个维度，阐释各国 PPP 应用的模式选择与发展现状。第三章和第四章分别从 PPP 宏观层面的制度框架和微观项目层面的操作管理，分析 PPP 在立法制度、监管架构、项目实施流程以及操作规则等方面的具体做法。鉴于“一带一路”倡议的实施，以 PPP 模式推进沿线国家基础设施建设已成为 PPP 应用的重要领域，本书专设第五章对该问题进行了研究，这也可以看作是PPP国际市场的一个具体应用。在上述研究的基础上，第六章围绕全球PPP发展的历史必然性、各国PPP模式的共性、中国PPP本地化特征，以及制度设计与PPP操作细则等内容进行了综合比较和国际做法的系统梳理，以期在全书最后集中提炼国际PPP的发展经验，为我国的PPP发展提出有益建议。

具体内容简介如下。

引言：PPP概念的国际界定。从对现有资料和文献的梳理中我们可以发现，不同国家和地区对PPP有着不同的理解和阐述，且狭义与广义并存。从狭义上来看，许多国家认为，只有真正通过私人融资，且社会资本在公共项目中真正承担了资金风险的模式才能称为PPP项目。例如，美国PPP委员会认为：已经建成的基础设施项目通过委托运营等方式进行服务外包不属于PPP；英国政府明确提出：PPP项目需要通过私人融资并承担风险，形成激励机制。而在广义上，不少国家认为只要公共部门与私营部门之间发生合作关系，均可称为PPP模式，如加拿大、日本、新加坡等。也有的国家并没有形成学术范式的PPP定义，而是将其放在具体应用中加以阐述。如澳大利亚将PPP定义为一种长期服务合同；南非认为PPP是一种介于公共部门和私营部门之间的商业交易；巴西、墨西哥、哥伦比亚则将其更加具体化在交通领域，并作为公共交通项目的一种建设形式。但无论哪一种PPP定义，各国对PPP本质内涵的规定都是统一的，即都强调政府和私营资本之间利益共享、风险共担的长期合作伙伴关系，追求公共部门和私营部门发挥各自优势，其根本目的是满足公共支出的资金需要，提高公共服务的质量和效率，完善公共治理体系。

第一章：全球PPP的演进历程与主要特征。从全球PPP发展的历史沿革来看，自中世纪法国最早出现特许经营业务至今，PPP经历了数个世纪的演进。特别是自20世纪90年代以来，伴随着以PFI为标志的现代PPP模式在英国出现，PPP仅用了数十年的时间就席卷全球。根据各国PPP出现的时间和发展现状，可将当前全球应用PPP模式的代表性国家分为三个梯队：第一梯队为英国和法国两个PPP先驱国家；第二梯队为美国、加拿大、日本、澳大利亚、新加坡等后来居上的国家；第三个梯队为中国、印度和拉丁美洲等新兴市场国家。而各国PPP模式的兴起与演进，均与本国经济发展中的“私有化”“民营化”，或者混合所有制改革进程有着密切的关系。例如，英国保守党受新自由主义经济思潮的影响，开始施行私有化改革策略，大力促进民营企业参与公共事务的积极性；日本的“民活”运动，将私营企业及团体引入地方的自治管理和公共事务之中；中国的改革开放和混合所有制改革等措施，打开了民营企业参与公共服务的制度限制，激发了社会资本的热情。总而言之，作为处在“国有化”和“民营化”两种理念、两种形态之间的中间状态，PPP 的演进历程与发展脉络在很大程度上折射出一国政府与市场关系之间的经济逻辑与均衡博弈。

而在发展动机上，各国也表现出明显的相似性。填补公共财政的支出缺口，追求更专业的公共服务和管理绩效，成为各国发展 PPP 的主要动机。例如，英国为应对战后重建和经济疲软，开启了“私人融资活动 PFI”；美国在西进运动中，允许私人部门投资，并参与大量公路和公共基础设施的修缮；加拿大在金融危机后，启动了私人融资计划。而澳大利亚、日本、新加坡等国家基于本国在基础设施建设上的专业要求，不断追求更有效率和务实的工程建设，进而主动与私人部门合作。

第二章：代表性国家 PPP 的模式应用。根据世界银行对 PPP 典型类型的划分，PPP 常见的应用类型通常包括 12 种主要形式。然而，随着全球 PPP 实践的不断深入，世界各国所应用的 PPP 类型已远超“世行”所划分的类型，例如美国 PPP 理事会认可的 PPP 种类已达 18 种，其中仅 BOT 模式就演变出多种衍生类型。PPP 类型的多元演变与应用，一方面反映出各国对 PPP 模式应用的自主性与主导性在不断增强；另一方面也映射出 PPP 模式本身的灵活与弹性特征。与此同时，也有的国家并未追求 PPP 应用类型的发展与变化，而是继续坚持传统的 PPP 模式，如在日本、巴西等国，经典的 BOT 模式仍是这些国家坚守的主要甚至唯一模式。在 PPP 的融资模式上，代表国家加速金融品创新的趋势和步伐则极为显著。例如，英国推出的社会影响力债券（SIB），“成功付款”契约（pay for success），澳大利亚的资产循环模式等，均是当前 PPP 领域创新的代表。

第三章：代表性国家的 PPP 制度框架。各国 PPP 的制度框架和管理模式，是学界长期研究的重点内容，通常包括法律制度和监管规则两个层面。在法律制度方面，由于每个国家有着不同的立法理念，大陆法系国家与普通法系国家在建立 PPP 法律框架时，就出现了本质上的不同。以法国、日本、韩国、西班牙为代表的大陆法系国家，通过颁布具体的专门法律进行 PPP 的立法，例如《使用者付费特许法》《BOT 法》《PPP 法》等；而英国、美国、澳大利亚、加拿大等普通法系国家，则没有针对 PPP 出台专门的法案，而是将其嵌套在现有的法律当中，如《公共合同法》《政府采购法》等。有些国家将 PPP 仅作为合同合约的一种契约形式，通过 PPP 合同契约来规范 PPP 的实践。但即便是合同契约，不同国家也不尽相同。例如在西班牙，PPP 特许合同属于行政法条款的范畴，而在菲律宾等国，PPP 合同则属于私法合同范畴。

在监管主体上，绝大多数国家通过财政部、审计署等已有的职能部门进行监管，也有的国家通过成立 PPP 国家理事会、PFI 推进委员会、基础设施建设中心等专门机构进行监管。各国的监管内容和程序，则反映出各自不同的监管重点与理念。如澳大利亚采用相对宽松的监管风格，重点关注 PPP 项目的结果和质量，不干涉社会资本的具体运作过程，以此充分激发社会资本的能动性和创造性。法国政府对 PPP 合同实施整体的严格控制，在重视 PPP 项目短期目标和长期目标协同发展的同时，致力于解决未来在合同执行长期过程中无法预测的问题。印度通过制定全国通行的 PPP 法律法规来规范本国的 PPP 项目，同时侧重于为私人部门创造更加有利的环境，提供基本的保障资金、人力和政策支持。但不论各国采用何种监管风格，几乎所有国家都在沿袭英国“物有所值”的理念来评估 PPP 模式的可行性，并重点审计 PPP 项目是否达到预期的绩效要求和政策目标。

第四章：PPP 项目的实施与操作规则。作为 PPP 项目具体实施的底层操作，PPP 项目的实施规则是各国 PPP 发展成熟程度的具体标志。发达国家依靠多年的实践，在 PPP 项目的操作和规则设计上，积累了丰富的经验，值得各国学习并进行本土转化。典型国家 PPP 项目的发起通常基于政府提出或社会资本申报两种渠道，但政府发起的比例明显大于社会资本申报的比例。英国、美国、加拿大、法国等发达国家在开展 PPP 项目的前期准备中，并不急于确定项目方案和社会资本合作方，而是先开展详细的市场情况摸底，摸清市场对自身所需产品和服务的供给情况。法国在发放项目意向书之前，不会聚焦到具体单个供应商的服务方案，而是以整个市场的供应情况为主。在招标的原则上，绝大多数国家会根据“经济性最大”的标准选择竞标方案，但加拿大等国家则以风险最优分配为竞标原则；新加坡由于相对丰沛的财政收入，更加倾斜于政府承担更高的融资成本，但要求社会资本在项目上表现出更高的专业和效率。在梳理代表性国家的PPP合同和管理规则时我们发现，一个明显的共性特征是，各国均会给PPP项目的纠纷和调解留出一定的空间和清晰的解决过程，但原则上不对项目的目标期望做出修改。澳大利亚、印度等国还在PPP项目的管理上采用明显的分类导向，对于国家倡导的重大项目，可以进入PPP流程的绿色通道，以此缩短审批时间；但对于资金需求量过大的基础设施类项目，则会要求进入更加严苛的审批流程。

第五章：“一带一路”沿线国家的PPP发展。从国际合作的角度来看，PPP模式给各国之间的项目合作提供了新的合作模式，特别是伴随着“一带一路”倡议构想的实施，基础设施建设已成为“一带一路”合作的重点领域，而巨大的资金缺口、多主体的参与形式、跨区域长周期的项目特点，为PPP在“一带一路”项目上的应用提供了重要契机。但需要特别指出的是，与国内PPP项目相比，“一带一路”沿线不论是发展程度、经济环境、人文地理、法律制度都有着极大的差异。因此，国际PPP项目更加复杂，也面临更大的政治风险、法律风险、经济风险、社会风险和自然风险。如何加速制度环境与法律体系的对接，强化PPP项目的金融与管理模式创新，是国际PPP项目需要探讨的重要问题。

第六章：全球PPP经验对中国的借鉴。从经验借鉴的意义上讲，明确PPP的本质功能、加快法律建设、创新融资模式、进一步完善PPP监管和合同设计，均是我国借鉴“他山之石”的重要内容。正如“莱利法则”所提出的那样，只有当PPP模式所实施的项目开发管理效率远高于传统政府公共项目的开发模式时，才适于使用PPP模式，而并非所有项目均适用PPP模式。当前，很多国家仍仅在公路项目和水务项目中采用PPP模式；有些国家在引入一定数量的私人资本时，也将相应减少地方公共投资财政预算的拨款，以此来防止地方政府将其单纯当作地方融资借贷工具，无节制地使用PPP模式。这些做法都值得我们借鉴。

在借鉴全球PPP发展经验的同时，我们也应看到中国在发展PPP时的特殊性。例如，几乎所有国家的PPP管理均放在财政部门，而我国由于机构改革的特殊性，PPP项目交由财政部门和国家发改委同时管理。再比如，英国、秘鲁、南非，甚至亚洲开发银行均把国有企业作为公共部门，公私合作的重点对象是民营企业。而在我国，国有企业却成为社会资本和PPP合作的主要力量。对于我国PPP发展的特殊性，我们需要进一步加强研究和深化认识，以推动PPP在我国实现真正的本土化和健康发展。

目录

引　言——PPP 概念的国际界定

政府和社会资本合作（Public-Private-Partnership，PPP）作为公共部门与私人部门建立合作伙伴关系的一种泛化式表达，目前尚未存在一个国际上通行的定义。不同国家和地区对 PPP 有着不同的理解方式，同一国家在不同发展阶段，甚至不同应用领域，对 PPP 的认识程度也不尽相同。作为 PPP 主要的实践和推广主体，主要发达国家、发展中国家和相关国际组织，结合各自的研究实践，从不同视角对 PPP 的概念进行了界定和内涵阐述。本书将在引言部分集中梳理世界各国和主要机构对 PPP 概念的官方定义，以便为后文对各国 PPP 的介绍和比较奠定基础。

一、主要发达国家

根据世界银行发布的《政府和社会资本合作（PPP）基础设施采购报告》（Procuring Infrastructure Public-Private Partnerships 2018）显示，截至 2018 年底，全球已有 135 个经济体建立了 PPP 模式的公共品供给制度，而几乎所有的发达国家，都在本国的基础设施建设中不同程度地应用了 PPP 模式，绝大多数 OECD 成员国甚至将 PPP 模式纳入政府的一般采购程序。

在这些发达国家中，英国、法国作为现代 PPP 发展的先驱国，成为全球 PPP 发展的效仿典范。美国、加拿大、澳大利亚、日本、新加坡等发达国家率先学习英国 PPP 发展经验，快速居上，不仅在本国的实践中形成了本土化的鲜明特征，更加深了对 PPP 理论的理解，深化了其概念内涵。这些国家在很大程度上，可以代表发达国家对 PPP 理念的基本认识。基于此，本节将结合上述国家 PPP 的概念加以阐述和比较。

1. 英国

英国政府在2000年发布的指导性文件《PPP——政府的方法》（PPP——Government Method）中对PPP定义为：PPP是一种以公共部门和私营部门相互合作为特点的项目实施合同结构安排，它有以下三个特质：第一，PPP项目通过多种产权形式在国有企业或国家项目中引入社会资本，并转让一部分股份；第二，项目通过私人融资并承担风险，形成激励机制，使公共部门有效利用社会资本优势，该优势具体表现为管理优势和技术优势，同时长期维持社会资本提供的高品质服务；第三，通过政府与私人资本合作，使政府服务拥有更广阔的市场空间，集合社会资本的专业知识和资金实力，开发政府资产中的商业潜能。此外，英国政府认为PPP还应具有广义的概念，即PPP应涵盖从公共部门独立运作到私营部门独立运作之间的各种合作可能，包括执行政策、提供服务、建设基础设施等。

英国基础设施项目管理局（IPA）认为，PPP模式——如PFI（私营融资计划）和PF2——是公共部门与私营部门签署的一种长期合同，用于基础设施项目的设计、建设、融资和运营。PPP模式可将工程施工、成本造价、项目运维等风险转移给私营部门，从而使公共部门免受工程延迟、造价失控和运营不佳等风险。在具体的服务内容上，PPP项目主要涉及新建学校、医院、道路、住房、监狱、军事装备与营房等公共基础设施。

2. 法国

法国对PPP也有着广义和狭义的理解，并对PPP进行了更加细致的类别定义。其中，广义的PPP主要指行政长期租赁、临时占用许可和公共服务特许等形式；狭义的PPP特指公共部门与私人部门通过签署“公私合作合同”而开展的项目合租。

具体来看，法国的长期租赁是对本国不动产物权的应用。根据法国《地方行政区域统一法典》规定，“行政长期租赁指地方政府为了实现公共利益或者为了向文化公益团体提供建筑物而签署的长期租赁协议，地方政府及其行政部门是主要出租方；临时占用许可指项目中的私营部门，对于被授权临时占用的国土资源上建设的建筑物、工程与设施享有使用权，并可以在其建筑物、工程与设施上开展授权部门批准的活动；公共服务特许是法国 PPP 的传统形式，也是当前法国公私合作最主要的方式之一，该内涵指公共部门以协议方式将一项属于公共部门职能的公共服务许可给私营部门经营，私营部门以此向用户收费获利。公私合作合同是一种区别于用户付费，改由政府完全或部分付费的公私合作方式，该模式借鉴英国 PFI，并通过新立法将这种模式确立为法国狭义上的 PPP。”通常“公私合作合同”项目周期为 10 年到 35 年以上，以设计—建设—融资—运营—维护（DBFOM）模式实现对公共资产的建设和管理。

3. 美国

美国 PPP 国家委员会认为，PPP 是介于服务外包和私有化两者之间的公共产品供给新形式。公共部门为满足公共需求，充分利用私人部门的资源和优势，对公共基础设施进行设计、建设、投资、经营和维护。从美国对 PPP 的定义中可以看出：第一，已经建成的基础设施通过委托和服务外包不属于 PPP 范畴；第二，将基础设施项目进行完全私有化也不属于 PPP 范畴；第三，美国 PPP 强调发挥私营部门的优势，强调目标应聚焦于对公共服务需求的满足。

然而，也有一些美国学者认为，PPP 与私有化在本质概念上是相同的，而 PPP 的名称比私有化更容易让人接受，且可以减少社会的歧义和争议。若按照美国政府责任办公室的定义，所有将政府责任向私人部门转移的制度安排都属于私有化范畴，因此 PPP 可看作是私有化的一种具体形式，其主要应用于基础设施领域，因而带有公共品属性。这一理解与英国产生了很大的不同，英国的私有化大多被理解为出售政府资产的代名词，它是 PPP 的一种极端方式。

4. 加拿大

加拿大 PPP 国家委员会从 PPP 项目的具体实践中提炼了概念内涵，认为 PPP 模式是公共部门和私营部门之间的一种合作经营关系，它建立在双方各自经验和优势的基础上，合作双方通过适当的资源分配、风险分配和利益共享，基于清晰的权责界定，最优化地满足公共需求。PPP 将与基础设施实施有关的各类风险，如成本超支、误工、意外、资产隐含瑕疵等风险转移给私营部门，并基于契约合同将项目的建设、运营、后期维护等业务整合起来，使公共服务具有持续性和专业性。

加拿大国家PPP中心认为，公私合作关系（PPP）是一种以绩效为基础的公共基础设施采购方式，双方合作具有长效性，其中私营部门承担融资与工程建设的主要风险，并确保基础设施从设计、规划到长期维护方面的有效执行。PPP可以通过约束私营机构在公共服务全生命周期内的责任，使社会公共品供给能力得以提升。PPP模式的优势源于：利用私营部门的专业经验和创新能力开展项目，以及市场规则和激励机制驱使社会资本提高公共服务绩效。

不列颠哥伦比亚省伙伴关系中心对PPP的定义是：PPP是政府和企业之间签订的具有法律约束力的合同，他们通过合作为公众提供基础设施或公共服务，譬如公路、桥梁和医院、市政大楼等。此模式对参与者的责任和经营风险进行了有效分担。

5. 澳大利亚

澳大利亚联邦政府在其PPP指南中对PPP的定义为：PPP是私营部门与公共部门之间签署的一个长期合同，其允许私营部门参与社会公共品的供给，并从中获得合理回报。澳大利亚政府基础设施和地区发展部认为，PPP指政府与私营部门之间的一种合作形式，政府向提供基础设施建设和相关服务的私营机构或联合体付费，私营部门将按要求建设基础设施，并长期按照特定标准提供运营和维护。项目建设和运行产生的直接资金通常由私营部门负责，政府部门通过此模式获得私营部门在项目设计、建设和运营阶段的全生命周期管理服务，并促进自主创新和效率的提高。

需要强调指出的是，虽然澳大利亚政府认为PPP是公共部门和私营部门之间具有广泛意义的一种合作关系，但仅适用于有公共基础设施属性的基础设施项目，并不适用于那些政府理应提供且与私营部门没有直接关系的基础设施项目。例如国防、卫生、教育等具有特殊责任的服务，依然是政府需要保留的核心服务内容，而对于非核心服务，如基础设施的维护、清洁、安保、修缮等可以交由私营部门进行提供。PPP项目适用的领域与边界是 PPP 需要界定的关键，且对于不同行业而言，也没有统一的适用准则。

6. 日本

日本将《PFI 推进法》视为本国 PPP 的基本法，该法案将 PPP/PFI 模式定义为：在公共设施的改进等方面高效且优质地引入私营部门，利用资金、技术和管理，确保向国民提供低成本且高效优质的公共服务，从而实现国民经济和社会的健康平稳发展。

作为日本内阁的官方机构，PFI 推进委员会将 PPP/PFI 定义为通过允许私营部门参与公共产品或服务的设计、建设、维护、运营、更新、管理等领域，有效利用私营部门的资金、管理者能力、技术优势提供公共物品，从而降低政府服务的运营成本，提供更多优质的产品和服务。日本官方在解释 PPP/PFI 中指出，日本公私合作的实践更偏重于强调私营部门资金和技术的介入，其主要目的在于降低成本、获得物超所值的有效服务，并格外重视基础设施的所有权问题。

7. 新加坡

新加坡财政部发布的《PPP 手册》是新加坡 PPP 发展的主要指导性文件，根据《PPP 手册》（第二版）的定义，PPP 指公共部门和私营部门为了提供服务而达成的长期伙伴关系，是政府用来提高私营部门公共服务参与度的一种重要方法。新加坡政府认为，通过 PPP 模式，可以使公共部门获得最具有成本效益的公共服务，而非传统的由政府直接拥有和运营公共资产；通过 PPP 模式，私营企业也将在公共服务提供中获得更多的创新和进步空间。

新加坡政府认为，PPP 模式为公共部门、私营部门、社会公众提供了三方共赢的合作机制。对于公共部门，PPP 可以利用私营企业的专业技能和竞争优势来提高服务质量和经济效益，同时实现风险的最优化分配，获得更加高效的公共服务方案；对于私营部门，PPP 模式将给私营企业者提供更多的市场和创新空间；对于大多数的社会公众而言，PPP 模式充分实现了政府与私营企业的优势整合和专业互补，通过更有效率、更优化的公共服务，使社会公众的效用得到最大程度的满足。

此外，德国联邦交通建设与房地产部对 PPP 的定义是：PPP 这一术语特指基于合同管理模式的公共部门和私营部门长期合作，双方以利用彼此的优势资源为目标，如专业知识资源、运营基金资源、人力资源等，并根据不同项目类型的风险特征，合理分担项目风险，从而有效地满足公共服务需求。

二、发展中国家和新兴市场经济体

发达国家对 PPP 的理解与探索对发展中国家产生了积极的影响。巨大的基础设施建设需求与市场空间，使 PPP 模式在发展中国家快速兴起，近年来不少新兴市场国家和发展中国家的 PPP 发展成绩斐然。根据世界银行 PPI 数据库的数据统计：2018 年，东亚和太平洋地区发展中国家私人参与基础设施投资的总投资为 410 亿美元，占全球总投资的近 46%；撒哈拉以南非洲地区 PPI 项目总投资为 77 亿美元，几乎是 2017 年的 3 倍，领域涵盖交通、能源、供水和水处理以及通信基础设施等。

另外，中国、印度、南非等发展中国家代表，以及巴西、阿根廷、墨西哥、哥伦比亚、秘鲁等拉丁美洲新兴市场国家，相继组成全球 PPP 发展的另一梯队，结合本国发展的实际需要，进行着 PPP 的快速应用和本土化改革。

1. 印度

印度 PPP 的缘起与发展深受英国影响，因此，在概念界定上也基本与英国对 PFI 和 PF2 的概念界定相近。印度政府财政部经济事务司认为，PPP 是公共部门与私营伙伴围绕基础设施建设或服务提供的一种公共品供给制度安排。在传统的建设合同中，私营部门仅承担设计和建设风险，但在 PPP 模式下，私营部门还要根据公共部门和私营伙伴之间的风险分担机制，承担融资、需求、运营等风险。

印度对 PPP 的概念定义十分具体，在一定程度上属于非学术式的定义。根据印度财政部经济事务司 2011 年颁布的《中央部门 PPP 项目形成、评估与批准指引》（Guideline for Formulation, Appraisal and Approval of Central Sector Public Private Partnership Project），印度政府认为 PPP 指在本国基础设施领域公共部门同私人部门的项目融资模式。印度政府将 PPP 按规模大小和领域分为三类：第一类是项目金额不少于 25 亿卢比的非高速公路基础设施项目和金额不少于 50 亿卢比的高速公路项目；第二类是项目规模介于 10 亿至 25 亿卢比的非高速公路项目或项目金额介于 25 亿至 50 亿卢比的高速公路项目；第三类是项目金额少于 10 亿卢比的项目。此外，印度政府结合本国的实际发展需要，认为改良后的设计—建造模式（DB）也属于 PPP。例如，私人部门在项目设计建设完工后，在短期内承担维护或修缮责任也属于 PPP 范畴，而世界银行、加拿大则都明确表示 PPP 不包含 DB 模式。

2. 巴西

巴西政府对 PPP 的定义相对具体，特指特许经营模式，并根据付费方式进行划分。巴西法律将使用者付费项目和政府付费项目区别开来，其中《特许经营法》专门用以规范由使用者付费的 PPP 项目，而其他付费方式的 PPP 项目则由相应的 PPP 发起方进行规范，但后者是近年来才被巴西政府纳入 PPP 的范畴。2004 年，巴西颁布的第 11.079 号法律明确了两种 PPP 的特许经营范式：第一种是赞助特许经营模式，指在公共工程或公共服务特许经营中，除了向用户收取费用外，政府等公共部门还可以给予一定的资金回报，但用户缴费额要覆盖工程成本的 30% 以上；第二种是行政类特许经营，即政府向私营部门购买服务，并免费提供公共使用。巴西政府对 PPP 项目具有以下要求：公共部门应有效利用公共资源，尊重用户权益；公共部门在职权范围内，承担对治安管理权及其他专项活动的监管责任；双方共同承担风险，承担财政责任，决策公开透明，以保障项目的可持续性。

3. 墨西哥

墨西哥对 PPP 项目的理解和定义也没有严谨的学术式表达，而是将其与政府的公共计划相结合，以具体的项目模式阐述 PPP 定义。墨西哥政府对 PPP 的应用主要体现在以下三个计划中。

第一，公路特许经营计划。该计划是为了连接和完善墨西哥当前的交通运输网络，为收费公路特许经营项目提供的一系列融资活动。此计划的主要目标是发展墨西哥的公路基础设施。第二，服务提供计划。该计划也是联邦政府推广的新型公私合营模式，主要针对不适宜使用者付费的 PPP 项目，政府会替代使用者向经营许可方支付费用，但经营许可方需要负责对初始工程进行融资。第三，资产利用计划。资产利用计划是指墨西哥政府将被政府救助的项目整合打包转给私营部门，进而帮助这些项目清还融资贷款，当债务清偿后，可再引入新的许可方开展工程项目，即该计划实现了交叉融资。

墨西哥对 PPP 项目的要求与其他国家基本相近，包括项目需要对区域社会的经济发展产生积极的溢出效应，以提高公共资源的使用效率，发挥民间资本的优势，保障项目具有经济和社会的可持续性。

4. 哥伦比亚

哥伦比亚政府在 PPP 法律中，对 PPP 的属性范畴进行了界定，提出以特许经营为代表的 PPP 模式属于自治式公共品供给模式。与一般公共工程类合同不同，PPP 要求对私人部门进行许可授权，由私人部门承担服务和项目运营的相关风险，并在授权人的监管下对所承担的公共基础设施提供开发、维护和运营服务。私人部门可以在一定时间内获得包括权利、税收、收费、土地升值等相关约定形式的投资回报。哥伦比亚国家政治经济与社会委员会对 PPP 中的风险分担方式进行了明确规定，提出 PPP 项目的建设、运营和需求风险均由私营部门承担，当出现需求下降从而导致流动性风险时，政府应提供流动性支持。

5. 阿根廷

阿根廷是拉丁美洲最早采用特许经营方式为国家基础设施进行融资的国家，其对 PPP 的定义也相对具体。阿根廷政府将 PPP 定义为利用特许经营的模式将公路基础设施的维护成本转移给私人部门，并进行严密的经济、财务可行性分析，提供公路系统的基础设施供给。以特许经营模式开展建设的道路不再采用传统的公共工程合同，取而代之的是建造—运营—转移（BOT）模式合同。可以看出，阿根廷政府对 PPP 的应用领域和模式都进行到了十分具体的阶段，以 BOT 模式对公路基础设施提供支持，是阿根廷主要的 PPP 项目内容。

6. 秘鲁

秘鲁通过法律法规对私人投资公共领域的活动进行规范和授权，该国颁布的《国有企业私人投资促进法》规定了私人可以通过增资，转让国有企业股份或部分资产，通过合资、合伙、服务提供、租赁、管理、政府特许经营等方式参与国有企业的经营活动，其中特许经营合同是秘鲁 PPP 项目的主要形式。

秘鲁 PPP 项目的合作双方一方是负责基础设施的政府部门，称为授权人；另一方是私人公司或联合体。开展 PPP 项目过程中，公共部门与私人部门签署合同，公共部门将特定的基础设施类工程授权给私人部门完成，私人部门直接对公众提供产出和服务。

7. 南非

南非政府对 PPP 所下的定义是：PPP 是指公共部门和私营部门之间的一种商业交易，本质上是私人部门承担政府机构职能的合同协议，并通过使用公共资产达到自身的商业目的。私营部门承担的责任包括代表公共部门履行公共服务职能，承担与国家资产有关的财务风险、技术风险和运营风险，在一定范围内获得国有资产的使用权，并以此获取收益，其方式包括由政府机构从税收中支付款项，或通过使用者付费的方式获得收益，也可以是两者的混合形式。

南非政府有关 PPP 定义的重要内容之一就是私营部门需要承担实质性风险，这也是 PPP 项目与传统政府外包项目的本质区别。在传统政府外包项目中，财务、技术和运营的实质性风险均由政府承担，但 PPP 模式则要求私人部门承担或合作方联合承担。该定义还明确指出，PPP 项目不是对国有资产或债务的民营化剥离，也不是对公共职能权益的商业化，更不是私营合作方的公益捐赠，且明确 PPP 项目不构成政府借贷。

三、主要国际组织

国际组织作为现代国际社会的重要组成部分，对各国 PPP 的发展起着关键的推动与指导作用。在相关政府间国际组织的政策文件中，很多机构从各自视角对 PPP 的概念进行了阐述。

1. 联合国系统

作为致力于全球发展与国家发展能力建设的国际组织，联合国开发计划署（UNDP）在 20 世纪 90 年代就将 PPP 作为援助国家开发建设的重要方式。1998 年，联合国发展计划署给出 PPP 的概念定义是：PPP 是指政府、营利性企业和非营利性组织基于某个项目而形成的合作关系形式。通过该合作形式，合作各方可以达到比单独行动更有利的结果。合作各方参与某个项目时，政府并不是把项目的责任全部转移给私营部门，而是同参与合作的各方共同承担责任和融资风险。从联合国开发计划署有关 PPP 的定义中我们可以看到，它一方面强调 PPP 合作的主要目的在于追求比公共部门单独行动更有利的结果；另一方面也明确提出，PPP 的运作原则应以公共部门与私营部门实现风险分担为前提，而并非简单的事务或风险转移。

联合国培训研究所（UNITAR）致力于对国际多边和双边事务政府外交人员的培训和能力建设，而 PPP 项目是其开展国际事务职能培训的重要内容之一。联合国培训研究所对 PPP 所下的定义是：PPP 涵盖了不同社会主体之间的制度化合作形式，其本质为满足公共产品需要而建立的公私合作关系，内容重点涉及大型公共基础设施类项目。这一定义强调，PPP 的主要服务对象为公共产品和大型公共基础设施，满足公共服务需求是 PPP 项目的核心内涵。与此同时，PPP 项目的重要特征是制度化的合作模式，通过合约在不同主体之间实现制度化建设，以契约合同为基础。

联合国欧洲经济委员会（UNECE）认为，PPP 项目发展的根本在于实现公共部门与私人部门在专业、知识、经验等方面的交流互通，通过不同知识和业务的整合，为地区发展出具最有实践意义的最优方案。联合国欧洲经济委员会还提出“以人为本”的 PPP 概念，要求在各类利益相关者中，应确保社会公众利益被放在首位。如 PPP 项目应聚焦于提升各类社区的公共品服务质量，为社会创造更多可持续的就业机会，提升性别平等，保证水资源、能源、交通、卫生、教育等公共服务领域的稳健与可持续发展。

联合国亚太经济与社会理事会（ESCAP）认为，PPP 是一种更优化的项目管理机制，可以分享资源和收益，分担职责和风险，通过发挥各方优势来满足公共需求。联合国亚太经社委员会同时也提出，基于政治、法律、商业生产能力等因素，并非所有项目都适用 PPP 模式，“超国别”和“超行业”的 PPP 定义均不存在，PPP 模式的选择必须紧密贴合具体需求、制度环境和市场条件。

2. 区域间政府组织

欧盟委员会（EC）对 PPP 的概念界定为：PPP 指公共部门和社会资本之间的一种伙伴关系，此合作的目的即为提供原本应由公共部门提供的公共项目或服务。合作双方均存在优势，且通过彼此所擅长的工作，实现公共服务和基础设施的最有效供给。

在此概念下，欧洲 PPP 专业知识中心将 PPP 模式与传统政府公共采购方式进行了比对，提出 PPP 项目应具有的典型特征：第一，PPP 项目是公共部门与私营部门签署的长期合同，着眼于服务采购，而非资产形成；第二，项目将部分设计、建设、运营、融资等特定风险转移给私营部门；第三，项目关注全生命周期表现，更加聚焦项目产出；第四，与私营部门共同分担风险，并优化资源组合，为公共部门及最终使用者提供“物有所值”的产出和服务。

经济合作与发展组织（OECD）对公私伙伴关系的定义是：PPP 是政府与私营合作方之间的长期协议，私营部门使用某项资本性资产提供公共服务并负责筹集资金，同时分担相关风险，其主要的应用领域聚焦于公共基础设施等大型服务项目。PPP 概念的关键在于公共部门与私营部门之间以创新的方式分担风险，并以双赢的方式实现投入价值的最大化。OECD 在定义上强调了 PPP 项目的长期性以及服务内容的公共物品属性，但其中更重要的一个方面则是将 PPP 视为一种重要的制度创新方式，以此来实现项目风险分担和收益的更加合理化。

3. 国际金融机构

世界银行（WB）对 PPP 的定义经历了几次不断完善的过程。2012 年

2月，《世界银行PPP指南》（Public-Private Partnerships Reference Guide: Version 1.0）第一版正式出版，该指南对PPP的概念内涵阐述包括了三个方面：一是PPP是私营部门同政府部门之间达成的长期合同，提供公共资产和服务；二是PPP可以由使用者付费，也可以由政府部门部分或全部付费；三是资产或服务具有公共利益，主要风险和管理责任交由私营部门承担。

2014年7月，世界银行、亚洲开发银行、美洲开发银行联合出版PPP指南第二版，此版本在第一版的基础上对PPP的定义进行了修订。新的定义在原有的三条内涵上新增加了一条，即“私营部门根据绩效情况得到酬劳”，进一步强调私营部门的回报机制以及PPP的激励相容原则。具体来讲，私营部门需要去实现由政府采购机构设定的各项绩效指标，当达到有关业绩标准时，私营部门应获得扣除成本后的盈余。反之，若未完成绩效要求，或显著偏离设定目标，则无法得到回报，并根据协议由私营部门承担相应的责任。此外，新概念更加强调PPP项目的长期性，从项目“全生命周期”的角度考虑成本和收益，实现服务供给的效率提升。

（1）国际货币基金组织（IMF）。

作为与世界银行同时成立的另一家世界经济组织的金融机构，国际货币基金组织在其《公共部门债务统计：编织者与使用指南》（Public Sector Debt Statistics: Guide for Compilers and Users）中对PPP进行了严格的定义：PPP通常指两个主体的长期合同，在该合约中，一个主体获取或建设一种资产或一系列资产，并运营一段时间；此后把资产转移给第二个主体，这种合约通常发生在私人企业和政府之间。

国际货币基金组织着重从项目所属权转移的角度对PPP项目做出了规定，着重强调项目在运营一段时间后需要进行资产的转移。从广义上看，国际货币基金组织所定义的PPP仅属于PPP模式中的一种类型，例如典型的BOT模式，但此定义无法涵盖其他类型的PPP模式，由此可见，国际货币基金组织的定义略为狭义。

（2）亚洲开发银行（ADB）。

亚洲开发银行在其2008年出版的公私合营手册中对PPP的定义是：为开展基础设施和提供其他服务，公共部门和私人部门主体之间可能建立的一系列合作伙伴关系。公共部门主要为政府等公共部门，如施工部门、组织部门、市政单位，国有企业等。私人部门既包括国内外企业，也包括在技术或资金方面有优势的投资者，同样也包括非政府组织或社会组织团体。

此外，亚洲开发银行还对 PPP 的特征进行了归纳总结。PPP 的特征主要包括：政府需要授权、规制和监管；私营部门需要出资、运营提供服务；公私双方长期合作，共担风险；重视产出，提高效率和服务水平。亚洲开发银行有关 PPP 定义最重要的贡献体现在对参与 PPP 的主体进行了具体化分类，清晰界定了公共部门主体与私人部门主体的区别，特别是将国有企业列为了公共部门。

四、中国政府

自 2014 年以来，中国政府通过多项政府文件对 PPP 的概念定义进行了阐述，其中财政部、国家发展与改革委员会以及国务院办公室颁布的三份关于 PPP 发展的概念较为权威。

1. 财政部定义

财政部于 2014 年发布《关于推广运用政府和社会资本合作模式有关问题的通知》，通知中对 PPP 给出了官方定义：政府和社会资本合作模式是在基础设施及公共服务领域建立的一种长期合作关系，通常由社会资本承担设计、建设、运营、维护基础设施的大部分工作，并通过“使用者付费”及必要的“政府付费”获得合理投资回报；政府部门负责基础设施及公共服务价格和质量监管，以保证公共利益最大化。通知同时提出，推广运用政府和社会资本合作模式是促进经济转型升级、支持新型城镇化建设的必然要求，是加快转变政府职能、提升国家治理能力的一次体制机制变革，也是深化财税体制改革、构建现代财政制度的重要内容。

此后，财政部发布实施的《政府和社会资本合作项目政府采购管理办法》将 PPP 项目纳入政府采购的范畴，该管理办法第 2 条称 PPP 项目是政府为了达成权力义务平衡、物有所值的 PPP 项目合同，遵循公开、公平、公正和诚信原则，按照相关法律要求完成 PPP 项目的识别、前期筹备，并依法选择社会资本合作的过程。

2. 国家发展改革委

国家发展改革委 2014 年发布的《关于开展政府和社会资本合作的指导意见》。该意见对 PPP 的定义同样给出了概念定义，即政府和社会资本合作（PPP）模式，是指政府为增强公共产品和服务供给能力、提高供给效率，通过特许经营、购买服务、股权合作等方式，与社会资本建立的利益共享、风险分担及长期合作关系。开展政府和社会资本合作，有利于创新投融资机制，拓宽社会资本投资渠道，增强经济增长内生动力；有利于推动各类资本相互融合、优势互补，促进投资主体多元化，发展混合所有制经济；有利于理顺政府与市场关系，加快政府职能转变，充分发挥市场配置资源的决定性作用。

此外，该意见对 PPP 应用的主要领域进行了规定和引导。明确 PPP 模式主要适用于政府负有供给责任又适宜市场化运作的公共服务和基础设施领域。如，燃气、供电、供水、供热、污水及垃圾处理等市政设施，公路、铁路、机场、城市轨道交通等交通设施，医疗、旅游、教育培训、健康养老等公共服务项目，以及水利、资源环境和生态保护等项目均可推行 PPP 模式。各地的新建市政工程以及新型城镇化试点项目，应优先考虑采用 PPP 模式建设。

3. 国务院办公厅

2015 年国务院办公厅转发《财政部、发展改革委、人民银行关于在公共服务领域推广政府和社会资本合作模式指导意见的通知》。在三部委意见的基础上，给出了 PPP 的定义，指出政府和社会资本合作模式是公共服务供给机制的重大创新，即政府采取竞争性方式择优选择具有投资、运营管理能力的社会资本，双方按照平等协商原则订立合同，明确责权利关系，由社会资本提供公共服务，政府依据公共服务绩效评价结果向社会资本支付相应对价，保证社会资本获得合理收益。政府和社会资本合作模式有利于充分发挥市场机制作用，提升公共服务的供给质量和效率，实现公共利益最大化。

通知同时指出，在公共服务领域推广政府和社会资本合作模式，是转变政府职能、激发市场活力、打造经济新增长点的重要改革举措。围绕增加公共产品和公共服务供给，在能源、交通运输、水利、环境保护、农业、林业、科技、保障性安居工程、医疗、卫生、养老、教育、文化等公共服务领域，广泛采用政府和社会资本合作模式，对统筹做好稳增长、促改革、调结构、惠民生、防风险工作具有战略意义。

综合以上各典型国家和国际组织有关 PPP 的定义，我们可以得出如下结论。第一，国际社会对 PPP 并没有形成一个统一定义，各国对 PPP 的定义和内涵阐述均根据不同国家的发展需要而各自确定，即便是在同一个国家，也因为环境和语境的不同而具有不同的含义。第二，PPP 强调公共部门（政府）和私营部门（社会资本方）构建合作伙伴关系的广义理念，是一种泛化式的表达，但具体实施可以采用多种模式，程度可以由浅入深。从广义上看，PPP 既可以包括传统的政府服务采购，也可以是具有实质性参与的融资合作。第三，从狭义上看，PPP 项目要求私人部门参与公共事务的融资，并承担实质性风险。换句话说，没有私营资本参与投资的项目不属于狭义的 PPP 项目。第四，PPP 产生的实质性合作，来自于公共部门与私人部门之间在资金和风险上的共享与共担。PPP 项目强调建立政府和私营资本之间利益共享、风险共担的长期合作伙伴关系，通过合同的形式达成契约，发挥公共部门和私营部门各自的优势，开展全生命周期的项目合作，其根本目的是要提高公共服务的质量和效率，提高项目抗风险能力，完善公共治理体系。第五，PPP 合作因涉及公共利益，要求政府必须介入项目的实施过程，但介入的方式和程度将因需要而各有差异。

全球 PPP 的历史演进与主要特征

根据各国 PPP 兴起的先后顺序、发展现状和一些学者的研究成果，可以从总体上将全球应用 PPP 的代表国家分为三个梯队：第一梯队为英国和法国两个 PPP 先驱国家，PPP 在这两个国家兴起，并形成了 PPP 模式的基本框架；第二梯队为美国、加拿大、日本、澳大利亚、新加坡等后来居上的北美和部分亚太国家；第三个梯队为中国、印度和拉美等发展中国家和新兴市场经济体。基于此，本章将从全球 PPP 发展的三大梯队中，分别挑选代表性国家进行 PPP 演进历史和特征的阐述与对比。

第一节 英国、法国 PPP/PFI 的滥觞与兴盛

PPP 并非现代社会的新产物。早在中世纪的欧洲，PPP 模式就已经出现了萌芽，其在法国兴起、在英国壮大，并最终席卷全球。了解 PPP 的起源和演进过程，有助于我们更好地把握 PPP 发展的初衷和本质目标。本节将结合 PPP 在法国和英国的发展脉络，探寻 PPP 发展的起源，并归纳其发展演进的历史条件与原因。

一、特许经营业务的兴起——法国

1. 法国的特许经营业务

作为公共基础设施与公共产品供给制度的一项重大变革，PPP 是对政

府职能转变和国家公共治理能力建设的积极探寻，这也成为各国发展 PPP 模式的重要动因。

欧洲是现代自由主义的重要发祥地，早在古罗马文明时代，欧洲大陆就充满了自由主义的基调，这给政府与社会资本的合作奠定了重要的思想基础。中世纪的欧洲，教权和皇权相互制衡，以法国为代表的欧洲社会，教会甚至凌驾于皇权之上，并向教民征收什一税，此举对政府税收造成了巨大的挤压，因此，面对公共服务和公共产品的巨大需求，政府不得不向以教会为代表的社会资本寻求合作。与此同时，法国等欧洲国家，在中世纪长期处于内部割据和外部战乱的双重挤压下，为了维护贵族阶层对君主的支持，君主通常会赋予当地贵族一定程度的社会管辖权。教会与地区贵族阶层，成为了政府与社会合作的主要对象，PPP 也因此滥觞于中世纪的欧洲。

特许经营成为欧洲 PPP 发展的萌芽形态，而法国正是特许经营模式的始作俑者。根据记载，法国政府早在十六七世纪，就通过特许经营的方式引入社会资本，并最先在运河和桥梁的运营上，应用了特许经营模式。1438 年，一位名叫路易斯·德·伯纳姆（Luis de Bernam）的法国贵族获取了莱茵河货物运输管理的特许经营权，在双方合约规定内，特许经营权的获得方可以对来往周转的货物收取费用，这也成为有记录以来最早的特许经营项目。1792 年，毕雷（Perrier）兄弟获得了法国巴黎城市供配水的特许经营业务，此后又有私人企业或贵族资本被特许参与港口等基础设施建设。

到了 19 世纪，法国的特许开发经营业务已渗透到铁路、供水、污水处理、城市照明、运河、电力系统、交通等领域，并正式进入了发展高峰期。为统一管理特许经营业务，法国政府专门设立特许经营管理部，对相关项目进行管理。到了 20 世纪后半叶，无论是从数量上还是规模上，特许开发经营业务在法国都取得了长足进展。20 世纪末，法国城市 75% 的人口用水都是通过特许经营业务实现的。在这一过程中，诸如威立雅、苏伊士、万喜、埃法日、布依格等很多私人企业，抓住了特许经营业务的契机获得市场资源，并逐步发展成为世界知名企业。

从严格意义上讲，在法国最早的特许经营业务中，公共部门与私人部门并没有实现产权上的融合，其本质是一种服务项目的分包和委托，因此，并不完全具备现代意义上的 PPP 内涵。但在广义上，政府通过授予个人或社会资本某种特许经营权，实现与私人部门合作，并提供公共服务和产品。基于此，大多数学者认为，特许经营实质上就是政府与社会资本合作（PPP）的具体形式之一。

2. 法国 PPP 的发展

2004 年法国政府正式通过合作法案，其中明确将 PPP 作为国家公共基础设施兴建的主要投资模式。法国政府明确，任何商业企业或机构联合体均可以参与 PPP 项目。从中可以看出法国 PPP 模式所涉及领域的广泛性和主体的多样性。法国将 PPP 视为政府与社会资本基于公共产品和服务的一系列法律和财务安排，其重要功能是把需求风险转移给了私人投资部门，而私人部门也可以获得公共部门长期的收入补偿。法国政府明确阐释了发展 PPP 的意义，即利用市场机制合理分配风险，提高公共产品和服务的供给数量、质量和效率。

伴随着法律对 PPP 模式的进一步明确，法国 PPP 在 2004 年之后得到了快速的发展，除原有的自来水、暖气供应、污水和垃圾处理、通信网络以及交通道路等 PPP 领域外，还新增加了医疗、监狱、政府大楼、法律服务、养老服务等领域。PPP 模式以“公共服务外包”的形式为主，多采用“使用者付费”的支付方式，但核心基础设施以及国防建设等领域仍然掌控在政府手中。

法国对 PPP 项目有着自己的理解和应用。其中，首个单词“P”主要指代政府等公共部门，这里不仅包括一级政府，还包括国有机构、地方组织、市镇联合体等公共机构。第二个“P”可理解为“Private，Professional and Provider”。换言之，这里的“P”既指民营机构，也指提供各类专业服务的供应商。而第三个“P”则强调地位平等的合作伙伴关系。PPP 模式首先需要政府等公共部门与企业等私营部门建立起一个共同的目标，双方应为此承担相应的角色和任务，并对风险进行分摊，这也是 PPP 模式的精髓所在。法国认为，如果在 PPP 项目中民营部门不承担任何风险，则有违市场原则；如果政府或公共机构将民营部门不能控制的风险任意转嫁，则有害于公信力，这些均不利于伙伴关系的形成。值得强调的是，法国政府认为 PPP 中的“Partnership”不是上下级领导与被领导的关系，而是通过合同协议，确定地位平等的合作伙伴关系，双方履行各自的权利和义务，提供优质公共产品和服务。

成熟的 PPP 市场是法国 PPP 的重要特色。在法国，几乎每个公共服务领域都有若干家业务专业、公信力高的公共服务型企业，市场占有率也较高。法国较高的 PPP 门槛，将很多不具条件的私人企业限制在外，也正是由于此，法国 PPP 市场鲜有低价竞争、恶意竞争现象的发生。总体而言，法国政府和公共部门更倾向于选择实力雄厚的大型企业，这些企业通常包括三个鲜明的特征：一是，财力雄厚，抗风险能力和稳定性强；二是，均为市场竞争的胜出者，在服务品质方面有较好的企业信誉和公众形象；三是，经过长期的实践积累，在应对各类风险和突发状况方面具有丰富经验。

自 2004 年开始，法国 PPP 项目合同数量不断增加，从 2004 年至 2016 年底，累计签订 PPP 合同 548 项，合同金额累计超过了 120 亿欧元，规模居欧洲第一。在这些项目中，地方政府投资的项目占合同总数的较大比例，项目内容涉及高等教育和中小学教育的基础设施建设，火车站和市政大楼的建设，道路、照明等公共设施，以及电影院、博物馆、游泳池等其他设施。中央政府 PPP 项目在合同数量上虽占少数，但合同金额较大，项目金额占到全部项目金额的 2/3 左右，领域集中在能源、垃圾回收、废水处理等设施上。根据欧洲投资银行发布的 2018 年欧洲 PPP 市场报告，2014 ~ 2018 年，法国 PPP 累计市场规模为 100.68 亿欧元，低于英国，位居欧洲第二。2018 年法国 PPP 市场项目总规模为 42 亿欧元，低于土耳其，同样位居欧洲第二，但项目数量位居欧洲第一①。

在法国，不同行业 PPP 合同的金额规模由行业特征决定。例如，城市基础设施建设项目在数量上超过了合同总数的 40%，但投资的总金额只占到 10% 左右。相反，城市运动和文化设施的项目数只占总数的 15%，然而，金额占总数比例却超过了 40%。交通设施金额分量最重，其个数虽然只占合同总数量的 9%，但合同金额却占到合同总金额的 50% 左右，合同

① Market Update Review of the European PPP Market in 2018，European Investment Bank，2020.

平均金额高达（税前）16亿欧元。

为保障本国PPP项目的规范执行，法国中央政府和地方政府建立了完备的法律体系和组织架构为PPP项目保驾护航。法国中央政府通过经济部和财政部来管理PPP。其中，经济部负责特许经营PPP项目的产业政策、行业规划制定，对PPP项目进行经济效益可行性评估，财政部从财政资金利用和支付管理的角度进行项目监管。2005年，法国政府专门成立了服务与合伙合同项目的工作小组（MaPPP），专门负责项目获得预算部批准前的评估工作。MaPPP在法国经济与财政部的授权下对PPP项目实施初步审查，提供专业意见，同时也参与PPP项目的谈判和项目咨询。

二、第一个现代意义上的PPP国家——英国

1. 英国发展PPP的时代背景

在英国经济发展的历史长河中，公共产品和服务由政府和私人部门合作提供的实践可以追溯至18世纪。1706年，英国政府成立收费信托机构，其受托人通过募集公共资金，负责新建公路和部分旧路改造，并代管公路的维护和经营。1773年以后，英国政府开始通过收费信托机构，向私人部门出售公路租赁权，私人部门需向信托机构缴纳一定额度的资金，而换取特定的公路特许权，再依靠公路使用者付费的方式获得回报。到1820年，英国大约有3 200公里的收费道路相继由私营部门运维，约占当时公路总长度的1.2%，这也成为早期英国的PPP模式，更准确地说是英国的特许经营业务。在自来水供应方面，早在18世纪初，伦敦的自来水供应业就开始由私人企业承担，政府对此基本不加以限制。充分的市场化竞争，使得伦敦自来水供给的服务和质量迅速提升，到了19世纪，伦敦已经成为欧洲城市供水的典范，并被评为“欧洲居住和健康状况最好的城市之一”。在大多数欧洲城市因为饮水问题而导致死亡率增高的同时，伦敦的死亡率却在下降[①]。19世纪末，已有95%的伦敦居民从私营企业那里得到管道供水服务，其中多数是对住宅直接供水。

---

① 《世界发展报告》（2004）。

英国在第二次世界大战后的经济发展需要，在客观上促进了本国的PPP 普及。为应对“二战”后的经济困境，英国政府选择了凯恩斯主义干预经济，即通过扩张型的财政政策和货币政策，拉动经济增长，扩大就业面积，并以基础设施为投资对象，极大地增加了公共财政的支出，其资金来源主要依靠政府债券和政府借款。1929 年，美国经济危机爆发，并迅速蔓延至英国。经济大危机带来的持续疲软，进一步加速了英国的扩展性经济政策需求。时任英国首相丘吉尔在全国范围内加快了对铁路、通信、供水、电力、能源等公共基础设施领域的投资，且以国有化的性质推进。过大铺开的投资面，加之国有化后产生的低效率，使得政府背负了日益沉重的财务压力，导致英国财政多年入不敷出。1979 年撒切尔上台后，受新自由主义经济思潮的影响，开始施行私有化改革策略。新政府一边精简公共开支，减少政府债务；一边进行民营私有化改革，刺激私人部门自由发展。这一举措对社会资本的利用和民营企业参与公共事务发挥了重要的促进作用。

2. 英国 PPP 的发展历程

英国 PPP 的发展历程，与上述时代背景和经济政策紧密相连。结合英国经济社会发展的政策脉络，可总体上将英国 PPP 的发展历程分为四个阶段。

第一阶段，PPP 研究和试行准备阶段（1972 ~ 1992 年）。从严格意义上来说，英国第一个非特许委托类的 PPP 项目可追溯到 1972 年，当时港英政府以建设—运营—移交模式（BOT 模式）在香港建设了红磡隧道。受这一项目的启发，英国财政部通过试点，对 PPP 模式及其决策原则进行了探索，自此英国开始了对 PPP 长达数十年的探索，并逐渐开辟了多种社会资本开发公共项目的模式先河。

在 PPP 的试行准备阶段，英国政府首先解决的核心问题是 PPP 模式的使用条件。针对该问题，英国财政部高级专员莱利（William Ryrie）提出了两个原则，又称莱利法则。该法则设定了使用私人资本开发公共项目的基本前提条件：一是只有在私人和社会资本的项目方案比传统的公共部门投资方案更高效的情况下，PPP 模式才能被用于公共产品和服务的建设运维，包括融资成本、专业与管理水平、项目实施效率等多个方面的比较。

莱利法则的第一条为私人资本设置了较高的准入门槛，这一核心思想后来也演变为评价 PPP 可行性的“物有所值”评估机制。莱利法则的第二条是每当地方政府引入一定数量的私人资本时，地方公共投资财政预算的拨款将减少相应的数额。该条款的设置主要是为了防止地方政府无节制地使用 PPP 模式，进而将其演变为传统的地方融资借贷工具，甚至违背第一条法则。然而，莱利法则的第二条过于强调 PPP 的效率原则，而忽视了 PPP 的融资效能和补充公共财政缺口的作用，由此导致地方政府对推行 PPP 模式失去了动力。莱利法则提出的严格准入条件，使得很多潜在的 PPP 项目不能通过政府的审核，进而也成为阻碍 PPP 大规模推行的直接原因。鉴于此，英国的保守党政府在 1986 ~ 1992 年逐步废除了莱利法则。

第二阶段，私人融资计划（Private Finance Initiative，PFI）正式推行阶段（1992 ~ 1997 年）。20 世纪 80 年代，时任英国首相撒切尔夫人在水、电、天然气等领域大力推行私有化改革，以期缓解政府的财政压力。但是社会资本的逐利性与公共服务的公益性矛盾不可调和，急需寻求兼顾公私利益的公共品供给模式。1992 年 11 月，时任英国财政大臣诺曼·拉蒙特（Norman Lamont）正式提出了“私人融资活动”（PFI），其代表性模式是以特许经营为基础的 DBFO（即设计、建设、融资与运营）方式。PFI 的产生也被人们普遍认为是现代 PPP 的发端，并由此奠定了英国现代 PPP 发源地的地位，PFI 成为各个国家 PPP 模式的效仿标杆。

英国财政部于 1992 年成立了私人融资委员会，并在 1994 年制定了一条决策原则，即“普遍适用原则”（Universal Rule）。该原则要求英国地方政府和中央部委在开发公共项目时，必须首先考虑利用私人和社会资本的可能性，换言之，在可以利用私人资本的情况下，政府应该尽量使用私人资本，并鼓励公共项目或公共服务对私营部门进一步开放，降低 PPP 的准入门槛。但即便如此，PFI 项目在当时也仅在小范围内尝试，除英法海峡隧道项目外，几乎罕见具有规模的 PPP 项目。出现这一局面的原因有二：一是当时执政的保守党更倾向于完全私有化策略，而完全私有化的项目不能被算作 PPP 的项目范围；二是英国 PPP 的准入门槛，英国政府规定任何社会资本参与 PPP 项目，必须要保障私人资本参与下的项目成本和效益优于公共部门自办的模式，但不少民间投资者由于缺乏先行经验，无法对这一要求给出承诺，由此只能对 PFI 持观望态度。

第三阶段，PPP 模式大规模推行阶段（1997 ~ 2011 年）。英国工党执政后，时任政府愈发认识到 PFI 模式相比于传统公共服务模式的优势，因此开始大力推广 PFI 模式，相关政策及其配套措施也得到全面跟进。在此之后的十余年时间里，英国在法律、政策、实施和监管层面建立了完整的框架，PFI 模式得到了广泛的应用，基本覆盖了英国几乎所有的公共设施领域。20 世纪 90 年代到 21 世纪初，英国的 PPP 项目迎来爆发式增长，项目几乎覆盖了英国国内所有涉及公共需要与公共物品提供的领域，如从学生宿舍修缮到城市地铁运营等。2001 年，英国 PPP 项目达到了 149 亿英镑的峰值。

在此期间，英国政府在推动 PPP 发展方面开展了以下标志性的工作：

第一，在组织机构建设方面，1997 年英国政府设立 PPP 项目协助主管部门，成立 PFI 研究推动小组，并先后成立了公私合资公司和地方层面的 PPP 项目公司。第二，实现 PPP 合同和操作细则的标准化和规范化。2004 年，英国财政部推出了专门针对 PPP 模式的《物有所值评价方法》，创造了对 PPP 模式进行规范化评估、论证和决策的方法体系，这在一定程度上标志了英国 PPP 模式逐渐走向成熟。第三，消除了原有法律体系的障碍和不匹配条款，以实现公私伙伴关系与原有法律框架的兼容，增强了法律保障。政府要求各部门提出 PFI 项目制度障碍清单，并进行逐一修订。英国 PPP 也逐渐形成了完善的法律、政策、实施和监督框架。第四，采用了更加灵活的 PPP 应用模式。除了采用 PFI 常用的 DBFO 模式外，DBFT、BOT 和 BOO 等其他公私伙伴关系模式也得到了较好的应用，从而更好地适应了 PPP 的政策环境和实际需要，同时也将更多的优势资源集中到重点项目上，提高了项目的落地成功率。

第四阶段，PPP 决策机制修正与改良阶段（2011 年至今）。自 2011 年起，伴随着英国保守党与自民党联合政府上台，英国政府开始对工党执政时期推行的 PPP 政策进行评估与反思。政府的参与度不足，项目债务压力加剧，后期运维不断出现问题，使得新一届英国政府不得不对 PFI 进行进一步的改革。英国财政大臣乔治·奥斯本在 2012 年底，正式拿出 PF2 改革方案，针对 PFI 项目出现的监管不严、合同设计不合理等问题给出了改革措施，并围绕效率改善与成本节约的双目标进行 PPP 改良。

PFI 的改良措施主要包括以下四个方面。一是调整股权融资模式，提高政府资本金比例。PF2 要求政府以小股东的身份参与 PPP 项目，并将私人资本的融资限额从之前的 90% 降到 80%，增加政府的参与性和合作性。二是改进招标流程，通过集中招标、规范招标流程等措施提高项目招标效率，同时提高信息透明度，以此满足公众对项目的信息需求。三是在组织管理机构上，撤销了财政部 PPP 处，建设英国基础设施局，由其统一负责 PPP 的政策推行。同时，赋予首相办公室大项目局对大型 PPP 项目的审批权，提高了高风险 PPP 项目的审查门槛。四是对于此前争议较大的物有所值评价机制进行了重大修改，将物有所值评价的定量分析部分删除，重新颁布具体评估细则，如表 1－1 所示。

表 1－1　PFI 存在的问题和 PF2 的改革措施

PFI 存在的主要问题	PF2 的改革措施
股权投资者获利过高①	政府作为少数股东出资参与所有 PF2 项目②； 在股份募集中，拿出一定比例，引入竞争机制
招标时间过长、成本高	规定招标过程不超过 18 个月； 招标过程标准化、流程化； 加强招标前准备和审核
灵活性不足	卫生餐饮等“软”服务不再纳入合同； 在服务内容增减等方面，给公共部门以更大裁量权； 引入盈利分享机制； 对服务的提供进行定期评估
透明度不够	对 PF2 项目引起的表外事项进行上限管理； 强化信息公开，包括私人部门股权回报、政府参股等信息
风险转移不当	公共部门更多参与到风险管理中
其他	优化债务融资结构、提高长期债务资金的可得性； 制定新的评估指引，替代现有的《物有所值 VFM 评估指引》

注：①英国最早采用 PFI 模式的 12 家医院，其平均股权收益高达 58%。②之前部分项目政府也有参股，但比例一般小于 10%，且不久就出售变现。

资料来源：H M Treasury. A new approach to pubic private partnership. 王福强. PPP 的全球进展及中国的改革实践［M］. 北京：中国财政经济出版社，2018：45.

根据欧洲投资银行发布的 2018 年欧洲 PPP 市场报告，2014～2018 年，英国 PPP 市场累计规模达 150.058 亿欧元，位居欧洲第一。2018 年英国

PPP 市场规模接近 5.7 亿欧元，低于土耳其、法国、荷兰和德国，位列欧洲第五，但项目总数量仅低于法国，位列欧洲第二①。

第二节 北美与亚太区域国家的后来居上

伴随着现代 PPP 在英国的兴起，PPP 的成功经验启发了美国、加拿大、澳大利亚、日本、新加坡等许多发达国家。借助着各国丰富的社会资本和本国经济制度和市场环境的优势，PPP 模式在许多发达国家呈现迸发之势，部分发达国家快速后来居上，并形成了符合本国特点的 PPP 模式风格。

一、美国

作为市场机制成熟完善的发达国家，美国在本国的经济发展过程中长期注重对私人部门资金的运用和动员。从 19 世纪开始，美国就尝试通过免税、发行市政债券等手段，配合公共基础设施和服务的融资。美国西进运动中的第一条横贯铁路，就是政府与私人铁路公司合作的成功案例。由此可见，在广义上，PPP 模式在美国并不是一个新生事物。同时，由于诸多历史原因的综合作用，美国 PPP 的发展也并非一帆风顺。

1. 美国 PPP 发展的演进

萌芽阶段。早在 19 世纪，美国就出现了 PPP 发展的萌芽，美国历史上的西进运动，给美国西部带来了巨大的疆土开发和基础设施兴建需求。美国政府无法单独依靠国家财力满足这一需求，因此必须将这些项目交给私营部门进行融资和建设。西进运动成为美国 PPP 起步的直接导火线。据统计，19 世纪末，已有超过 3 000 家私人企业参与美国西进运动中的公路建设，总里程共计 52 000 英里。除公路设施外，私人部门还较多地参与了民用水和电网的基础设施建设。

① Market Update Review of the European PPP Market in 2018，European Investment Bank，2020.

但在这一时期美国 PPP 项目模式并不能严格满足现代 PPP 的内涵，其中的重要原因在于私人资本参与 PPP 项目的融资形式，主要来自于政府的市政债券，换句话说这使得项目的融资风险仍在政府一侧。而现代意义上的 PPP 模式，要求私营资本承担项目的融资风险，以此发挥其市场性和高效性。因此，这一时期美国的 PPP 应该仅属于雏形或萌芽时期。此外，PPP 模式在这一时期也并非美国主要的基础设施修建模式，从全国层面看，绝大多数基础设施仍以政府出资为主要形式。

探索阶段。自 20 世纪 50 年代开始，伴随着航空业、铁路业的发展以及其他城市轨道交通的发展，美国人均行车里程减少，政府的收费公路项目效益受到了严重的影响，美国政府用于公共交通基础设施建设的资金开始捉襟见肘。与此同时，随着使用年限的增加，美国很多基础设施开始老化，用于维护与更新的资金需求也开始大幅增长。一方面是收入的减少，另一方面则是支出的增加，两方面所带来的“剪刀差”，使得美国公共交通基础设施建设的资金缺口不断扩大，在这种情况下，美国各级政府不得不重新考虑扩大 PPP 模式的应用范围和规模。从 20 世纪 80 年代末，美国联邦公路局开始支持州政府，将 PPP 作为融资的重要方式，更大范围地鼓励私人部门参与高速公路的建设与管理。

联邦政府通过对 PPP 的探索，发现 PPP 模式不仅可以降低政府债务水平，而且可以在实现公共基础设施融资的同时，吸收私人部门专业的技术和管理水平，显著增加项目效率，既能节约成本开销，又能带来更高的工程质量和效益。对于私营部门来说，PPP 模式使得此前社会资本无法涉足的服务领域进一步拓宽，提供了市场投资的新商机。美国政府将发展 PPP 的原因进行了总结和排序，从主到次依次为：节约成本、弥补政府工作人员和专业知识的缺乏、提供政府政治领导能力的支持、增加灵活性、增加创新、提高效率、获得高质量的服务。

虽然美国政府认识到了 PPP 模式的优势，但这一时期 PPP 在美国的发展仍存在巨大的挑战。其中，法律、政策差异以及社会意见成为阻碍 PPP 发展的主要问题。在法律层面，各州之间不同的法律和政府采购差异，成为美国在推行 PPP 中遇到的最大阻力。例如，有的州法律禁止协议投标并确定合同的最后期限；有一些州禁止将社会服务外包给私营企业，甚至禁止私营医院的存在。在政策方面，按照联邦法律规定，市政公债可以免税，但私营投资参与的项目，即使属于公共服务领域，也不能享有免税政策。如此这般的规定使得 PPP 模式变得更加昂贵，严重降低了社会资本的参与程度。而社会公众开始担心以 PPP 模式供给公共服务会增加公共服务的付费要求，因此绝大多数公众对 PPP 持反对态度。

另有学者和业内人士认为，发达的市政债券市场是美国 PPP 模式没有得到广泛应用的重要原因。在近两个世纪的时间里，美国市政债券市场为美国地方政府基础设施建设项目提供了廉价的融资服务。因此，地方政府在进行基础设施建设时，一般无须再向私人资本融资。

快速发展阶段。1998 年，美国克林顿政府开始从联邦层面推进 PPP 的建设，并制定了《联邦政府活动目录改革法》（Federal Activities Inventory Reform Act，简称 FAIR 法）。法案明确规定联邦及各州政府可以将公共事务委托给私人部门，并要求公开化、规范化和清单化。此法案正式拉开了美国加速推广 PPP 的序幕。1998 年，美国弗吉尼亚州通过 PPP 模式引入私营资本，成功为当地兴建了一座监狱，比美国政府的预期成本低了将近 20%。这一项目的成功，再此为美国政府快速推动 PPP 模式树立了决心。

2000 年以后，美国政府的财政收入压力日益加大，社会基础设施的老化进一步加剧了对公共支出的需求。美国各级政府公共预算加速收紧，包括纽约州、新泽西州和加利福尼亚州在内的许多州政府甚至无法继续通过发行地方债务为基础设施融资。在这一背景下，美国政府对私人资本的投资需求愈发迫切。特别是在交通领域，联邦政府不遗余力地开发交通类 PPP 项目，并通过制定多项有利政策，刺激社会资本在公共交通领域投资。除交通领域外，2004 年弗吉尼亚州颁布了《公私教育法案》（Public-Private Education Act），以法律形式明确了弗吉尼亚州可以通过引入私人资本兴建幼儿园至高中阶段的学校基础设施。随后，该法案的适用范围不断扩大，PPP 模式开始在供水、停车场、大学宿舍和医院等领域得到应用。美国其他各州目睹了 PPP 模式在弗吉尼亚州的成功运营之后，也纷纷效仿采用 PPP 模式，加速了 PPP 在美国的应用推广。

PPP 的发展一方面加快了美国公共产品和服务的供给速度，降低了公共设施的建设成本；另一方面也提高了当地公共产品、服务的创新能力和服务质量。2005～2008年，在政策的引导下，美国社会资本参与PPP项目的投资热情高涨，基础设施投资规模扩大了一倍，股权投资增长了两倍。其中，交通与公共运输类PPP项目的融资到位率达到了美国历史的最高水平。

调整推进阶段。2008年美国次贷危机爆发，并引发全球金融危机，美国实体经济遭受了严重的冲击，金融市场更是受到前所未有的冲击，长期债券的流动性显著下降，银行收紧了对PPP项目的贷款银根。金融市场的整体失灵使得PPP项目无法获得足够的债权融资，而PPP收益回报周期的长期性，又使得私募基金不愿意对PPP项目进行投资。

与此同时，这一时期美国的PPP项目仍以收费公路为主。过高的油价严重降低了居民使用汽车出行的频率，进而导致公共交通类项目收入下降，PPP项目的预期回报受到严重影响。许多PPP项目的投资商不得不向债权人协商保护，或根据破产法进行重组。

受次贷危机影响，银行开始要求PPP项目方提供贷款保证，或要求提高PPP项目收费标准。宏观经济的不确定性，也让潜在的私人投资者对PPP项目的收益产生了怀疑，更多的私人投资者将投资转移到风险较小的短期投资中。这一时期，一些PPP失败的案例也见诸报端，反对的声音愈发明显。例如，公共舆论反对将传统由政府提供的公共服务交由私人部门提供。政府雇员公会认为PPP剥夺了政府雇员的工作机会，这些均对美国PPP的广泛应用造成了严重的阻碍。

无论公众和社会资本对PPP产生怎样的情绪，但公共资金的巨大缺口和公共支出的刚性需求，是美国这一时期存在的客观矛盾。有研究表明，2008～2020年，美国每年仅在基础设施更新方面的投资需求就达到3 600亿美元。而以2013年为例，当年美国全年的财政收入仅为2.7万亿美元[①]，除去国防、教育等强制性、社会安全金、国家债务利息支付等刚性开支，用于基础设施翻新的可支配开支所剩无几。为了应对这一问题，美国政府于2009年颁布了《美国复兴和再投资法案》（American Recovery and Reinvestment Act），以法律的形式鼓励私营资本进入基础设施建设领域，该法案计划向基础设施领域投入约880亿美元的资金，但其所支持的

① 数字引自美国财政部，2014年10月。

PPP 项目须为“待建工程”，即已经构建起公私合作关系、完成了方案设计的 PPP 工程，以期稳定已参与 PPP 项目的社会资本。

2014 年 7 月，奥巴马政府出台了《建设美国投资倡议》（Build America Investment Initiative），呼吁美国财政部与美国交通运输部通力协作，探索基础设施领域的公私合营模式，以期在基础设施建设项目中吸引更多私人资本。该倡议新推出了高资质公共基础设施债券，该债券取消了原有公共活动债券在利率、最大替代限额等方面的限制。与此同时，还设立了隶属交通运输部的“交通投资中心”和隶属于环保署的“水基础设施融资中心”，提供相关领域的“一站式”PPP 业务服务。

2. 美国 PPP 发展的现状

当前，PPP 模式已经成为美国城市基础设施建设和运维的重要合作模式，投资领域涉及公路、铁路、地铁、港口、机场、电厂、水利设施、教育、医疗、污水和垃圾处理、监狱、输油管道等，甚至在军事、航空航天等领域都有 PPP 模式的应用，私人部门对基础设施建设的参与度日益加强。

但需要指出的是，美国 PPP 在不同行业的应用存在明显差异，并呈现行业聚集性特征。从历史数据中可以看出，美国的 PPP 项目主要集中在交通运输、饮用水和废水处理及建筑行业三大领域（见图 1－1）。

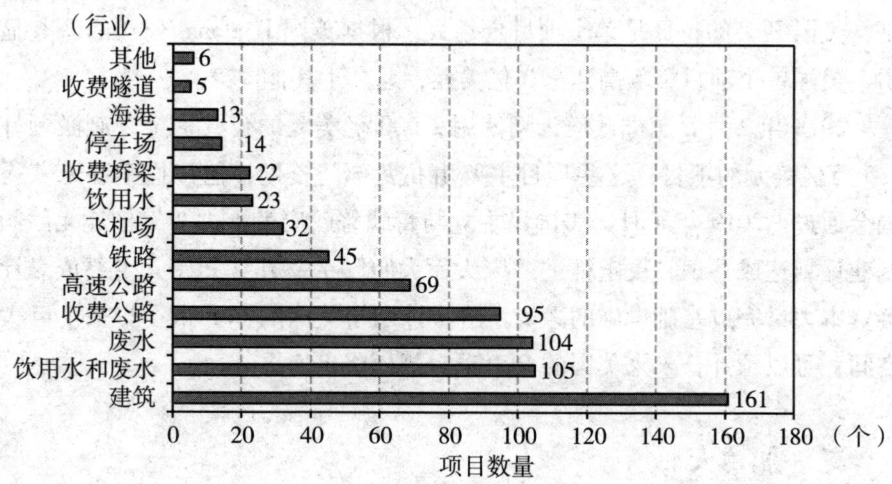

图 1－1　1986～2016 年美国达到融资完成阶段的 PPP 项目数量

资料来源：根据韦纳克和萨迪（Werneck & Saadi）报告中的数据整理。

以美国交通类PPP为例，美国收费公路的平均收益率为3%左右，收费公路在达到租赁期后，大多数会被废弃或者被收费公路的所有者以一定的价格转让出去，极少数收费公路的运营时间超过了租约期限。目前，美国已有19个州允许建设公私合营的高速公路，政府仍是交通设施的所有者，私人资本通过提供服务从中获得相应的收益。美国公路的收费方式很有特点，并非对所有通行者都征收通行费。一些地方政府同意去教堂做礼拜的人、军人以及在收费站镇内做生意的人可以免缴通行费。美国的高速公路往往设立多人乘车车道，并给予其免交通行费等优惠措施，以鼓励多人合乘。加州橙县91号公路在全国率先采用根据不同时段设定不同收费标准的收费方式。通过收费，限制高峰期出行的车辆数量，同时保证车辆在该公路上的行驶速度。

从实际规模看，美国PPP总体规模并不领先，项目总额低于英国、澳大利亚、西班牙和印度，与欧洲平均水平相当。根据美国基础设施研究机构的计算，2005~2014年，美国共有58个DBFOM项目，总价值为610亿美元，其中项目完成占比为80%，价值为390亿美元。而GDP约为美国1/10的加拿大，在同一时期也发展了相似数量的PPP项目。美国公共政策研究机构布鲁京斯研究院（Brookings Institute）的研究表明，1985~2011年，美国的基础设施PPP模式投资仅占全球的9%。可以看出，美国的PPP规模和应用并没有体现出与其超级大国地位相对应的速度和规模，但是，美国PPP的特征是单个项目金额大，根据英国IJ global公司的调查显示，美国单个项目金额高达9.3亿美元，远高于其他国家。

2018年2月，美国政府计划使用2 000亿美元的公共资金来刺激预计1.5万亿美元的项目，这些项目主要由私营部门资助，但该提案并未获得国会通过。2019年4月，美国民主党与特朗普政府就推进2万亿美元巨额基建计划达成共识，决定推进“庞大而大胆”的基建计划，并主要依靠社会资本力量完成基础设施的融资。这一计划给美国的PPP市场带来了巨大空间，可以预计，未来美国的PPP项目规模将迅速提升。

二、加拿大

PPP在加拿大的兴起始于20世纪90年代初，晚于英国和法国将近一个世纪。但到了 2011 年，加拿大 PPP 项目的总价值已位列世界第二位，仅次于法国，实现后来居上。根据联合国欧盟经济委员会的评估报告显示，加拿大从 2007 年至 2011 年，迅速完成从第二阶段到第三阶段的跨越式发展，跻身 PPP 市场的成熟国家行列。

1. 加拿大 PPP 发展的背景

加拿大毗邻美国，2008 年后，受发端于美国的金融危机影响，加拿大经济同样出现明显的疲软态势，国内生产总值迅速下降，负增长态势明显。与 2008 年相比，2009 年加拿大 GDP 同比下降高达 2.95%，2010 年虽然总体有所好转，但仍然处于低迷态势。因此，加拿大急需寻求一种可以刺激经济增长、促进经济回稳的有效措施。在这一背景下，政府刺激性的投资驱动和基础设施的兴建成为稳定加拿大经济的重要抓手。

追溯到 20 世纪五六十年代，加拿大的基础设施建设在经历了“二战”后进入了繁荣发展期，这一时期国家的基础设施建设投资占 GDP 比重达到 5%，成为历史峰值，并形成了大量的基础设施库存。而在此之后，加拿大的基础设施投资进入了放缓甚至停滞的状态。在随后的近 60 年当中，加拿大的基础设施投资占 GDP 的比重不到 3%，大量设施严重老旧并亟待维修。加拿大商会在 2013 年对本国基础设施进行调研时发现，加拿大大部分高速公路、桥梁等基础设施使用期限均已超过总寿命的六成，亟待修缮和翻新；主要城市废水处理设施均处在较差的运行状态。此外，加拿大另一项调查结果显示，加拿大 30% 的市政基础设施已无法继续提供公共服务，加拿大未来为修复和新建基础设施的资金需求初步估计就已超过 1 230 亿加元。2010 年以后，加拿大不列颠哥伦比亚、安大略、阿尔伯塔等地有大量轻轨项目需要开工建设或已经投入施工，其中仅埃德蒙顿山谷线和埃格列顿市区交通项目就达 71 亿加元的投资规模，这些公共基础设施项目的 60% 由政府拥有并负责维护。

根据花旗银行的 2012 年调查数据显示，金融危机后，加拿大每年基础设施方面的资金缺口在 500 亿加元到 1 250 亿加元之间；加拿大 PPP 中心 2012 年的评估数据显示，未来 10 年，加拿大基础设施面临升级改造的资金需求缺口将达到 4 000 亿加元。而事实也的确如此，2008 年后，加拿大政府开始遭受巨大的财政赤字压力，其中安大略省和曼尼托巴省赤字最大，分别达到88亿加元和83.4亿加元。除资金外，加拿大政府在基础设施的技术、专业人才等方面也出现了明显的短缺。在这样的背景下，加拿大政府决定开启基础设施的兴建和融资计划。

2. 加拿大PPP发展的历程与现状

PPP在加拿大的发展历程可以初步按照PPP项目的批次和规模，分为“PPP起步”“平稳增长”“起伏调整”和“快速发展”四个阶段。1991～1995年为加拿大的起步阶段，在这一时期，加拿大平均每年完成融资的PPP项目个数约为1个左右，资金规模不大，以早期试点示范项目为主；1996～2001年为PPP的平稳增长阶段，与前一阶段相比，这一时期加拿大的PPP项目增至每年5个左右；进入21世纪后，加拿大PPP的发展出现了明显的起伏，有的年份PPP项目超过10个，有的年份则少于3个。而全球金融危机的爆发，使得加拿大在2008年后，进入了PPP的快速发展阶段。这一时期，加拿大每年有超过10个PPP项目完成融资，2014年和2015年加拿大的PPP项目均超过20个，PPP年度融资项目总价值超过了140亿加元。

根据加拿大理事会统计的PPP数据显示①，截至2017年底，加拿大PPP项目达到248个，总价值达1 197亿加元，主要集中在交通运输、健康医疗、废水处理等行业（见表1－2）。这些项目中，处于运行阶段的项目155个，占总项目总数的62.5%；在建项目47个，占19%；处于征求意见阶段的项目为15个，占6%。完成全部融资的项目为212个，占PPP项目的85%，PPP项目的落地率较高。

表1－2　加拿大PPP项目的数量与价值

行　业	数量（个）	总价值（亿加元）	平均价值（亿加元）
交通运输	60	523.98	8.73
健康医疗	92	265.81	2.89
能源	11	260.91	23.72

① 参考加拿大PPP理事会和清华PPP研究中心的研究资料，2018年。

续表

行　业	数量（个）	总价值（亿加元）	平均价值（亿加元）
司法	20	54.24	2.71
教育	16	26.30	1.64
建筑	7	25.46	3.64
娱乐文化	16	12.93	0.81
政府服务	4	10.08	2.52
废水处理	18	9.90	0.55
信息技术	4	7.73	1.93
合计	248	1 197.34	4.83

资料来源：加拿大 PPP 理事会 PPP 项目数据库。

上述分析表明，虽然加拿大 PPP 项目自 2008 年金融危机之后才进入高速发展阶段，在时间上大大晚于英国和法国，但其发展的质量和速度却十分突出。国际著名信用评级机构穆迪评估认为，加拿大的 PPP 实践，已经可以代表全球最成熟的 PPP 运营水平。英国财政部对加拿大的 PPP 项目也给予了充分的肯定，认为加拿大的 PPP 开发和管理，对英国的 PPP 模式改善提供了重要的借鉴作用。2011 年，加拿大 PPP 项目总价值跻身全球第二，仅次于法国，而其项目的平均融资规模也与法国接近，达到近 4 亿美元。2012 年，德勤评选出全球最具活力的五大 PPP 国家，依次为加拿大、美国、法国、比荷卢经济联盟和英国，加拿大位居第一。

加拿大 PPP 迅速发展，并逐渐成为世界上最稳定、先进并且繁荣的 PPP 市场，与加拿大各地政府的付出和努力密切相关，其中最重要的原因之一在于加拿大中央政府与各级政府之间的大力推动和合理分工。

三、澳大利亚

澳大利亚同样是全世界较早运用和发展 PPP 的国家之一，同时也是受英国 PPP 模式影响程度较大的国家之一，其早期的 PPP 实践主要集中于维多利亚州等州级项目当中。

1. 澳大利亚 PPP 的起源

澳大利亚 PPP 项目的兴起具有三个重要的驱动力。一是来自澳大利亚工程项目本身对专业技能的高度要求，很多当地的基础设施项目，要求在新建或更新中不断追求更高的效率和更低的成本；二是来自澳大利亚政府对公共事务治理方式的不断调整；三是来自澳大利亚的私有化改革进程。这些驱动因素对推动澳大利亚 PPP 在基础设施领域的应用作出了很大贡献。

长期以来，澳大利亚在工程类项目上拥有高度的专业要求和务实精神，以优质工程为目标导向。为确保能够提供质量过硬的优质工程，政府等公共部门会主动寻求可以合作的优势资源和专业团队，参与公共基础设施的兴建和维护。例如，悉尼海港大桥、大雪山水电基础设施项目、维多利亚州的电网结构项目，均是政府基于寻求更好的技术工程方，而主动促成了公共部门与私营部门的合作。20 世纪 80 年代以来，澳大利亚政府鼓励公共服务外包的开放政策，并实现了公共服务的竞争性招标。例如，维多利亚州肯奈特政府要求至少 60% 的政府服务需要进行竞争性招标。这些竞争性招标和外包型政策大幅度提升了联邦和州级政府的公务员能力，具体包括在项目前期制定编写服务需求，开展严格的竞争性招标和合同管理等。

驱动澳大利亚 PPP 发展的第二个因素来自澳大利亚政府对公共管理模式的不断改进和创新。以技术或专业合作为主要内容的公私合作，在很大程度上并不构成现代意义上的 PPP 模式，其本质仍是政府对私营部门服务能力的采购。与此同时，在这种技术采购类的公私合作当中，政府和私营服务部门之间往往会出现很多纠纷，特别是在重大项目中，经常会出现许多法律挑战和诉讼。政府采购私营企业服务交付难的问题，使得政府不得不重新考虑与私人部门在重大基础设施上的合作机制创新。

此外，澳大利亚在 20 世纪 80 年代也在积极推动私有化改革，大量的公共业务通过私有化被剥离。例如，维多利亚州是最积极推动私有化的州级政府，该州在电力供应领域的私有化改革最具有示范效益。

1990 年，澳大利亚联邦公共工程会议和联邦建筑和建设委员会共同发布联合工作报告，报告明确提出要借鉴英国的特许经营业务和 BOOT 项目经验，以 PPP 模式替代传统基础设施的技术采购类合同，并希望通过这种新型方式实现公私双方的风险分担机制，在利用私营企业专业化服务的同时，提高项目管理和交付过程的效率。报告还明确提出将 PPP 项目优先用于悉尼城市的交通建设上。1995 年澳大利亚政府签署了《联邦竞争性原则协定》（Competition Principles Agreement），该协定旨在使包括公共部门和私营部门在内的所有公共服务供给者，都可以在公平的市场条件下竞争，通过消除招标竞争中的不合理限制与条款，将国有企业置于与私营部门企业同等的竞争环境中。1998 年，悉尼市政府开启了澳大利亚第一个 BOOT 模式的 PPP 项目，对悉尼海港隧道进行建造和运营。

随着 PPP 的逐渐应用，澳大利亚公共机构内部的非正式绩效考核制度和服务协议逐渐让位于竞争性正式合同，公共部门的服务供给制度逐步实现了契约化转型，并实施了基于绩效表现的支付机制。私营部门也根据 PPP 模式的要求，采取了一系列新的管理方式方法，以此提供更专业、更精准的公共服务。

2. 澳大利亚 PPP 的发展历程

澳大利亚作为联邦国家，其基础设施和相关服务的供给和管理通常由地方政府负责，所以 PPP 项目大多也在州级或者州级以下地方政府层面实施，而不是在联邦政府层面。因此，在澳大利亚 PPP 模式的发展进程中，州级政府起到了重要的推动作用。从 PPP 的发展历程看，澳大利亚 PPP 模式的发展和实施可以大致分为 2000 年之前和 2000 年之后两个时期。

在 2000 年之前，PPP 的概念并没有被广泛应用在澳大利亚公共基础设施的供给当中，而是根据具体的项目模式，直接称为 BOT 项目或 BOOT 项目等。很多公私合作项目并不是现代意义或狭义上的 PPP 模式，即政府在项目中仍是风险的主要承担人。

2000 年维多利亚州财政厅推出了一份《维多利亚州合作政策》（Partnership Victoria Policy），该框架明确指出，在基础设施和公用事业中，私营部门可以合作伙伴的身份参与并提供资本和技术。这份“维州政策框架”也被看作是澳大利亚 PPP 发展的重要分水岭。原因如下：第一，在公共行政话语中，正式统一地采用 PPP 这一名词，以此统一公私合作项目；第二，该政策框架正式用“伙伴关系”来描述政府与企业之间的项目合作，特别是强调了“伙伴关系”的内涵是政府与私营部门共同承担项目风险；第三，制定了全面和具体的PPP指导原则，这些指导原则此后被澳大利亚其他州广泛采用；第四，在PPP指导原则基础上，建立了系统的PPP项目管理全生命周期流程，包括合同决策、项目过程监控等程序。此外，“维州政策框架”还借鉴英国PFI的理念，将物有所值定位为PPP项目的主要目标，以期通过风险转移用尽可能低的成本获得尽可能大的效益。

《维多利亚州合作政策》（Partnership Victoria Policy）明确了两种不同类型的PPP模式，其主要区别在于社会资本方收入来源和政府担保的性质。第一种模式与英国的PFI接近，即核心公共服务由政府机构提供，基础设施相关辅助服务由私营部门提供。政府承担需求风险，直接支付私营部门的服务报酬。但私人部门如果绩效水平不达标，则相应扣除部分应支付的服务费用。第二种PPP模式主要集中于收费公路等行业，私人部门的投资回报来自使用者付费，即将项目运行的市场风险和收益转移给私人部门。在这种模式中，政府不提供任何直接付款或收入保障，但通常会承诺尽量减少未来竞争性基础设施的新建。

在该政策框架的推动下，PPP理念开始席卷澳大利亚各州，昆士兰州、新南威尔士州和维多利亚州等地方政府都开始制定自己的PPP指南文件，各地财政厅作为PPP信息的主要发布者，承担对PPP项目的主要管理工作。截至目前，澳大利亚几乎所有类别的公共基础设施行业都使用过PPP模式，其中公共交通项目和社会性基础设施项目尤为突出。近年来，澳大利亚政府在PPP领域不断创新，推出资产循环等新模式。PPP的发展思路也从原来的减少公共债务为主，转变追求最优风险分担模式和公共事务的现代化治理，这也更加贴近现代PPP的发展宗旨。

四、日本

与法国、英国等国家相比，日本PPP的发展起步较晚。1999年，日本政府才开始效仿英国正式引入PFI模式。但作为后起之秀，日本PPP的发展同样十分迅速，经过20余年的实践探索，日本已形成了一套符合当地经济社会实际情况的PPP运行体系。

1. 日本 PPP/PFI 的发展背景与历程

日本 PPP 发端于中曾根内阁时期的“民活运动”。20 世纪 80 年代末，日本内阁通过一系列经济政策扩大内需，消除贸易赤字，以振兴国内经济，并将私营企业及团体引入地方的自治管理之中。这时期政府对国内社会力量的动员和调用，被称为“民活运动”。

在“民活”运动的浪潮中，日本地方政府由于受到资金、技术上的制约，开始转向私人部门寻求资本和项目合作。私人部门也以此为契机，进一步分散市场和政策风险，参与到与政府的项目合作中，并更加重视和地方政府的协调关系。为了更好地与社会资本建立合作关系，日本内阁自 1982 年起就一直研究如何在城市和地区的开发性项目中与社会资本构建伙伴关系。

1985 年，日本国土厅出台了《首都改造计划——多核心联合都市圈构筑草案》（Capital Reconstruction Plan-Draft of Multi-core Union Metropolitan Area Construction），提出在东京圈集中开设大型公私合作项目。1987 年日本制定了休闲法，要求活用社会资本，提出对第三部门进行休闲开发。但从当时实际经营的角度来看，由于双方责任划分不明晰，日本的社会资本未能得到充分调用，许多公私合作项目都相继破产。1988 年以后，伴随着日本泡沫经济达到顶峰，很多由国家所有的行业开始实施民营化改造，如铁道、电信、电话等公社。民营化的发展，加速了日本 PPP 的进程。1989 年，日本邀请美国等国的专家开展 PPP 交流学习，举办了“城市开发中公共和民间的合作关系”研讨会，学习国际 PPP 案例经验，并邀请国际专家介绍相关经验，以及 PPP 项目在资金筹措方式、税制、补贴、管制引导政策等方面的配套措施。

20 世纪 90 年代以后，日本所面临的公共服务资源短缺问题依然没有得到根本的解决。自泡沫经济破裂后，日本经济陷入持续低迷，税收锐减；在频繁出台扩张型经济刺激政策后，日本国债及地方债的数额急剧膨胀，中央及地方政府的财政状况不断恶化。20 世纪 90 年代后，日本成为 OECD 国家中债务状况最为严峻的国家之一。公债发行额连续 4 年超过税收收入，赤字率攀升。1998 年，日本政府债务余额占 GDP 的比重超过 100%，2003 年达到 155.7%；到 2010 年，日本政府债务余额占 GDP 的比重已超过200%。在这一背景下，日本政府期望通过加强与社会资本的合作，改善国家经济的财政状况，这也为公共服务项目向社会开放提供了契机。

与此同时，随着日本公共设施的老化，公共设施及公共服务品质也出现了急剧下降。20世纪末，日本绝大多数的公共建筑已接近设计年限，特别是当地的小学、中学、图书馆、公民馆、公营住宅等公共设施老龄化十分严重。面对巨大的公共设施翻新需求，日本政府急需一个可以摆脱公债依赖的方法，增加公共基础设施投资。因此，日本政府更加希望同民间企业合作，通过委托私人部门，提供公共基础设施建设，并提高公共服务的品质。

除上述政府部门的需求外，私人部门也需要扩大投资领域和服务范围。长期以来，在日本第三产业的服务中，接近四分之一的领域都由政府单一供给，特别是医疗、看护、教育等行业。这些行业对私营部门开放，意味着社会资本将迎来公共品领域巨大的市场空间和投资机会，进而迎来更大的发展机遇。

在这样的背景下，日本借鉴英国PFI模式经验，于1999年通过了《民间融资社会资本整备（PFI）法》（简称“PFI法”），法案明确了社会资本参与公共服务的资格。2001年6月，小泉内阁会议通过了“骨太方针”，提出活用市场机制的改革方针，以及“社会能做的事交给社会去做”的改革目标，要求政府通过外包、公设民营、PFI、独立行政法人等措施，激发民营企业与非营利组织的积极性，并最大程度的向社会开放公共服务领域。此后，日本政府相继发布了“民间委托公共服务改革的政策框架”以及推进PPP实施的五项“指南”。这些举措为日本PPP发展奠定了制度基础和政策环境。

2. 日本PPP/PFI的发展现状

经过近20年的实践，日本各级政府积极运用PPP/PFI模式发展公共基础设施项目，PPP事业迅速扩张，并取得了良好的经济效益和社会效益。社会资本已成为日本基础设施建设的重要力量，对解决日本20世纪末因泡沫经济引发的财政窘境起到了重要的作用。

自“骨太方针”后，日本PPP/PFI项目规模经历了由少到多、由小到大的稳步增长过程。1999～2017 年，日本 PPP 项目数量从 3 个增长至 600 个，截至 2017 年 3 月，日本 PPP/PFI 项目累计数量为 609 个、合同金额达到 54 686 亿日元（约合 3 244 亿元人民币）。2014 年后，日本 PPP/PFI 项目数量以每年 20～40 个的速度快速增长。

日本 PPP/PFI 项目应用的领域也十分广泛。据统计，日本的 PPP/PFI 项目已经涉及包括教育与文化、健康与环境、城市建设、政府大楼与宿舍、安保、生活与福祉、产业、其他综合设施等八个不同领域。其中，教育与文化项目的总量最大，大约占 PPP/PFI 项目总存量的 3 成；城市建设领域，如道路、港湾、机场、公园、停车场等项目，约占总项目 2 成；健康与环境类项目占比次之；此外，安保类、社会福祉类、产业项目占比均不超过 1 成（见表 1－3）。

表 1－3　日本 PPP/PFI 项目的行业分布（截至 2017 年 3 月）

	领　域	合计（个）	占比（%）
1	教育与文化（学校设施，文化设施等）	200	32.8
2	城市与建设（道路、港湾、机场、公园、停车场等）	132	21.7
3	健康与环境（医疗设施、废弃物处理设施、殡葬设施等）	99	16.3
4	政府大楼与宿舍（办公楼、公务员宿舍等）	60	9.9
5	安保（警察设施、消防设施、监狱设施等）	25	4.1
6	生活与福祉（老年人福利设施、残疾人福利设施等）	23	3.8
7	产业（旅游设施、农业振兴设施等）	14	2.3
8	其他（综合设施等）	56	9.2
合计		609	

资料来源：PFI 促进办公室（PFI Promotion Office，2017）；王天义，杨斌. 日本政府和社会资本合作（PPP）研究［M］. 清华大学出版社，2018.

日本 PPP/PFI 项目分布的另一特点是社会服务类项目数远多于经济基础类项目，这也符合前述日本发展 PPP/PFI 的发展背景。21 世纪以后，日本进入了快速的老龄化社会，社会类服务设施需求激增；加之当地教育设施、养老设施、防震设施等基础设施已老化、损毁严重，使得当地的 PPP 项目主要应用于社会类基础设施领域。

值得一提的是，日本的 PFI 项目融入了日本独特的制度模式，并产生了明显的独特性，我们可以从细节中挖掘出一些所谓“日本式 PPP”的特色。首先，日本 PFI 的类型以 BTO 为主，而 BOT 模式在日本仅占 14% 的比例，而在很多国家 BOT 是 PPP 项目的主流类型。相比于 BOT 模式，日本普遍采用的 BTO 模式，将强化政府在项目中的控制权，同时 BTO 涉及税收，而 BOT 不存在此问题。从中可以看出，日本 PFI 之所以以 BTO 模式为主，与其一直以来的“强政府”管理风格密切相关，BTO 模式便于日本政府随时对项目进行监管和规制。

其次，日本 PFI 项目中私人部门的收入来源主要依靠政府部门，而非使用者付费。在日本的 PFI 项目中，从公共部门获得收入的项目占比达到七成，而通过使用者付费的项目仅占 5%。其余是介于两者之间的 PFI 项目，即当使用者付费不足时，由政府提供一定补贴。日本之所以以政府付费为主与上文提及的选择 BTO 模式类似。日本长期强调政府对公共服务的供给义务，因此，即便融入了社会资本，依然需要体现政府的义务；另外，日本的 PFI 项目主要集中在社会福利服务当中，因此无法向使用者收费，只能由政府提供费用。

五、新加坡

作为亚洲四小龙之一的新加坡，在自国家独立至今不到 60 年的时间里，迅速实现了本国基础设施的修建，并快速建成了世界级的交通、公路、排水、下水道系统、公共住房等基础设施。有序高效的高质量城市建设，使其在全球最宜居国家的调查中名列前茅。这些均与新加坡对 PPP 制度的引进和应用有着莫大的关系。

与 20 世纪六七十年代刚成立的大多数国家相比，新加坡政府在独立早期就意识到单靠公共部门的行动无法完全实现社会和经济的发展目标。因此，新加坡从建国之初就设立了以市场自由化为导向的施政纲领，并鼓励私营企业参与公共项目，这也成为新加坡 PPP 快速发展的重要制度基础。

在具体做法上，新加坡政府与私营部门通过签订物力、人力以及技术支持等合同协议，对城市的基础设施进行建造或运营。新加坡政府还专门设立了法定机构与私营企业开展合作，主要部门包括建屋开发局下属的城市重建处，该部门后于1966 年并入市区重建署，并重点负责管理市区需要重建的基础设施项目及其维护等问题。1967 年，重建署就推出了首个售地计划，旨在充分利用公共部门和私营部门的资源，加速和维持城市重建工作。售地计划不仅仅只是购买、整理土地，而是将政府与社会资本的合作嵌入在这一计划中，并尝试维持长期的合作关系。新加坡政府在“售地计划”中明确，私营企业的土地开发项目必须要与国家发展目标一致，只有当私人方案在规划内容、开发类别、容积率及其他发展参数方面，都达到国家的发展预期，项目方案才能被批准。

另外，新加坡政府也依靠国有企业开发、运维公共基础设施和服务。虽然这些实体归政府所有，但受当地市场化环境影响，它们在很大程度上具有完备的市场属性，能以公平的身份参与市场竞争。

1987 年，受经济下行压力影响，新加坡政府提出“政府撤资计划”，即对部分公共服务不再给予政府支持，而主要依靠社会力量。“政府撤资计划”的提出，主要出于以下几方面的目的：第一，减少政府开支，退出经考虑后认为公共部门不再需要承办的商业活动；第二，将私有化视为扩大和深化新加坡市场经济的重要手段；第三，降低公共品项目运维成本，发挥企业的经济性和专业性，及其强大的自我更新能力。但对于涉及国家安全的公共事务，政府仍保留了明确的实质控制权。

在 PPP 模式的推动下，20 世纪 80 年代末，新加坡核心市区迅速完成翻新改造，大部分基础设施建设投入使用。私人部门和社会资本也在此轮的城市基础设施兴建中得到了长足的发展，政府与私人部门之间的合作不断夯实。

到了 20 世纪 90 年代，私营企业进一步参与到公共部门项目和国家主导的发展计划中。随着新加坡经济的日渐成熟，私营企业的能力也大大提高。在一些领域，私有化改革取得了显著的成效。例如，20 世纪 90 年代中期，新加坡环境部对城市垃圾收集服务进行了私有化改革。在此之前，新加坡的城市垃圾主要由环境部的下属单位负责收集和处理。1996 年，新加坡政府制订了城市垃圾收集计划，要求城市的各个社区以招标的形式选择垃圾收集公司，原有的垃圾收集单位被要求进行公司化改制。同时，政府制定了监管和许可条例，建立了透明的收费制度，确保私营企业提供的服务符合标准。实践结果表明，市场化后的城市居民垃圾收集，实现了效率和质量的快速提升，且降低了原有的垃圾回收成本，而在商业场所，传统的垃圾回收模式仍然低效运行。

21 世纪初，全球经济波动加剧，经济复苏和发展的有利条件不断弱化，为了预防经济的下滑，新加坡政府采取了反周期预算的方式，政府开始出现预算赤字。2004 年，新加坡财政部根据经济驱动目标，推出了最佳采购倡议，将 PPP 模式作为最佳采购框架下的专门采购方式，并推出了《PPP 公共咨询手册》（第一版）（Public Private Partnership Handbook for Public Consultation），以此鼓励各部门和公共机构采取 PPP 方式进行采购，追求“物有所值”，重点将 PPP 模式运用于超过 5 000 万新加坡元的发展项目上。

值得一提的是，在新加坡发展 PPP 的过程中，政府并不仅仅将 PPP 模式作为补充公共财政支出的一种融资手段，而是从长远考虑，将 PPP 模式视为借助私营企业专业与活力的平台与合作机制，以此将传统采购中的外部因素内部化，实现国家治理能力的进一步升级。

第三节 新兴市场与发展中国家的快速追赶

作为当前最具发展潜力和市场空间的发展中国家以及新兴市场经济体，PPP 模式无疑给其经济社会建设提供了重要的融资工具和新型的公共产品供给模式。日益成熟的新兴市场和发展中国家，积极效仿发达国家在 PPP 实践中的成功经验，结合本国建设需要，进行了追赶式的发展。PPP 的优势不断在这些国家的应用中得到展示。当然，各国对 PPP 理解的差异以及 PPP 自身的局限也给各地的 PPP 应用带来了挑战。

一、印度

作为被英国长期殖民统治的民族，印度的很多社会形态和经济发展思路，深受英国的影响，其 PPP 的发展就是其中的典型代表。19 世纪初，英国的殖民统治者，在很大程度上奠定了印度现代轻工业的发展体系和交通运输体系，在铁路、公路等交通基础设施建设中，开始引入私人资本，这也促成了印度 PPP 的最初萌芽。

印度因为盛产棉花和茶叶而深受宗主国英国的重视，为了连通印度东部棉花产地和西部的运输港口，东印度公司联同当时的印度总督开始着手在印度修建铁路。1853 年 4 月，印度的第一条现代铁路正式建成通车，而这一项目的运作模式就是通过政府与私人公司合作完成的。政府与铁路公司签署合同，免费向公司划拨土地，并给予相应的优惠政策，私人公司负责铁路的设计与承建工程。

1947 年印度共和国成立，标志着印度正式成为独立、民主的共和国家。从 1947 年到 1966 年，印度国民大会党在执政时期，仍深受英国工党经济政策的影响，实行公私并举、两者互补的经济政策。从行业上看，印度保留了对军事、原子能、铁路、飞机制造、电子材料、石油、煤矿、钢铁等国民生计产业的实质控制力，但对其他行业则交由私营企业承办。但在这一时期，印度经济的总体基调仍是偏向庞大的公共部门和严格的中央规划，社会资本在一定程度上仍被限制，因此 PPP 在这一时期处于停滞和蛰伏状态。

20 世纪 80 年代，拉吉夫・甘地执政以后，为振兴经济，甘地政府开启了国家经济的自由化刺激阶段。一方面，国家放宽了对外商投资的限制，取消了对商品价格的控制，降低企业税负；另一方面，通过多种手段调动印度私人部门经济的积极性，社会资本的投资热情显著提升，国家经济也在这一时期迎来了快速的增长。

20 世纪 90 年代初，伴随着海湾战争的爆发，印度国际贸易出现了巨大失衡，国家财力面临极度紧张。为挽救国内经济，印度政府于 1991 年又一次开启了更深程度的经济自由化改革，取消了长期计划经济色彩下的“许可证”制度，精简审批制度，着力为私人企业的发展提供便利。

伴随着印度经济的自由化发展，印度现代 PPP 模式也受到政府的重视和推广，印度政府进一步将公共品领域向私人部门开放。1991 年印度中央政府首先对私人部门放开了电力行业，取消了进入电力行业的限制，允许私人部门成立独立的电力运营公司。1992 年，德里政府与私人公司合作，建造了德里—诺伊达收费大桥，此项目采用 BOOT 模式进行建造和后续运维，这也成为印度第一个现代意义上的 PPP 项目。1995 年，印度议会下议院修订了《国家高速公路法》（The National Highways Act），鼓励私人部门参与高速公路建设和运营；同年，印度政府授予了 8 家私人移动电信运营商运营牌照，社会资本开始正式参与移动通讯业务。1997 年，在时任印度财政部长的倡议下，印度正式成立基础设施开发金融公司（简称“IDFC”），IDFC 主要业务包括为基础设施项目提供融资和咨询服务，同时也可兼营资产管理和投资银行业务。IDFC 的成立进一步明确了印度政府对社会资本参与基础设施的支持态度，也给私人部门参与 PPP 项目提供了必要的资金保障和咨询服务。

此后，印度政府陆续推出一系列鼓励 PPP 发展的政策措施，并对相关法案进行了修改。其中具有代表性和标志性意义的包括：2003 年印度重新修订《电力法》（Electricity Act），允许私人部门资本进入电力行业；2005 年印度财政部批准了一项可行性缺口补偿计划，成立了可行性缺口补偿专项基金；除可行性缺口补偿专项基金外，2007 年印度财政部还批准设立了印度基础设施项目发展基金，为潜在的 PPP 项目提供孵化支持和启动资金。

二、中国

1. 中国 PPP 的发展历程

PPP 概念起源于欧洲，因此，很多人认为 PPP 只是在最近几年才被引进中国的，但事实并非如此。若从公共部门和私营部门合作的广义角度来看，中国的公私合作同样具有悠久的历史。

中国民营资本参与公共服务的时间最早可追溯至 1906 年。清政府在 1906 年开工修建新宁铁路，该铁路自广东省斗山修起，全长 109 公里，分三段施工，于 1913 年竣工，其中的一段工程就是当时由华侨陈宜禧集资兴建的，这也是我国内陆最早的一条民营参与修建的铁路。

新中国成立后，在以计划经济为主的中国社会，罕有公共部门与私人部门的合作项目，国家计划统筹成为这一时期中国公共品供给的唯一方式。1978 年，中国正式施行改革开放，市场化成为中国经济关键的改革方向。社会资本在改革开放的浪潮下，迎来了绝佳的发展机遇，但即便在改革开放后相当长的一段时间内，公共服务领域也并没有真正意义上对私人部门开放，民营资本进入公共服务领域的政策环境也并不十分明朗。

直到党的十六届三中全会才正式为私营资本进入公共服务领域奠定了政策基础。党的十六届三中全会通过的《关于完善社会主义市场经济体制若干问题的决定》首次明确指出，清理和修订限制非公有制经济发展的法律法规和政策，消除体制性障碍；放宽市场准入，允许非公有资本进入法律法规未禁止的基础设施、公共事业及其他领域。这一具有里程碑意义的文件，给民营资本参与公共服务提供了明确的政策依据，也给中国 PPP 的发展奠定了制度环境。

很多学者将我国 PPP 发展历程划分为五个阶段，分别为：探索阶段（20 世纪 80 年代中期至 1993 年）、试点阶段（1994 ~ 2002 年）、推广阶段（2003 ~ 2008 年）、波动反复阶段（2009 ~ 2013 年）和快速发展阶段（2014 年至今）。

（1）探索阶段。

从 20 世纪 80 年代中期到 1993 年，可视为中国 PPP 发展的第一个阶段，即探索阶段。这一时期 PPP 出现的重要历史原因基于我国改革开放和国门的打开。1978 年的改革开放吸引了很多外资企业进入中国市场，因而这一时期的 PPP 项目实际上多为外资项目，是中国政府与国外资本进行的项目合作。除外国企业外，港资和华侨资本也成为这一时期国内 PPP 项目的主要合作方。例如，我国最早使用的 BOT 模式，就是由香港商人将这个概念引入的。

在 PPP 的探索时期，中国没有与 PPP 相关的法规和政策文件，更没有规范的审批程序。PPP 项目通常由地方民营资本发起，地方政府向中央主要领导汇报并通过后，即可自主执行，也有的项目是由地方政府发起，并在当地寻找合适的合作方。一旦双方通过谈判并达成一致，即可进入项目执行程序，而并不进行项目招标。

探索阶段的代表项目包括深圳沙角 B 电厂 BOT 项目、广州白天鹅饭店和北京国际饭店项目。以沙角 B 电厂项目为例，项目始于 1985 年，总投资额 52 亿元，投资人为深圳经济特区电力开发公司、香港合和电力有限公司两家私人部门。2000 年，该项目经过了 15 年的特许经营后，成功移交给了当地政府，是我国早期较成功的PPP项目，但该项目也留下了一些值得反思之处，比如投资商在初次修建时，通常会按照特许经营期限设计基础设施，而不考虑后续交付使用的需求，由此，很多设施在移交给政府后需要重新建设。

（2）试点阶段。

1994～2002年是中国PPP发展的第二阶段，也可称为试点阶段。1992年邓小平南方谈话以后，中国开始探索利用市场机制进行基础设施的兴建模式。1993年，在新一届中央政府的领导下，国家计委开始正式研究投融资体制改革，其中就包括BOT模式的可行性问题。

1994年，国家计委选择了五个BOT试点项目对PPP模式进行探索，包括广西来宾B电厂项目、成都第六水厂项目、广东电白高速公路项目、武汉军山长江大桥项目和长沙望城电厂项目。从中可以看出，电力和交通项目是这批项目的主要领域。同时，这一时期的PPP项目均是在国家计委的组织下开展执行，这与探索阶段的PPP项目形成了明显差异，但与前期探索阶段相同的是，外资仍为这一时期主要的社会资本。这五个BOT试点项目出台，标志着我国正式从国家层面开启PPP模式，1994年也是中国BOT项目的正式起点，因此也有人将1994年称为中国PPP的元年。

同样在1994年，北京市计委成立专项课题，研究BOT模式，我国第一部《BOT项目指南》也由此而来。1995年，国家计委、电力部、交通部联合下发了《关于试办外商投资特许权项目审批管理有关问题的通知》，为试点项目的实施提供了法律依据；在第一批项目的试点期间，联合国工业发展组织曾帮助国家计委和国务院法制办准备了一份《BOT法》草案，但未能顺利落地。除了国家的五个试点项目以外，有些地方政府也推出了一些PPP项目，领域涉及水务、燃气和区域开发等。例如，上海黄浦江大桥BOT项目、北京第十水厂BOT项目、北京西红门经济适用房PPP项目、北京肖家河污水项目等。随着国内PPP项目的起步，大岳咨询等私营咨询公司也逐渐兴起。

总结这一时期的经验我们可以发现，试点阶段的PPP项目主要依靠外商投资，外商的参与和国际化运作模式，给我国的PPP提供了重要的制度借鉴，也开创了PPP项目的本土化进程；项目应用领域以交通、能源、水务和垃圾处理行业为主；PPP 项目以政府为主导，国内社会资本和私人企业参与程度较低；这一时期，PPP 的项目与研究同步开展，一线的项目实战被有效总结为 PPP 理论和操作指南，为我国 PPP 的事业开展奠定了重要的理论与资料基础。例如，大岳咨询公司于 1997 年联合国家计委投资司结合项目实践，编写了《BOT 项目运作手册》，该书成为后期各地运作 BOT 项目的重要指南。但这期间的 BOT 项目，仍以小范围试点为主，并没引起地方政府的足够重视。

五个试点项目为后来的 BOT 项目运作积累了重要的经验。例如，这一时期 BOT 模式的项目合同文本框架有的沿用至今，再如，北京第十水厂 BOT 项目成为中国 PPP 发展史上的重要成功案例，该项目整体筹备非常规范顺利，项目效果良好，水价只有预测水价的 1/3，充分实现了物有所值（见表 1－4）。

表 1－4　　　　PPP 试点阶段 5 个典型项目

序号	项目名称	开始年份	投资额（万元）	特许经营期（年）	模式	投资人
1	成都第六自来水厂	1996	90 000	18	BOT	法国通用水务与日本丸红株式会社联合体
2	大场水厂 BOT 项目	1996	60 000	20	BOT	英国泰晤士水务与宝维士公司联合体
3	广深高速公路	1997	1 221 700	30	BOT	广东省公路建设公司与香港合和中国发展（高速公路）有限公司联合体
4	北京市第十水厂 BOT	1999	160 000	23	BOT	日本三菱公司、英国安格力安公司
5	大连路隧道 BOT 项目	2001	16 500	28	BOT	上海隧道工程股份有限公司、金宾集团国际发展有限公司与上海市建设工程管理有限公司联合体

资料来源：《中国 PPP 行业发展报告》蓝皮书，中央财经大学政信研究院，2018 年。

（3）推广阶段。

2003～2008 年可视为我国 PPP 发展的推广阶段。2002 年，党的十六大提出中国社会主义市场经济体制已经初步建立，市场在资源配置中发挥基础性作用，由此为 PPP 的推广提供了重要的理论基础。

在前期试验阶段的基础上，国家建设部于 2002 年发布了《关于加快市政公用行业市场化进程的意见》，标志着我国正式启动市政公用市场化改革工作。此后，建设部又陆续出台了一系列文件，包括《市政公用事业特许经营管理办法》等 PPP 模式的细则条例，为这一时期我国的 PPP 项目提供了政策依据。

从项目涵盖的领域看，这一时期的 PPP 项目以城市污水处理为主，进而也掀起了全国各地污水处理厂的兴建高潮，比较著名的如合肥王小郢污水 TOT 项目。此外，也有自来水、地铁、新城、开发区、燃气、路桥等 PPP 项目，如兰州自来水股权转让项目、北京地铁四号线 PPP 项目、北京亦庄燃气 BOT 项目、北京房山长阳新城项目等。其中，北京地铁四号线 PPP 项目，是我国官方首次使用 PPP 名称命名的项目（见表 1 -5）。

表 1 -5　　PPP 推广阶段典型项目

序号	项目名称	开始年份	投资额（万元）	特许经营期（年）	模式	投资人
1	北京国家体育场（鸟巢）	2003	313 900	30	PPP	北京城建集团、城市开发集团、天鸿集团、中信国安集团与北京控股有限公司联合体
2	南京长江二桥	2003	450 000	26	TOT	西班牙 MQM 公司与南京交通建设控股集团有限公司（2004 年转让给深圳中海投资有限公司联合体）
3	合肥市王小郢污水处理厂 TOT 项目	2003	48 000	23	TOT	柏水水务公司、东华科技股份公司
4	杭州绕城高速公路	2004	820 000	25	TOT	香港国汇有限公司与浙江国叶实业发展有限公司联合体
5	北京地铁四号线	2006	1 530 000	30	PPP	香港地铁、首创、京投
6	张家港生活垃圾焚烧发电厂	2007	25 000	50	BOO	金州环境

资料来源：《中国 PPP 行业发展报告》蓝皮书，中央财经大学政信研究院，2018 年。

这一时期我国 PPP 项目表现出的一个明显特征是市场化程度明显提高。更多的社会资本参与到 PPP 项目的竞争中来，其中既包含了以往的外企资本，也包括了很多民企资本和国企资本，并实现了同台竞争。PPP 项目的竞标过程也更加的公开透明，有时甚至达到白热化的程度，项目溢价频出，公共品供给效率提高的改制效能逐渐显现。与此同时，在市场化的竞争压力下，长期垄断公共服务的部门企业受到了前所未有的压力，面临不进则退的挑战。

这一时期我国 PPP 项目的数量出现了快速增长，成功率也明显增加，但仍有不少失败的案例，有些地方政府对 PPP 理解尚不到位，项目运作严重僵化。2007 年以后，国内开始出现反对 PPP 项目的声音，并产生了很大争论。市政公共行业有人以 PPP 领域的失败项目为理由，对市场化改革提出质疑，有些地方主管部门也开始犹豫，PPP 项目的市政公共事业改革开始降温。例如，2007 年西安自来水公司管理层开始积极谋划市场化改革，但有些人则认为西安自来水的市场化改革，会对自来水行业的国有体制造成严重的打击，并将矛头直指当时的国际合作公司，最终导致西安自来水改革“流产”。

理性地讲，在 PPP 推广阶段，市场化的改革在公共品供给领域取得了很大的成效。面对如此剧烈的改革，出现一些失败项目也实属正常。与同期其他行业的改革相比，公共品领域的改革更加公开透明，例如业内的研讨会频繁召开，媒体高度关注，大部分中心城市的 PPP 项目在运作时都会聘请咨询公司以借鉴国内外的经验教训，项目信息传递及时。因此，在这一时期对公共领域的改革提出质疑，的确有些矫枉过正。

总体来看，这一阶段我国 PPP 的发展表现出如下几个方面的显著特征：第一，外企比重开始下降，民营企业和国有企业比重明显增加；第二，PPP 项目应用领域明显增加，污水处理项目占据主要地位；第三，市场化竞争异常激烈，有效提高了公共品的供给效率、降低了成本费用；第四，PPP 项目的实操流程得到了很好的磨合，项目流程、合同文本和运作方式得到了实践的检验；第五，虽然对 PPP 否定的声音开始出现，但总体上尚未阻碍其增长趋势，PPP 项目数量增加明显。

（4）反复阶段。

2009～2012 年是中国 PPP 发展的第四个阶段，在这一阶段，中国的

PPP 发展出现了明显的反复，甚至停滞。

中国 PPP 进入反复阶段的原因主要有两个方面。第一，从 21 世纪初，中国进入了城市化发展最快的几年，大量的基础设施和房地产开发，成为这一时期各地发展的主要内容，但房地产的开发速度和节奏远远超过了实际需求，空心化“鬼城”等问题在 2008 年后集中暴露出来，PPP 模式由此受到影响。

第二，2008 年的金融危机给世界金融带来了剧烈震荡。为了应对危机，中国政府引导巨额财政资金和信贷资金投入基础设施领域，推出了 4 万亿元的投资计划。政府公共财政的投资计划，给社会部门和私人企业的投资带来了巨大的挤出效应，导致此前很多处于 PPP 前期筹备阶段的项目被迫转为政府投资，交通运输、道路桥梁等基础设施项目绝大多数改由地方政府投资建设。“4 万亿”的投资拉动措施，对 PPP 发展造成了严重的挤压，一方面投资的很多项目都是原有项目，仅是改变了资金渠道，并没有产生相应的投资拉动效益；另一方面，此类政府主导的投资建设模式效率低、浪费多，严重影响了公共服务的质量和效益。

过度投资弊端不断显现，引起了中央政府的关注。2010 年，国务院出台了《国务院关于鼓励和引导民间投资健康发展的若干意见》（简称“新 36 条”），再次鼓励和引导民间投资。但受金融危机影响，社会资本的投资能力大幅减弱，银行贷款端也担心授信风险问题，更愿意将资金贷给公共部门，而非私人资本，因此新 36 条的效果并不明显。

在这个时期，国有企业尤其是中央企业成为参与 PPP 模式的主力军，项目和投资比重远超民营资本，其中的主要原因就是国有企业可以较轻松地拿到银行授信和贷款。逐渐地，地方政府更多地与中央企业对接基础设施建设项目，中央企业成为了参与基础设施建设和公共服务的主要主体。然而，中央企业的加入改变了原有的 PPP 规则和规范的流程，很多项目由领导负责人之间直接商定，PPP 的基本准则——市场竞争、透明等特点被逐渐弱化。例如，开发一个新的 PPP 项目，写几页纸的说明材料即可执行，不需再用可行性研究报告等评估方式。虽然没有政策限制私人资本和外资的进入，但国有企业在政府资源支持下的优势，使私人资本和外资无法真正参与竞争，社会上出现了“玻璃门”“弹簧门”等说法。

为了促进民间投资，2012 年国务院各部委继续出台了 20 多个落实新 36 条的细则，但也没能产生太大的效果，PPP 市场没有发生实质性的改变。有资料显示，从 2008 年到 2013 年，全国 PPP 项目近 8 000 个，其中绝大多数项目没有公开招标，有些甚至完全不为外界所了解。这一时期中国的 PPP 发展表现出了四个主要特征：一是国有企业占据市场的主导地位，以政府资源为支持的国有企业，受到金融部门的青睐和贷款偏向；二是随着国有企业比重的增加，民营企业和外资企业受到了严重的挤压，参与 PPP 比重严重下降；三是 PPP 项目融资渠道增加，在该阶段逐渐出现了上市（IPO）、企业债、信托等多元化的 PPP 项目融资渠道；四是 BT 模式成为热点，使各地政府债务急剧增加。BT 模式具有短平快的特征，契合政府急需发展基建，进而拉动经济的需求，但 BT 项目并不真正符合现代 PPP 的内涵，债务和风险都在政府侧，因而也导致政府债务剧增（见表 1－6）。

表 1－6　PPP 反复阶段的 6 个典型项目

序号	项目名称	开始年份	投资额（万元）	特许经营期（年）	模式	投资人
1	门头沟垃圾焚烧发电厂	2010	216 000	30	BOT	北京首钢生物能源、北京市政府合资
2	兰州七里河安宁污水处理厂 TOT 项目	2010	49 600	30	TOT	成都市排水有限责任公司
3	株洲市清水塘工业废水综合利用项目	2010	17 980	30	BOT	株洲市城市排水有限公司
4	太原市生活垃圾焚烧发电厂 BOT 项目	2011	80 000	27	BOT	晋西工业集团、上海环境集团
5	西安市第二污水处理厂二期工程 BOT 项目	2011	69 700	30	BOT	成都市排水有限责任公司
6	贵州省道真至瓮安高速公路	2012	2 380 000	30	BOT	中交路桥、中交四航局、中交二公院

资料来源：《中国 PPP 行业发展报告》蓝皮书，中央财经大学政信研究院，2018 年。

（5）快速发展阶段。

从 2013 年开始，中国 PPP 发展进入了快速发展阶段。党的十八大提出了让市场在资源配置过程中发挥决定性作用，进一步夯实了 PPP 普及的理论基础。2013年的全国财政工作会议结束后，时任财政部部长楼继伟做了关于PPP的专题报告，对PPP在国家治理现代化、让市场在资源配置中发挥决定性作用、转变政府职能、建设现代财政体制和促进城镇化健康发展等方面的作用给予了高度肯定和期待。2014年9月，财政部出台《财政部关于推广运用政府和社会资本合作模式有关问题的通知》，PPP模式第一次在国家部委层面得到了诠释和推广。

这一阶段PPP的快速发展有着深刻的社会经济背景。中国城市化经过十年的高速发展，土地和房价均无太多的增长空间，传统的土地财政难以为继，造成地方债务剧增；城市环境问题日益突出，公共服务与治理压力不断加大；国有体制可以调动大量资源但投资效率不高的弊端日益显现，造成严重的公共资源浪费。在这些背景下，自2014年以来，政府连续出台政策措施，限制原有地方融资平台的无序举债，积极鼓励社会资本通过PPP模式进入公共产品和服务领域。

自2014年后，中国PPP发展进入了明显的快速增长期，且出现了明显的特征变化。首先，在社会资本的主体特征上，PPP参与主体更加多元。2000年之前，中国PPP的社会资本以外资企业为主，2008年前后，国有企业和央企占据了主导地位，民营企业等私人资本涉猎较少，但在2014年后，民营企业投资开始上升，社会市场的投资活力逐渐恢复。这一阶段典型项目如表1-7所示。其次，在项目周期上，2014年以前，剔除特许经营期不详和有误的PPP项目，中国PPP项目的特许经营期大部分是30年左右，也有的特许经营期长达40年甚至50年。2014年以来，中国PPP项目特许经营期开始以中短期为主，大部分在10~30年，PPP项目的特许经营期也呈现出行业差异性，例如，交通运输业项目特许经营期大部分在10~20年，市政公用事业项目特许经营期大部分为30年，综合开发类项目特许经营期大部分为10年。最后，在PPP模式上，2014年以前BOT模式占PPP模式的绝对主流地位，有统计显示近八成的PPP项目均采用BOT模式；但在2014年以后，中国PPP项目采用的运作模式不断多样化，BOT一家独大的情况得到改变，项目模式开始根据行业特征和具体项目需求差异化匹配。此外，伴随着PPP发展新阶段的到来，市场并购机会增多，多个PPP项目同时推进的情况明显增加。

表 1-7　　PPP 快速发展阶段的 10 个典型项目

序号	项目名称	开始年份	投资额（万元）	特许经营期（年）	投资人
1	北京新机场轨道线社会化引资项目	2014	2 930 000.00	33	北京市轨道交通建设管理有限公司、北京市轨道交通运营管理有限公司、中国铁建股份有限公司、北京市基础建设投资有限公司等
2	池州市主城区污水处理及市政排水 PPP 项目	2014	71 000.00	26	深圳市税务（集团）有限公司
3	安庆外环北路工程 PPP 项目	2015	197 600.00	13	北京城建设计发展集团股份有限公司、安庆市城市建设投资发展（集团）有限公司
4	南京市溧水区产业新城 PPP 项目	2015	1 000 000.00	20	九通基业投资有限公司
5	六盘水市地下综合管廊 PPP 项目	2015	299 400.00	30	中国建筑股份有限公司、六盘水市保障性住房开发投资有限责任公司
6	迁安市海绵城市建设 PPP 项目	2015	122 800.00	25	同方股份有限公司、深圳华控赛格股份有限公司等
7	开封市体育中心 PPP 项目	2015	130 000.00	20	广州市住宅建设发展有限公司、广州珠江体育文化发展股份有限公司
8	荥阳市人民医院整体建设 PPP 项目	2016	64 248.54	12	中国建筑第七工程局有限公司、荥阳市城投公司
9	芜湖市轨道交通 1 号线、2 号线一期 PPP 项目	2016	1 463 300.00	30	中国中车及中国中铁等联合体
10	徐州市城北汽车客运站（一期）等城市客运交通功能性综合体 PPP 项目	2016	127 226.41	30	南京三宝科技股份有限公司与南京建工集团有限公司、江苏智运科技发展有限公司联合体

资料来源：《中国 PPP 行业发展报告》蓝皮书，中央财经大学政信研究院，2018 年。

2. 中国 PPP 的发展现状

根据财政部 PPP 数据库的统计记录显示，截至 2018 年 12 月末，管理库项目比 2017 年 12 月末，净增 1 517 个、投资额 2. 4 万亿元；管理库项目累计 8 654 个、投资额 13. 2 万亿元。落地项目同比净增 1 962 个、投资额 2. 6 万亿元，落地率同比上升 16. 0 个百分点；落地项目累计 4 691 个、投资额 7. 2 万亿元，落地率 54. 2%。开工项目同比净增 1 078 个；开工项目累计 2 237 个、投资额 3. 2 万亿元，开工率 47. 7%。

从行业分布看，按照财政部 PPP 综合信息平台项目库的分类方法，当前 PPP 项目共分为 19 类行业，分别是保障性安居工程、交通运输、教育、科技、林业、旅游、能源、农业、城镇综合开发、其他、社会保障、生态建设和环境保护、市政工程、水利建设、体育、文化、养老、医疗卫生、政府基础设施。按照累计入库的项目进行分类统计，市政工程行业数量最多，其次是交通运输，此后为生态建设和环境保护、旅游、城镇综合开发项目、教育、水利建设、医疗卫生、保障性安居工程的项目数量等。

从投资角度看，交通运输和市政工程行业 PPP 项目投资额远远高于其他行业；在投资规模总量上，交通运输和市政工程总体投资额相近，但交通运输项目数量远小于市政工程，可见交通运输项目的单体规模较大。除交通类项目外，城镇综合开发和保障性安居工程也是单体投资规模较大的项目。

在 PPP 项目推行的初期，为形成一批可复制、可推广的项目范例，财政部从 2014 年开始主导了三批次总计 697 个国家级 PPP 示范项目。在 PPP 项目的示范工程中，由于对 PPP 理念的误解和传统思维方式的羁绊，也出现了很多 PPP 异化的问题。2018 年 4 月 27 日，财政部发布《关于进一步加强 PPP 示范项目规范管理的通知》（以下简称“《通知》”），对 173 个国家级示范项目存在进展缓慢、执行走样等问题进行分类处置。其中，将不再继续采用 PPP 模式实施的 30 个项目，调出示范项目名单，并清退出全国 PPP 综合信息平台项目库；将尚未完成社会资本方采购或项目实施发生重大变化的 54 个项目，调出示范项目名单，但仍保留在项目库，继续采用 PPP 模式实施；对于运作模式不规范、采购程序不严谨、签约主体存在瑕疵的 89 个项目，督促有关部门加紧整改。

有数据显示，自 2018 年至 2019 年 12 月 31 日，财政部 PPP 综合信息平台项目库共减少项目 7 520 项，其中管理库减少项目 2 573 项，储备清单减少项目 4 947 项。2019 年项目库共减少项目 1 166 个，其中管理库减少项目 324 个，储备清单减少项目 842 个。

通过这次大规模剔除 PPP 示范项目，PPP 主管部门希望各地引以为戒，加强项目规范管理，并提出了多个“不得”：即不得突破 10% 红线新上项目；不得出现“先上车、后补票”；不得缺失专家意见或数据造假；不得出现测算依据不统一、数据口径不一致的问题；不得设置明显不合理的准入门槛或所有制歧视条款；不得未经采购程序直接指定第三方代持社会资本方股份；国有企业或地方政府融资平台公司不得代表政府方签署 PPP 项目合同等。

截至 2019 年 12 月 31 日，财政部 PPP 在库项目总计 12 341 项，总投资额为 17. 78 万亿元，其中：管理库项目 9 383 项，投资额为 14. 48 万亿元；储备清单项目 2 958 项，投资额为 3. 30 万亿元。从区域分布特征来看，华东和西南两个地区的 PPP 项目规模比较突出，分别占比 27. 93% 和 20. 11%；华中、华北和西北地区 PPP 项目数量占比相对次之，依次占比 18. 01%、11. 55% 和 9. 97%；华南与东北地区 PPP 模式的应用相对较少，项目数量依次占比 7. 39% 和 4. 93%。项目投资额的分布特征与项目数量分布特征基本一致。根据项目数量，可以将各行业划分为三个梯度：第一梯度包括市政工程、交通运输、生态建设和环境保护三大行业，项目数量保持高位，其中市政工程的项目数量高达 4 697 个；第二梯度包括城镇综合开发、旅游、教育、水利建设，项目数量均介于 500 ~ 800 个之间；第三梯度包括医疗卫生、文化等其他行业，项目数量较少，均在 500 个以下。

三、拉丁美洲地区主要国家

拉丁美洲地区是新兴市场国家主要的聚集地，根据 2009 年摩根斯坦利新兴市场指数和英国《经济学家》杂志列出的新兴市场国家名单，墨西哥、阿根廷、巴西、秘鲁、智利等拉美国家均是新兴市场国家的主要代表。这些国家市场经济体制逐步完善，经济发展速度较高，市场开发潜力巨大，因而也成为 PPP 模式应用的热土。

1. 墨西哥 PPP 的起源与演进

墨西哥是目前拉美各国中通过特许经营方式对公共基础设施融资最多的国家之一。在 20 世纪 90 年代初墨西哥就通过 PPP 模式为国家高速公路项目进行融资，并积累了丰富的经验。近年来，墨西哥的基础设施建设项目发展同样迅速，特许经营模式在该国也得到较好地应用。

在墨西哥，通过特许经营模式对基础设施建设项目进行融资由来已久。早在 1952 年，墨西哥政府就修建了该国第一条收费高速公路，该高速公路从墨西哥城到奎尔纳瓦卡市，为了确保该项目的顺利运行，建成通车后墨西哥政府专门成立了“联邦公路桥梁”机构来对收费高速公路进行统一管理。

20 世纪 80 年代末，墨西哥经济陷入了严重衰退期，而这一时期墨西哥全国 235 000 公里的道路中仅有 30% 路况良好，墨西哥公路网络严重匮乏，设施陈旧，而一直承担负责道路设计、建造和维护的墨西哥通讯交通部（SCT），则面临着巨大的财务压力。面对这一情况，政府不得不委托墨西哥公共工程银行研究私人资本参与收费高速公路建设，并实施特许经营的可行性研究。在当时，墨西哥公共工程银行是一家专门负责为基础设施工程提供融资和咨询服务的银行机构，该机构提出可为高速公路建造成本的 50% 提供融资，剩下的部分由政府与私人企业各提供 25%。在墨西哥公共工程银行的担保下，最早通过特许经营建造的三条收费高速公路顺利完工。该项目的成功，促使墨西哥政府于 1989 年 2 月通过了“国家高速公路特许经营计划”，准备以特许经营模式完成 4 000 公里收费高速公路的建造、运营和维护工作。

如今，交通类基础设施依然是墨西哥 PPP 的最主要应用领域。在 PPP 应用类型上，墨西哥政府并没有完全放开对私人部门融资的限制，PPP 项目仍多以特许经营的方式与私人部门开展合作。

2. 阿根廷 PPP 的起源与演进

同墨西哥一样，阿根廷也是拉丁美洲较早采用特许经营的方式为公路基础设施融资的一个国家。20 世纪 80 年代末，阿根廷遭受了严重的经济危机，导致公路系统融资面临巨大的压力。

受当时政治因素和决策的影响，政府决定将有限的资源用于建设新路，而忽略了对原有道路的修护；与此同时，很多专门用于公路发展和维护的资金被用作他用或不断弱化，这导致对公路维修的资金大幅减少。资金匮乏使得道路无人维护，马路上类似“路面失修，最高限速 60 公里”的标语随处可见。规划不足导致阿根廷的正常公路和路况良好的公路分别只有 28% 和 25%，而失修公路占比高达 47%。因此，到 20 世纪 90 年代，阿根廷公路系统几乎陷入了崩溃的边缘，而国家在道路维护方面的投资能力仅能满足实际需求的 3. 5%。

20 世纪 90 年代末，面对公路修缮的巨大需求，新一届政府决定将某些公共资产及服务进行私有化，财政预算将更多主要偏向国防、卫生、教育等公共领域。在这种情况下，阿根廷政府提出了公共工程部计划方案，将公路路段以特许经营的方式授权给私营企业。此计划分为几个操作步骤，包括制定合理的法律框架，选择适合特许经营模式的路段，并对其车流量和财务可行性进行分析。在该计划的支持下，阿根廷政府在 12 个公路项目中开展了特许经营模式。

2003 年，这 12 个特许经营合同相继到期，阿根廷政府决定对这些特许经营项目进行新一轮招标，并对之前特许经营体系中的某些特征进行调整。与第一阶段特许经营不同的是，修复工程不再由私人资本承担，而是由政府承担。政府需要就修建、完善、安全、重建和拓宽等工程分别签订合同，而私人资本的义务缩减至日常维护、开发和用户服务，如更换路标、修剪杂草、修整隔离带、修补裂缝等，这一决策与政府对 PPP 项目的支付预算有关。

然而，近年来，阿根廷的 PPP 项目却出现了严重的危机。据阿根廷《纪事报》2018 年 12 月 19 日的报道，由于阿根廷国家风险指数不断增高，政府决定暂停 PPP 融资模式的新项目招标。此举将波及当地区域铁路、门多萨省水电站及能源建设等 80 多个项目。阿根廷财政部长尼克拉斯及总统顾问古斯塔夫等官员对此给出解释，阿根廷当前风险指数高达 782 点，逼近马克里政府上台以来的最高点。国家风险指数高涨，将导致融资成本大幅增加，政府不得不暂停PPP新项目招标。但阿根廷财长也表示，待市场情况好转后将重新启动新项目进程，已中标PPP项目将不会受到影响。

3. 巴西PPP的起源与演进

作为拉丁美洲最主要的经济体之一，巴西开展基础设施特许经营业务的时间相比墨西哥、阿根廷等拉丁美洲地区的其他国家而言略晚几年。20世纪90年代中期，同样由于公共资源的匮乏，巴西的公路质量不断恶化。为应对这一挑战，2004年，巴西联邦政府正式通过了PPP模式法案，在公共资源和政策担保方面为PPP提供了更大的自由度。

2004年颁布的《巴西PPP法》明确规定，巴西可以通过PPP项目安排，将交通运输类项目开发或服务委托给私营合作伙伴，由最终用户和公共合作伙伴支付报酬，或者仅由公共合作伙伴支付报酬，并鼓励私营部门通过股权和债权进行融资，作为国有银行的巴西发展银行（BNDES）将成为PPP项目的主要融资机构之一。为鼓励巴西PPP的发展，巴西政府出台公共资金补贴优惠政策，同时以该项目的经济权利为贷款提供担保。在过去的十年中，PPP项目对改善巴西基础设施发挥了重要作用，并成为巴西政府吸引私人投资的一个有效方式。

4. 秘鲁PPP的起源与演进

秘鲁的PPP项目始于20世纪90年代藤森政府执政时期。这一时期秘鲁政府颁布了《国有企业私人投资促进法》，其中明确规定了可利用私人资本对本国的基础设施进行兴建和运营，同时以此促进国有企业的发展。自2002年起，秘鲁开始持续的经济增长，年均经济增长率一直保持在7%~8%之间。高速的经济增长和收入的增加，给秘鲁社会带来了新的基础设施投资需求，PPP需求也随之提高。

秘鲁政府提出，公共部门可以通过转让国有企业全部或部分的股份和（或）资产、增资扩股等方式与私人资本合作。双方需要签署合资、合伙、服务提供、租赁、管理、政府特许经营等合同，以风险共担的方式推动PPP项目的发展。秘鲁政府建立了私人投资促进委员会及其专门委员会，负责处理PPP事务。委员会有权指派专门委员来监管私人参与投资的工作，并负责制订私人投资促进计划，指导监管执行过程，管理私人投资促进基金，同时颁布各项与 PPP 相关的规定。但 PPP 在秘鲁的发展并不顺利。由于人口密度低加之地形复杂，导致秘鲁的基础设施建设成本高于其他地区，因此使得仅靠用户付费的项目难以吸引私营部门的投资，这也是秘鲁 PPP 未能快速发展的主要原因。

代表性国家 PPP 的模式应用

PPP 所代表的是政府等公共部门与民营企业等社会资本之间的一种广义合作关系，合作双方只要能通过激励相容、利益共享与风险共担等机制实现公共品领域的高效供给，均可满足现代意义上的 PPP 内涵。但在实现这一目标过程中，PPP 项目有着不同的形式和流程，进而也形成了各类 PPP 的应用模式和国家特征。

第一节 PPP 的模式类型与国别应用

通常来说，PPP 将根据一个国家的市场化进程、对私营部门开放的程度、合作双方分工与职责的划分等因素而呈现出不同的组合形态和业务模式。项目下公共资产的所有权和使用权，也将根据不同需要在公共部门和私营部门之间进行转移和切换，这种项目所有权与使用权之间的不同切换组合构成了 PPP 项目的基本类型。

一、PPP 的类型划分

根据世界银行对 PPP 典型模式的划分，PPP 应用类别主要包括 12 类。从全球的 PPP 实践看，不同国家、不同行业或领域均存在不同的 PPP 模式类型，特别是随着公私合作模式的不断丰富，全球目前流行的 PPP 模式已达 20 种以上，这些模式类型，可以按照私有化的程度由低到高，分为委托类 PPP、特许类 PPP 和私有化类 PPP 等三大类别。

1. 委托类 PPP

在委托类 PPP 模式中，私人部门负责提供服务或执行具体任务，公共部门对其服务进行直接付费。此类 PPP 模式可视为公私合作关系的相对初级阶段，政府通过政府采购的方式与私人部门合作，其产权关系相对简单。委托类 PPP 并不具备现代 PPP 模式要求的机制特征，例如，委托类 PPP 仅是政府的采购行为，在付费方式上，并不具备激励相容的机制特征；项目的主要风险仍是由政府等公共部门承担，因而也没有风险共担的特质。

按照委托类 PPP 分包合同的内容，该模式可以分为模块式外包和整体式外包两种。模块式外包就是将项目运行中的一部分业务以分包合同的方式委托给私人部门负责，通常包括服务外包和管理外包两类；整体式外包又根据项目不同的服务内容主要分为 O&M，DBT 和 DBMM。

O&M（Operations & Maintenance）称为运营维护模式，指政府将既有的公共基础设施的运营管理权在一段时间内委托给私营部门，但保留其对资产的所有权。社会资本负责该基础设施的运营和维护，政府直接向私营部门支付服务费用，其实质是政府向私营部门购买运维服务，但项目的运维风险仍在政府等公共侧，且无激励相容等付费机制安排。

DBT（Design-Build-Transfer）称为设计—建设—移交模式，指私营部门按照政府和公共部门的要求，对公共基础设施进行设计，并以事前约定好的价格建设基础设施，承担施工期间的工期延误、预算超支等风险，建设结束后移交给政府公共部门，其实质是政府向私营部门采购设计和施工服务，此模式将项目施工阶段的风险交由社会资本承担，但项目的后端运维风险仍由政府承担。

DBMM（Design-Build-Main Maintenance）称为设计—建设—主要维护，其模式与 DBT 模式较为接近，同样是政府向私营部门采购设计和施工服务，但建设完工后，合同要求私营部门在移交项目后继续承担主要的维修服务，并由政府或公共部门对其直接付费。在该模式中，政府将施工阶段的项目风险向社会资本进行了转移，但后续的维护服务仍是简单的政府采购范式，没有相应的风险分担与激励相容机制。

2. 特许类 PPP

特许类 PPP 与委托类 PPP 相比具有三个重要的区别，首先，政府会对获得特许经营权的私人部门设立相应的绩效指标，只有在满足绩效的前提下，私人部门才能获得相应的服务收益，即存在激励相容机制；其次，政府将公共市场的一部分份额让渡给私营部门，私营部门因此需要承担相应的项目投资和盈亏风险，实现与公共部门的风险分担；最后，政府等公共部门允许私营部门通过自身的服务向使用者征收费用，此部分收入将作为私营部门投资服务回报的主要来源。

根据不同的服务内容，特许经营类 PPP 可大致分为 BOT、BTO、DBO、TOT、ROT 等形式，同时每种形式又包含了相应的衍生和延伸类型。

BOT（Build-Operate-Transfer）即建设—运营—移交模式，该模式指私营部门或项目公司承担基础设施的融资建设，完工后继续负责该项目的运营与维护，并向使用者提供有偿服务。社会资本通过使用者付费的直接收入实现投资回报，当合同期满后，将项目资产和付费服务无偿交给政府部门运作管理。与此类似的一种衍生模式是 BTO（Build-Transfer-Operate），即建设—移交—运营模式，该模式在移交和运营的顺序上与 BOT 模式相反，即完工后将项目的所有权无偿交给政府，随后政府再通过特许的方式，允许项目公司对该设施进行长期运营以实现投资回报。从风险角度来看，BTO 模式比 BOT 模式更具备风险分散功能，避免了对单一私人部门的锚定，同时政府对项目有更强的控制权。若私营部门从项目的初始阶段就参与设计，并通过竞争等方式获得基础设施项目的设计、建设、长期运营等完整合同，该模式称为 DBO（Design-Build-Operation），即设计—建设—运营模式。在该模式中，私营部门通过特许权的获取，负责后期独立的基础设施运营，从运维中获得投资回报和利润，待合同期满后将运营权交回政府等公共部门。DBO 与 BTO 或 BOT 相比，社会资本参与项目的起始点更早，全生命周期管理更长。

TOT（Transfer-Operate-Transfer）称为移交—运营—移交模式，指政府等公共部门将现有的存量资产所有权通过有偿转让的方式交给社会资本，后者通过对其运维和用户服务以收取费用，来实现投资回报。在合同期满后，再将资产及其所有权交还给政府部门。政府将公共资产进行转让的目的，一般为降低政府负债，进而实现债务的合理剥离，通过社会资本的专业优势，提高存量资本的使用效率。政府对公共存量资本出让的方式多样，包括出租、租赁，购买特许经营权等。与该模式类似的衍生形式是 ROT（Renovate-Operate-Transfer），即改建—运营—移交。在 ROT 模式中，公共存量资本通过项目改建的方式进行转让。

3. 偏私有化类 PPP

私有化类 PPP 是公私合作的一种极端形式，严格意义上讲，并不属于现代 PPP 的范畴，其最明显的特征就是公共部门对基础设施相关产权进行了严格的界定和转移，并将项目所有权交由私人部门掌控。

私有化类 PPP 通常分为部门私有化和完全私有化等两类。部门私有化，顾名思义，就是指私营部门拥有公共基础上的一部分产权或资本存量，政府与社会资本以股份的形式共同合作，其法律形式等同于股份公司，双方共同承担风险并获取利润。全部私有化则是指政府将公共事务和相应基础设施的完整产权交由私营部门负责，所有风险和收益均由私营部门承担或享有，政府真正扮演着监管角色。

私有化类的 PPP 主要有 DBOO（Design-Build-Own-Operation）模式，即设计—建设—拥有—运营模式，该模式可视为 DBO 的衍生或延续，其核心特征是社会资本通过竞争获得某项基础设施的长期合同。但 DBOO 与 DBO 模式的最大区别在于，在 DBOO 模式下，私营部门将根据投资比重同时获得基础设施的所有权和经营权，而在 DBO 模式下私营部门仅有经营权，并无所有权。

另一种常见的私有化 PPP 模式是 DBFO（Design-Build-Finance-Operate），称为设计—建设—融资—运营模式。私营部门从项目的设计阶段开始参与相应的筹备工作，并负责融资建设，同时对项目的基础设施拥有所有权。政府等公共部门随后通过合同的方式与私人部门合作，通过向私人部门支付费用的方式，获得该基础设施的使用权。例如，社会资本通过自身的资金或融资建设了医院，公共部门可以通过合同向私营部门支付一定的费用，使用该医院的设施提供公共服务。相当于政府向私人部门有偿租用该基础设施，但在后续运维中，私营部门需继续承担相应基础设施的运维和保障服务。

除上述三类 PPP 的典型模式外，各国在 PPP 的实践中还采用了一些其他形式：如注资模式（Finance Only），即私营部门对所属国家的公共基础设施进行注资扩建或修缮，以此获得相应基础设施的使用权。例如，重新修建公共建筑、商场以及工业生产设施等。私营部门在获得该设施使用权的同时，可以从使用者付费中获得相应的投资收益。再如，出租—开发—运营模式 LDO（Lease-Develop-Operate），该模式同样针对已有的公共基础设施。私营部门通过租赁的形式，从政府等公共部门获得某一基础设施的使用权，并对该设备投入一定的资金用以改造、升级或翻新，此后，再对该设施提供运维服务，从使用者付费中获得相应回报。马来西亚吉隆坡的高速公路项目、加拿大多伦多的机场航站楼项目均采用这种 PPP 模式。

综上所述，PPP 的典型模式正在根据不同国家和不同项目的实际需求而发生着改变和创新。但无论 PPP 模式如何调整，其所强调的物超所值、激励相容、平等互利、风险共担的核心理念和基本机制并没有发生实质性的变化。

二、代表性国家 PPP 应用的主要类型

从全球代表国家 PPP 的实践看，各国结合本国的制度环境和公共基础设施发展需要选择了不同类型的 PPP 模式。本节将以英国、美国、法国、澳大利亚、加拿大、土耳其、日本为代表，着重介绍这些国家在 PPP 实践中的应用类型，这七个国家的 PPP 类型应用各具特色，也能在一定程度上代表全球 PPP 的类型应用及特征。

1. 英国的 PPP 类型

英国主推的 PPP 项目模式是 20 世纪 90 年代初由英国人自主创新的私人融资计划（PFI/PPP）。作为 PPP 的一种代表性类型，PFI/PPP 是政府与私人部门以长期特许权经营协议的方式对基础设施进行融资、建设、运营

的特许类 PPP。具体而言，在该模式下公共部门与私营部门签订长期的服务合同，公共部门根据社会对基础设施的需求，提出需要建设的项目，通过招投标选择社会资本。获得特许权的私营部门，将负责开展公共基础设施项目的建设与运营，并在特许期结束时将所经营的项目无债务地归还政府。

在 PFI/PPP 项目中，政府通过激励相容机制对社会资本进行付费，并从中获取高效优质的公共服务，有些项目也采用使用者付费模式。当前，英国绝大多数的 PPP 项目均采用 PFI 模式，该模式在很大程度上克服了传统基础设施建设中的高投入、低效率和资源高消耗等弊端，并表现出如下显著特点：

第一，PFI 模式是真正意义上的基础设施私人融资模式，也是典型的现代 PPP。在基础设施的前期兴建环节，私营部门负责整个项目的开发融资，这一时期的风险由社会资本承担。与类似的 TOT 等模式不同，TOT 重在提升现有设施的运营效率，而没有前期的融资行为，而 PFI 模式中私人部门有明确的融资任务，进而有更实质性的项目合作。另一种类似的模式 BT 也不同于 PFI。在 BT 模式下，私人部门建设完成后会立即将设施移交给政府，周期相对较短，而 PFI 项目则需要私人部门对其进行一段时间的项目运维，期限一般在 25 ~ 30 年之间，最长的项目长达 40 年。

第二，PFI 模式的显著特征是以项目产出为依托，通常兼具一定的盈利性和公益性。政府在 PFI 模式中强调基础设施的产出和服务绩效，只有项目达到预期的产出目标，政府才开始向投资者付费，若项目完工前或完工后没有达到预期目标的，政府是不会向项目公司付费的，这种激励相容机制是 PFI/PPP 与传统采购项目的一个根本性区别。

第三，英国 PFI 项目模式的风险转移目标更为清晰。由于政府在参与项目时，基础设施已处在完工并可直接运营阶段，因此，项目前期的各类工程风险，如误工风险、超预算风险等全部转移给了私人部门。

即便 PFI/PPP 项目的优势与特征十分鲜明，也在英国公共服务领域的供给中发挥了极其重要的作用，但对 PFI 的讨论与争议一直没有停止。2012 年，英国政府专门围绕 PFI/PPP 中出现的问题进行了调整，在基本保留原有框架结构的基础上，推出了 PF2/PPP 模式。此外，英国也有少量的

PPP 项目采用了 BOT、TOT 等模式，并通过使用者付费和可行性政府补贴的方式获得收益回报。

2. 美国的 PPP 类型

作为联邦制国家，美国各州对 PPP 项目具有较大的自治权，因此，各州及地方政府会根据当地的实际需求和制度环境选择不同的 PPP 模式。也正因为如此，美国就没有像英国那样，形成相对统一的 PPP 类型，而是呈现出多样化的 PPP 类型应用。

根据美国 PPP 理事会的界定，目前美国共存在 17 种 PPP 模式（见表 2－1），这些 PPP 类型可以按照项目是否在建，分为新建项目类 PPP，和已建项目类 PPP。按当地的习惯叫法，也称为“绿地”项目，和“棕地”项目。

表 2－1　　美国的 17 种 PPP 类型

新建项目使用 PPP	已有设施和服务项目所使用 PPP
➢ 设计—建设（DB）	➢ 运营和维护（O&M）
➢ 设计—建设—维护（DBM）	➢ 运营、维护和管理（OMM）
➢ 设计—建设—运营（DBO）	➢ 购买—建设—运营（BBO）
➢ 设计—建设—运营—维护（DBOM）	➢ 增强使用租赁（E-use leasing）
➢ 设计—建设—融资—运营—维护（DBFOM）	➢ 租赁—开发—运营（LDO）
➢ 设计—建设—融资—运营—维护—转让（DB）	
➢ 建设—运管—转让（BOT）	
➢ 开发商注资（DF）	
➢ 租赁/购买（Lease/purchase）	
➢ 出售/回租（Sale/leaseback）	
➢ 税收豁免租赁（Tas-exempt lease）	
➢ 交钥匙（Turnkey）	

资料来源：Wemeck & Saadi，2015。

针对新建的绿地项目，美国多采用 DBFO 模式。在 DBFO 模式下，项目以合同形式将基础设施的设计、建设、融资、运营打包委托给私人部门，进而公共部门与社会资本实现了风险共担，私人部门通过使用者付费实现项目收益。对于运营维护原有设施的棕地 PPP 项目，当地多采用长期租赁合同的形式执行。长期租赁合同适用于维护既有基础设施，私人部门利用特许经营权对公共设施进行运营、维护以及修建。这些公共设施多为政府资金建设，也有少数项目由社会资本修建，交付政府后再由政府部门特许给私人部门。

对于 PPP 项目，公众部门会采用招投标的方式选择合适的社会资本，脱颖而出的私人部门将作为项目的合作方。就 PPP 中的公共关系而言，绿地类 PPP 项目，因其在项目启动初期，甚至设计期就有社会资本参与，因此不涉及政府向私人部门交付所有权的问题，相对容易获得公众支持；但对于“棕地”类项目，政府将原本由公共部门运营的基础设施项目交付私人部门管理，通常容易遭到社会的反对意见。目前，美国对新建基础设施的需求较小，而对原有的基础设施翻新需求较大，大量的现有基建已接近或超过了使用期限，亟待修缮和翻新。所以，“棕地”项目是美国 PPP 的重点内容，但棕地项目投资受到的舆论压力和公众阻力较大，因此如何扩大棕地 PPP 项目的数量和规模，使其获得更多的民众支持，是美国推广 PPP 所面临的主要问题。

3. 法国的 PPP 类型

法国的 PPP 项目通常包括三种常见的类型：分别是政府采购私人服务、特许经营以及伙伴关系合同制。其中，政府采购私人服务类 PPP 与其他国家无异，即在采购中，由私人提供产品或服务，政府向私人服务付费。在这一过程中，项目的风险均在政府端。

特许经营制度是法国独创的模式，也被世界银行称为是一种“真正的法国模式”。在该模式中，政府通过对私人资本授予特许经营权，允许私人部门直接通过公共服务向使用者征费，项目的风险由政府和私人部门共同承担。早在 18 世纪，特许经营制度就被法国政府正式确定下来。在 19 世纪，该模式还衍生出了一种“租赁”式合作制度，即在政府主管部门的严格监管下，由民营机构提供相应的公共服务，通过使用者付费的形式获得相应的回报。特许经营和租赁这两种模式的主要区别在于：前者的实施对象不仅包含了公共服务，还包括公共物品；而后者则只针对公共服务，且项目申请流程更加便捷。

伙伴关系合同制度被用于政府财力无法承担的公共物品或服务供给，同时又无法向使用者收费的项目。在此类模式中，私人不承担运营风险，无论产品是否被使用都由政府支付租金；但项目的工程风险，如设计、施工和延误风险等均由私人部门承担，同时私人部门也要承担部分征税职能。

此外，法国PPP模式的最大特点是很多项目采用使用者付费与政府付费双轨模式。20世纪90年代，法国开始倡导双轨制的PPP支付体系，将使用者付费的特许经营模式以及政府付费的PPP模式共同纳入到同一类的PPP模式框架下。这一做法也得到了很多其他国家的学习和效仿。

4. 澳大利亚的PPP类型

澳大利亚政府出台的政策指南将基础设施PPP模式分为两种类型。第一种类型称为“社会性基础设施PPP”。在此类项目中，社会资本的主要收入来源是政府支付，模式类似政府采购，但项目的运营风险由社会资本承担。这种模式通常用于科研机构、学校、医院、文化设施、监狱等非创收型社会基础设施项目。第二种类型称为“经济性基础设施PPP”。在这类项目中，社会资本的主要收入来源是使用者付费，如收费公路的使用者通行费，该模式包括桥梁、公路、隧道、铁路、港口、码头、机场等交通设施，以及水电供应设施、排污设施、通信设施等。这两类PPP项目数目基本相当，但在项目投资总量上，经济性基础设施类PPP项目占绝大多数比例。

可以看出，澳大利亚的PPP项目类型实际上是根据社会资本的收益来源进行划分的。而在PPP模式的类型上，澳大利亚常见的PPP模式有设计—建造—维护（DCM）、设计—建造—维护—运营（DCMO）、建造—拥有—运营（BOO）、建造—拥有—运营—转移（BOOT）和设计—建造—融资—运营（DBFO）等，其中DBFO模式的应用最为普遍。

澳大利亚PPP模式还有一个重要的特征是政府部门被要求以特定的形式进行实际项目投资。通常来说，政府将在项目建造完成时或运营稳定初始时，按照项目实际运行需要与合同约定，向PPP项目注入已约定的资本。这一做法的目的在于通过资金合作的方式，实现公共部门与社会资本的风险共担，而防止将项目风险全部转移给私人部门。政府部门的资金投入，将给社会资本带来更多信心，进而促进双方平等的合作伙伴关系。

5. 加拿大的 PPP 类型

加拿大政府根据国家经济建设和社会发展的实际需要，同样采取了多种多样的 PPP 模式。加拿大 PPP 国家委员会，将本国的 PPP 项目类型分为 12 种模式。在对模式的分类中，加拿大政府着重从风险评估的角度对 12 种模式进行了排序，如表 2 -2 所示。可以看到，风险最小的 PPP 模式是服务外包模式，而风险最大的模式是购买—建设—运营（BBO）模式。在实践中，加拿大的基础设施建设通常采用风险较低的委托类 PPP 模式，如 BTO 和 O&M 模式等，通过委托将相关项目交由社会资本完成，在竣工后再进行项目的转交，或将主要的服务继续保留给私营部门。

表 2 -2　　加拿大 PPP 国家委员会对模式的分类

风险	PPP 模式
风险由小到大	服务外包（Service Contract）
	委托运营（Operate & Maintenance）
	设计—建设—转让（Design-Build-Transfer）
	租赁—建设—经营（Lease-Build-Operate）
	建设—租赁—转让（Build-Lease-Operate）
	建设—转让—经营（Build-Transfer-Operate）
	合资经营（Joint Venture）
	建设—拥有—经营（Build-Operate-Transfer）
	建设—拥有—经营—转让（Build-Owner-Operate-Transfer）
	外围建设（Wraparound Addition）
	建设—拥有—经营（Build-Owner-Operate）
	购买—建设—经营（Buy-Build-Operate）

资料来源：The Canadian Council for Public-Private Partnership，P3 knowledge Centre.

6. 土耳其的 PPP 类型

1984 年，土耳其总理奥热扎尔在讨论土耳其公共项目私营模式时首次提出了 BOT 的概念。此后，随着 PPP 在全球的发展，BOT 模式也同法国特许经营模式、英国 PFI 模式一样，成为 PPP 最具代表性的经典模式。

BOT 模式在土耳其的应用，最初是为了解决土耳其政府兴建电厂而面临的资金不足问题。此后，BOT 模式作为土耳其 PPP 项目的典型模式被迅速发展和推广，由此也开启了土耳其公共设施项目公私合作的进程。

BOT 模式的本质是一种合同安排形式，即政府与私营部门签订项目合作合同，政府对项目的建设、运营具有监督管理的权利，投资者对该项目进行建设，并在一定期限内具有运营权。BOT 具有以下四个主要特征：

第一，BOT 模式参与的主体广泛，通常包括政府、项目发起人、项目投资人、贷款方、原材料供应商、融资担保方和保险公司等，众多相关参与主体通过合同体系彼此连接，最终形成一个利益攸关方共同体；第二，BOT 模式支撑的 PPP 项目可以是具有经营性的使用者付费项目类型，也可以是没有营利特征的纯公益类项目。第三，在合作中，虽然政府对项目的建设、运营有监管的权力，但政府作为合同的当事人，只能按法律规定的平等的义务和权力参与项目的发展，这也是 PPP 的核心要义。第四，从具体任务上讲，项目建设完成后，政府将通过特许经营的方式把该项目的经营权交给私营部门（通常为项目的建设单位），但将在经营范围、税收方式、营业时间、甚至定价等方面进行相应管控。

BOT 模式是土耳其 PPP 项目的核心模式，但在实践中，该模式也根据项目的实际需要或内外环境的变化衍生出了多种变体，如承建—所有—运营—移交模式（BOOT）、承建—所有—运营模式（BOO）、购买—承建—运营模式（BBO）、承建—出租—运营—移交（BLOT）等。这些模式与标准的 BOT 模式在本质上还是极为相似的。

7. 日本的 PPP 类型

日本的 PPP 模式主要包括了 BOO（建设—经营—拥有）、BT（建设—转让），TOT（转让—经营—转让），BOOT（建设—经营—拥有—转让）、BLT（建设—租赁—转让）、BTO（建设—转让—经营）等。从细节来观察我们可以看到，日本独特的政治经济模式被融入到了日本的 PPP 项目之中。

如第一章中提到，日本 PPP 的类型以建设—移交—运营（BTO）为主，其占到 PPP 模式的七成，而日本 BOO 模式和 BOT 模式的应用比例不到两成。日本以 BTO 为主要模式的原因与该国奉行的“强政府”理念密切相关，即以保守的方式对待 PPP 项目，并尽量把控对公共设施的控制权。

日本 BTO 模式的具体形式是，民营机构为基础设施融资并负责建设，完工后即将设施所有权移交给政府方，随后政府方再授予该民营机构或其他民营企业经营该设施的长期合同，使其拥有使用权和经营权。BTO 模式最典型的特征在于，政府可以在项目运营期内，具有设施的控制权，在特许权协议中表现为政府对项目资产和土地拥有所有权。此外，日本的 PPP 项目由于主要集中在社会福利领域，因此，项目收入来源主要是政府部门付费，这也与该国倡导的 BTO 模式直接相关。图 2－1 统计了日本在 2016 年前后，本国 PPP 模式的主要分布情况。

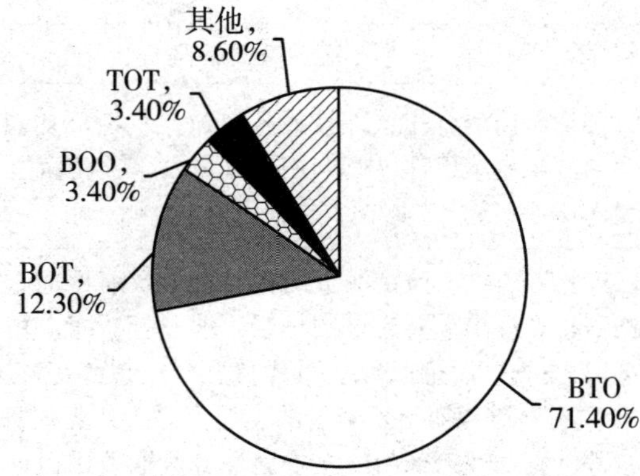

图 2－1　日本 PPP 项目按模式分类情况（1999～2015 年）

资料来源：日本内阁府 PFI Promotion Office，截至 2016 年。

三、中国 PPP 的应用类型

中国政府对 PPP 模式的分类有其自身的标准。根据财政部政府采购平台对 PPP 的分类，中国政府从是否有融资行为的视角，将 PPP 模式分为融资性 PPP、非融资性 PPP、股权产权转让性 PPP 以及合作合资性的 PPP。其中融资性 PPP 模式又可以进一步细分，且构成了中国国内 PPP 项目的主流模式。

1. 融资性 PPP

融资性 PPP 是指政府以吸纳社会资本投入公共基础设施为主要目标，私人部门在项目中存在融资行为的 PPP 项目。中国 PPP 主管部门在综合考虑现金流收入、项目股权投资回报基础、债权融资量、运营实际情况与改建可能、项目周期完成后固定资产处理等不同因素的基础上，将融资性 PPP 分为建造—运营—移交（BOT）、民间主动融资（PFI）、建造—拥有—运营—移交（BOOT）、建造—移交（BT）、建设—移交—运营（BTO）、重构—运营—移交（ROT）、设计建造（DB）、设计—建造—融资及经营（DB-FO）、建造—拥有—运营（BOO）、购买—建造及营运（BBO）等类型。具体分类和模式解读如表 2－3 所示。

表 2－3　　财政部颁布的融资性 PPP 模式

名称	模式解读
建造—运营—移交（BOT）	私营部门的合作伙伴被授权在特定的时间内融资、设计、建造和运营基础设施组件（和向用户收费），在期满后，转交给公共部门的合作伙伴
民间主动融资（PFI）	PFI 是对 BOT 项目融资的优化，指政府部门根据社会对基础设施的需求，提出需要建设的项目，通过招投标，由获得特许权的私营部门进行公共基础设施项目的建设与运营，并在特许期（通常为 30 年左右）结束时将所经营的项目完好地、无债务地归还政府，而私营部门则从政府部门或接受服务方收取费用以回收成本的项目融资方式
建造—拥有—运营—移交（BOOT）	私营部门为设施项目进行融资并负责建设、拥有和经营这些设施，待期限届满，民营机构将该设施及其所有权移交给政府方
建造—移交（BT）	民营机构与政府方签约，设立项目公司以阶段性业主身份负责某项基础设施的融资、建设，并在完工后即交付给政府
建设—移交—运营（BTO）	民营机构为设施融资并负责其建设，完工后即将设施所有权移交给政府方；随后政府方再授予其经营该设施的长期合同
重构—运营—移交（ROT）	民营机构负责既有设施的运营管理以及扩建/改建项目的资金筹措、建设及其运营管理，期满将全部设施无偿移交给政府部门

续表

名称	模式解读
设计—建造（DB）	在私营部门的合作伙伴设计和制造基础设施，以满足公共部门合作伙伴的规范，往往是固定价格。私营部门合作伙伴承担所有风险
设计—建造—融资及经营（DB-FO）	私营部门的合作伙伴设计、融资和构造一个新的基础设施组成部分，以长期租赁的形式，运行和维护它。当租约到期时，私营部门的合作伙伴将基础设施部件转交给公共部门的合作伙伴
建造—拥有—运营（BOO）	私营部门的合作伙伴融资、建立、拥有并永久的经营基础设施部件。公共部门合作伙伴的限制，在协议上已声明，并持续的监管
购买—建造及营运（BBO）	一段时间内，公有资产在法律上转移给私营部门的合作伙伴。建造、租赁、营运及移交（BLOT）
只投资	私营部门的合作伙伴，通常是一个金融服务公司，投资建立基础设施，并向公共部门收取使用这些资金的利息

资料来源：财政部中国政府采购服务信息平台，2017 年。

在这些融资性 PPP 中，BOT 模式最为常见。财政部对 BOT 模式的定义是，由社会资本或项目公司承担新建项目的设计、融资、建造、运营、维护和用户服务职责，合同期满后项目资产及其相关权利交由政府的相关部门继续运作。BOT 模式项目合同期限一般为 20～30 年。私营部门或项目公司在 BOT 模式中的回报机制，通常以使用者征付费为主，对于一些社会公共领域的项目，如城市污水处理厂等，政府也会通过可行性缺口补贴的方式，合理地弥补企业的回报要求。

2. 非融资性 PPP

除融资性的 PPP 模式外，中国政府和相关部委还明确了以下几种非融资性的 PPP 模式，它们同样构成了 PPP 项目在实践中的主要模式类型，但与融资性 PPP 项目相比，非融资性 PPP 项目在风险分担和激励相容等机制发挥上，都弱于前者，且市场化程度相对降低。

非融资性 PPP 的本质即为作业外包模式。政府或受政府委托的公司通过签订外包合同方式，将某些作业性、辅助性工作委托给外部企业/个人承担和完成，以期节约人力和行政资源。在实践中，运营与维护模式（O&M）与移交—运营—移交（TOT）模式在非融资性质 PPP 类型中占据主导地位。

运营与维护模式（O&M）是根据项目合同，社会资本在特定的时间内运营公有资产，但资产的所有权仍由公共部门保留。政府将存量公共资产的运营与维护责任委托给社会资本或项目公司，一方面降低政府在管理和运维上的时间与人力支出，另一方面还可通过社会资本的专业性，提高存量公共资产的运转效率。政府向社会资本或项目公司支付委托运营费用。O&M 项目合同周期一般不超过 8 年。

转让—运营—移交（TOT）是 PPP 项目的另一种非融资类模式，政府将现有的存量资本所有权，有偿转让给企业资本或项目公司，并由社会资本负责管理和运营，提供相应的服务；待合同期满后，私人部门再将基础设施的所有权移交给政府。与 O&M 模式相比，TOT 模式的合同期更长，一般为 20～30 年。与 O&M 相比，TOT 模式最大的特征是公共部门在项目运行时不再享有项目的所有权，这一时期项目的主要风险将由私人部门承担。所有权的转让有助于企业更高效和直接地进行管理维护、技术改造甚至融资扩建，同时也将降低政府的债务水平。

3. 其他类型的 PPP 模式

除融资性 PPP 和非融资性 PPP 外，在中国财政部的分类中，还有另外两种 PPP 模式，即股权产权转让模式和合作合资模式。

股权产权转让模式是指政府将国有独资或国有控股企业的部分产权/股权转让给民营机构，建立和形成混合所有制的公司股权结构；与此同时，政府授予新合资公司特许权，允许其在一定范围和期限内经营特定业务。合作合资模式则是指政府方与民营机构共同组建合资公司，政府部门通常会以直接出资的方式入股合作。对于新组建的合资公司，政府同样会授予其特许权，允许其在一定范围和期限内经营特定业务。

第二节 PPP 融资模式的比较与创新

PPP 在创建之初的一个核心目的就是缓解政府财政的压力，拓宽融资渠道。因此，融资效能是 PPP 模式追求的重要目标之一。在上一节 PPP 的类型划分中，有些国家会根据 PPP 项目中私人部门是否有融资行为，而对 PPP 进行分类。从中也可以看出，PPP 项目的融资方式反映了 PPP 的基本类型特征。本节将对代表性国家 PPP 项目的融资模式进行比较，并阐述这些国家在 PPP 融资模式方面的创新实践。

一、欧美主要国家

1. 美国 PPP 的融资模式

美国作为世界上金融系统最发达的国家，具有极强的金融创新能力。从美国 PPP 项目的具体融资实践看，当前美国共创设了四种主要的金融制度或工具用以支持私人部门对基础设施建设的融资，分别是交通基础设施金融和创新法案（TIFIA）、供水设施金融和创新法案（WIFIA）、私人活动债券（PABs）以及基础设施市政债券（QPIBs）等。

（1）交通基础设施金融和创新法案（TIFIA）主要用于为美国全国性或区域性交通基础设施类项目提供长期、稳定、低廉且灵活的授信服务和融资保障，该制度要求公共部门通过提供补充性资金的方式，帮助参与公共服务的私人部门获得资金支持，同时也达到吸引社会资本投资者的目的。

1998 年交通基础设施金融和创新法案（TIFIA）正式通过。该法案由美国交通基础设施融资局牵头完成，旨在为包括公路建设和运输项目在内的交通类项目提供联邦政府的直接贷款、担保和信用支持。TIFIA 重点针对私人部门投资额在 1 亿美元以上的重大项目。一般情况下，TIFIA 会按照项目投资总额的一定比例，采用固定利率的方式进行贷款，其利率相当于国债利率的水平。

2012 年 7 月，联邦政府在 21 世纪前进法案（MAP-21）中提出，要求进一步增加 TIFIA 提供贷款的能力，从当初每年 10 亿美元提高到 2013 年的 75 亿美元，2014 年又提高至 100 亿美元。与此同时，TIFIA 可提供的最高贷款额度占项目总投资比重，也由原先的 33% 提高到 49% 。

TIFIA 可给交通类 PPP 项目提供三种形式的资金支持：一是按照国债

的固定利率水平，直接提供项目总成本49%的定期贷款支持，法案明确提出还贷必须在项目实质性完成的五年后实施，并要求在35年内还清。若在项目运行过程中出现了重大事故，导致项目无法正常产出，项目主体方需要及时还清贷款。二是联邦政府对机构投资者进行贷款担保和信用授权，在政府信誉的背书下，机构投资再向常规的贷款市场申请贷款。此做法实现了TIFIA制度与原有信贷制度的联通。三是根据项目的实际情况提供阶段性信贷支持，例如，为项目发展的第一个10年提供信贷支持，但总额不超过项目总成本的33%（见表2-4）。

表2-4　　　　接受TIFIA项目支持需满足的条件

融资及债务担保	紧急时的信贷额度（对象是基础设施的建设已完成后至运行10年以内）
期限	35年，即可以使用的期限（开始运行后的最初10年）结束后25年以内
利率	与（国债）Treasury一样，根据谈判（融资）
可能拨款的百分比	上限是费用的33%
项目规模	必须超过5 000万美元，或超过联邦补助的州的高速公路基金（Highway funds）额的1/3（最近的财年）

资料来源：普华永道（PwC）根据DoTTIFIA Guide制表，2017年。

（2）供水设施金融和创新法案（WIFIA）是由美国环境保护署管理的低利息贷款，主要支持与水源供给和污水处理有关的PPP项目，如管道更新、水处理厂的建设和维护、地下水、节约能源等。WIFIA对目标项目的规模具有明确的要求。通常WIFIA将重点支持成本规模在2 000万美元以上的水源供给项目，或涉及2.5万人以上且总成本在500万美元以上的污水处理项目。获得WIFIA支持的项目，将由政府提供贷款担保和长期贷款，贷款利率以长期国债利率为准，贷款必须在项目完成的35年内付清。WIFIA的贷款额通常不超过项目总成本的49%；在同一项目中，所有形式的联邦支持应不超过总成本的80%。

（3）私人活动债券（PABs）是一种免税的债务工具，专门用于支持私营部门参与基础设施类公共项目，PABs通常由州或地方政府发行。在法律依据上，2005 年美国颁布的《安全、可靠、灵活、高效的运输公平法案：留给使用者的财产》明确私人活动债券收入可用于公路、公共交通和多式联运类 PPP 项目。

私人活动债券是许多 PPP 项目的重要组成部分。PABs 的融资额度一般没有融资的上限限制，但对于高速公路基础设施类型项目，以及联运、货运、转运等交通运输类设施项目，PPP 项目使用的私人活动债券融资额度将受到上限约束限制，该上限通常为单体项目每年 150 亿美元。

（4）基础设施市政债券（QPIBs）是介于 PABs 和政府债券之间的一种债券形式，其本质上属于市政债券。对于运输类 PPP 项目，由于 PABs 每年都有融资的限额限制，且其收益率要受限于税收率，因此，很多地方政府选择 QPIBs 的方式继续为交通类 PPP 项目提供市场的融资支持，而且 QPIBs 更具灵活性。由于 QPIBs 的利息收入免税，融资成本更低，因而 QPIBs 已经成为美国交通类 PPP 项目的关键融资渠道。

以上四类融资制度和工具是美国为 PPP 项目而独创的融资模式，与此同时，传统的融资模式同样在美国 PPP 项目的融资中发挥着重要的作用，如股权和债券融资等。此外，美国政府也尝试创立全国性质的基础设施银行和 PPP 基金。2013 年 3 月，奥巴马明确提出通过 PPP 基金或国家基础设施银行等机制撬动民间投资。白宫在紧随其后发布的文件中也列出了建立全国基础设施银行的细节，例如该银行初定的注册资本为 100 亿美元，以独立实体的组织架构运营，主要业务是通过直接贷款或贷款担保的方式向交通、水利和能源类项目提供融资。相比于 TIFIA，PPP 项目使用 PPP 基金和国家基础设施银行的贷款将更加容易，门槛也相对较低。凡是满足总投资规模在 5 亿美元以上的重大项目或 2 500 万美元以上的农村基础设施项目，均可以较方便地获得项目贷款。

美国基础设施银行和 PPP 基金的使用范围十分广泛。一份关于“美国基础设施基金”的议案中明确要求至少 25% 的 PPP 项目在融资时要得到美国基础设施基金的支持。此外，美国基础设施银行还将通过出售美元基础设施债券的方式筹集资金，通常期限为 50 年，固定利率 1%，相关回报可免于征税。除了交通领域外，美国基础设施银行和基金也成为填补水利、环境和社会基础设施投资缺口的有效融资工具。

2. 英国PPP/PFI项目中的融资方式

英国PPP/PFI项目常见的融资方式主要包括优先债务、夹层债务、股权和分包商融资四种。每种融资方式各具特点，并在PFI项目中发挥着不同的作用。

（1）优先债务（senior debt）。根据英国PFI模式的机制流程，政府采购部门通常会在项目建成并交付使用时，对社会资本进行付款。因此，在项目建设前期，私人资本只能通过第三方融资的方式获得资金支撑，用以完成PFI项目，其中的融资与建设风险也将由社会资本承担。为方便私人部门在项目前期获得贷款等融资支持，英国推出优先债务工具，以此帮助本地的社会资本进行融资。

优先债务具有如下特点：首先，它在利息的支付和偿付方面优于股权投资，但贷款人在借款前期也将受到更加严格的评估；其次，为了保护债权安全，优先债务债权人有权行使介入权，对项目可能出现的风险进行提前干涉；再次，优先债务的主要风险，来自PPP项目产出本身，若PPP项目公司无法满足合同绩效，将不能获得政府偿付，进而也将无力偿还债务。因此，优先债务的债权人可发挥监督和激励作用，促进PPP项目预期效用的实现。

由于PPP项目建设的资金需求较大，所以PFI项目的中标者往往会结合下面多种途径筹借项目所需要的优先债务，包括：出借人提供银行贷款；由保险商提供融资担保，并通过资本市场获得融资；通过资本市场直接获得债务；在英国脱欧之前，英国PFI项目还可以得到欧洲投资银行的融资支持，并由银行或保险商提供担保。

（2）风险资本（risk capital）。风险资本通常由股东贷款和以股息为收益的股份资本组成，因此也被认为是股权投资的形式之一。在PPP项目中，若项目产出达到预期，风险资本将通过使用者付费或政府付费的方式获得投资回报，但若项目未能如约满足预期，则风险资本将无法得到回报。换句话说，风险资本在PPP项目中的最大风险同样来自于项目表现不佳，例如出现项目违约、市场乏力而带来的使用者不足、项目生命周期成本增加、保险费用增加等情况。

为了吸引更多的社会资本进入项目，近年来，英国政府在对 PFI 改革中，加大了对 PPP 模式的融资支持，引入了投资竞争机制，拓宽了一级、二级市场机构股权投资的投资渠道，使得股权投资的来源明显增多。

（3）夹层债务（mezzanine debt）。作为一种无担保的长期债务，夹层债务是介于债权和股权之间的一种融资方式，具有以下两个特点：一是比优先债务的风险大，且同样受到项目绩效的直接影响；二是要求的回报率比优先债务高，但是比股权要低。在英国，提供优先债务的银行通常也会提供夹层债务，银行可以通过尽职调查等工作防控风险。在明晰风险程度和客观风险评估的基础上，银行将承担更多的贷款服务，以此获得更高的利润。当前，银行是英国提供夹层债务的主要来源，除此之外的夹层债务提供渠道并不多见。

（4）建筑分包商融资。建筑分包商也是 PPP 项目合作的重要私人部门之一，其主要承担着项目施工、维修、改扩建等具体的工程任务，这也是项目资金使用最多、需求量最大的环节。建筑分包商通常会通过母公司担保、银行开立信用证和履约担保等方式进行融资。值得注意的是，建筑分包商也是 PPP 项目风险的“脆弱环节”，承担着项目成本上升、项目延误等多种风险。

除上述四种典型的 PPP 融资模式外，英国还推出了一种更具创新意义的融资方式，称为社会影响力债券（social impact bond，SIB）。

SIB 融资有以下几个方面的创新之处：首先，SIB 融资虽以债券为名，但属于非典型类债券，其设计原理类似于含有期权的结构型商品；其次，SIB 融资的项目投资收益以实际效果为依据，基于“成功付款”原则，即只有当社会公共产品或服务得到改善时，政府会履约付款；再次，SIB 融资收益周期具有固定期限，但没有固定利率，融资回报率取决于项目的绩效和社会问题的改善程度，项目越成功，回报率愈高。最后，SIB 融资的回报资金来自于政府预算、捐赠或两者结合的方式，倘若项目未能按预期达到效果，则政府不付款，此时投资人的原始资金可能会完全亏损。SIB 融资的创新对英国 PPP 项目的融资效果是一次重大的改变，它将融资机构也纳入到风险分担和激励相容的队伍中，构成了政府、融资机构、项目执行方三者的联合风险体。

2010 年，全球首档 SIB 融资在英国正式试点，并成功应用于彼得堡的监狱项目当中。融资中介、当地政府、项目服务方与投资人一同开展此项目。项目内容除兴建基础设施，提供监狱住房外，还包括了对受刑人的密集式干预，如心理咨询及职能训练等。项目以对犯人的改造情况和社会治安的保障为预期绩效。项目实施两轮之后，当地犯罪率减少了 7.5%，取得了良好的社会效果。政府节省了大量犯罪预防和干预的公共支出，项目各方融资人也在此项目中得到了较高的经济回报。此后，SIB 先后被引入美国、澳大利亚、韩国、印度和以色列等国家，并在国际社会得到快速推广。

3. 加拿大 PPP 的融资方式

加拿大 PPP 项目同样具有多样化的融资模式，其中地方融资机构和 PPP 项目专项债券是加拿大 PPP 的两大主流模式。

在加拿大，绝大多数的省份通过本地融资机构对 PPP 项目进行融资。通过公共部门与私人部门的合作，地区融资机构向市政当局或私人部门提供资金贷款和融资支持。在这一过程中，本地融资机构将根据当地政府的负债水平和信用评级确定贷款利率，政府以税收收入偿还借款。通常情况下，省级政府的信用等级往往由联邦政府加以背书和担保。例如，2012 年加拿大联邦政府通过贷款担保的方式为纽芬兰和拉布拉多省筹贷到 77 亿加元，用以支持 Muskrat 瀑布水电站项目。联邦贷款担保使该省能够按 AAA 信贷评级借款，贷款期限达 40 年，贷款利率为 3.8%，据估计，可为该省节约利息成本 10 亿加元。在项目选择上，地区融资机构更倾向于项目规模在 5 000 万加元及以上的大型项目。当前通过本地融资机构实现融资的 PPP 项目已涵盖多省的绿色基础设施、地面交通、跨境合作等领域。

债券市场和 PPP 专项债券是加拿大 PPP 的另一重要融资模式。当前，加拿大大约 90% 的 PPP 项目通过长期债券的方式获得融资，PPP 专项债券市场成为该国 PPP 项目稳定且低息的融资渠道。不仅如此，加拿大的债券市场仍在日益增长，并逐渐替代了传统银行融资，成为 PPP 项目长期资金的主要来源。2008 年金融危机之后，这种趋势表现得更为明显。加拿大皇家银行、蒙特利尔银行、加拿大帝国商业银行、加拿大丰业银行等传统商业银行也开始尝试提供专业化的债券融资方案，加入 PPP 债券市场。例如，Stonebridge 金融公司与 PBI 精算咨询公司合作成立了基础设施债券基金，该基金得到了加拿大 PPP 中心的支持。

加拿大 PPP 项目的债券融资通常会有一些特殊规定，譬如项目最小规模要在 1.5 亿 ~2 亿加元；借债人的信用评级应在 A 或者 BBB 以上；项目债券至少获得一个评级机构的认可；债券发行必须满足更高级别的政府监管要求等。此外，加拿大还积极发展 PPP 绿色项目债券，并提供更有倾向性的借贷政策，以鼓励开发绿色基础设施和生态环境类 PPP 项目。

表 2 -5 统计了部分国家 2007 ~2013 年 PPP 项目债券发行的数量规模。

表 2 -5　　2007 ~2013 年部分国家发行的 PPP 项目债券数量

国家	2007 年	2008 年	2009 年	2010 年	2011 年	2012 年	2013 年
加拿大	3 002	1 738	877	4 521	4 131	2 076	2 064
美国	7 055	5 266	3 645	4 905	4 264	7 111	13 506
英国	4 355	2 968	2 968	—	4 732	2 538	4 214
澳大利亚和新西兰	4 359	330	188	4 590	1 013	—	1 944

资料来源：Caselli Stefano，Guido Corbetta and Veronica Vecchi，2015. Public Private Partnerships for Infrastructure and Business Development. New York：Palgrave Macmillan.

除地方融资机构和 PPP 项目债券外，近年来加拿大政府不断加强金融创新，给 PPP 项目提供了更多有效的 PPP 融资渠道，甚至形成了独具特色的“加拿大模式”。

第一，养老基金计划。近年来，加拿大政府考虑使用大型养老基金计划完成 PPP 融资，这一模式受到世界各国的普遍关注。据了解，在加拿大的养老基金中，有 75% 的资金采用直接投资的方式运作，25% 采用间接投资的方式运作。在直接投资方式的运作中，养老金可以直接用于投资基础设施的开发，且成本低于其他基础设施基金。

第二，保险资金。除养老金外，加拿大也尝试利用保险资金支持 PPP 基础设施项目。作为优质的长期稳定资金，保险资金规模充足且相对稳定，可成为货币市场的重要供给。近年来，加拿大宏利金融（Manulife Financial）和永明金融（Sun Life Financial）等主要保险公司纷纷参与到PPP基础设施融资业务的扩展中，为加拿大PPP的发展提供了新的融资渠道，进而引起世界的关注。

第三，在政府的积极引导下，加拿大还建立了多种PPP专项基金。2007年加拿大设立了首个总额为12.5亿加元的“加拿大PPP基金”，为PPP项目提供不超过项目总投资额25%的资金支持。该基金可以适用于交通、能源、供水、安全等领域，为加拿大PPP项目的发展提供了可靠保障，任何层级的地方政府都可以申请该基金。此后，加拿大政府还先后建立了总额为88亿加元的加拿大建设基金和总额为21亿加元的全国边境口岸基金，对本国相关领域的PPP项目提供专项资金支持。

二、亚太主要国家

1. 日本PPP/PFI的融资模式

作为亚洲国家的主要代表，日本的PPP项目融资得到了政府、银行、基金，以及税务部门等多方位的大力支持，形成了本地多渠道的PPP融资市场。

从总体来看，银行及其他相关金融机构是日本PPP项目资金的主要来源。金融机构对PPP项目的融资方式主要包括无息贷款和低息贷款两种形式。其中，日本政策性投资银行、港湾整备特别会计局、日本都市开发推进机构均可向PPP项目提供无息贷款；除直接贷款外，政策性银行以及地方金融机构发行的债券收入、产业基金等也给PPP的项目融资提供了支持。

（1）日本政策投资银行。在日本，由于PPP绝大多数都是服务采购型项目，并由日本政府提供项目融资担保，因此PPP项目可以很方便地从政策性银行等金融机构中获得长期借款，完成项目融资。通常情况下，项目的贷款期限由具体实施方案而定，一般为7～20年。政策投资银行是日本PPP项目获得融资的最基本方式，融资服务涵盖市政基础设施建设、大型产业和配套项目、欠发达地区企业和国家扶植的科研项目等，以提供低息或无息的优惠贷款为主，同时也为客户提供咨询服务，承担项目方案核实和评估的工作。

（2）区域综合整治基金。日本在都道府县层级成立了由地区财团出资的区域综合整治基金，又称故乡基金。基金的主要职责是为从事基层公共事务的私人部门提供免息贷款，以此鼓励私人部门投入基层城市发展建设，提供公共福利设施维护等工作。综合整治基金是日本地方政府为充分调动私营部门参与 PPP 项目积极性的一种区域性制度安排，其实践取得了很好的效果，成为基层区域建设的重要融资保障。

（3）城市发展促进组织。与区域综合整治基金相类似，日本于 1987 年成立了城市发展促进组织，其本质属于一般性财团法人组织。在日本的 PPP 项目中，城市发展促进组织在融资方面发挥了重要的作用，成为提供稳定资金的优选融资渠道。据统计，日本当前已有 1 200 多个 PPP 项目得到了城市发展促进组织的资金支持。该组织通过免息贷款业务或低息贷款业务、土地征用转让业务、融通业务、城市发展无息贷款担保业务等方式支持日本 PPP/PFI 的项目融资。

（4）产业投资基金。伴随着融资模式的愈发多元，产业投资基金这一新型的融资方式不仅在欧美等发达国家应用，也开始被亚洲国家采纳。近年来，日本政府通过“官民合作基金”的名义，推动本地产业投资基金的发展，并应用在 PPP/PFI 项目的融资当中。例如，东京都政府、日本中央政府和 PPP/PFI 推进机构共同设立了日本 PPP/PFI 产业投资基金。在基金的出资构成上，政府和金融机构是日本 PPP/PFI 产业投资基金募资的主要途径。当前该基金融资规模达 200 亿日元，其中政府与民间资本出资比例各占一半。在项目应用上，日本 PPP 产业投资基金可用于任何地方的投资建设，其领域包括道路交通、住宅、医疗卫生、教育文化产业、社会福利等公共服务领域。

（5）养老基金、邮政储蓄等。除上述融资渠道以外，日本的 PPP/PFI 项目还鼓励邮政储蓄、养老保险金等资金池参与公共基础设施建设，从而优化日本公共基础设施的融资结构，降低融资成本。借助 PPP 项目，邮政储蓄、养老保险基金也可以在公共设施运营中获得长期稳定的收益，实现有效的资金管理。以日本的介护险制度为例，根据日本“介护保险法”的规定，介护险以照顾独立生活困难者的日常生活开销为基础，国家承担介护保险费的50%，使用者负担费用的10%，剩余部分由地方政府补偿。介护险制度允许险资参与风险系数较低的投资项目，进而获得资金盈利。所以，日本的介护险成为了日本PPP项目的重要资金融通渠道。2014年3月，作为世界上最大的养老基金之一，日本政府养老金投资基金与日本政策银行合作，共同开发养老投资基金，并致力于PPP/PFI项目的融资业务。

2. 新加坡PPP的融资模式

新加坡作为东南亚地区区域性基础设施的融资中心，在PPP项目的融资方面具有鲜明的代表性。据统计，当前东南亚地区有60%的基础设施项目均从新加坡的金融机构获得融资。

按照资金性质分类，新加坡的PPP融资模式通常包括股权资金、债权资金以及政府支持等三种形式。股权资金指PPP项目发起人或股权投资人对项目的直接投资，并以项目股份的形式体现。债券资金来自于商业银行、出口信用机构、多边金融机构，通过发行债券而募集的资金。按PPP项目融资渠道进行分类，新加坡PPP项目的融资来源包括政府公共财政、企业融资和项目融资三大类，其中项目融资既是新加坡最具优势的融资渠道，也是整个PPP融资模式的核心。

新加坡项目融资的结构包括贷款融资、股权融资和资本市场融资等以下三个方面：

(1) 贷款融资。在新加坡的项目融资方案中，金融机构通常采取银团贷款或俱乐部贷款的模式，向PPP项目公司提供“有限”或“无限”的追索权融资。所谓银团贷款是指一组贷款人向同一个人或项目提供贷款，但贷款构建、统筹和管理工作仍由其中的一家银行牵头，称为银团贷款的牵头行。新加坡PPP项目绝大多数都使用银团贷款的融资模式。俱乐部贷款与银团贷款类似，但规模小于银团贷款，方式灵活且效率较高，融资成本也相对更低。与传统的一对一商业银行贷款相比，新加坡的银团贷款或俱乐部贷款为借款人提供了信息更加丰富的融资服务，提高了对接和沟通效率，同时既可以显著降低单一融资的风险，也增加了项目总体应对风险的能力。目前，新加坡的这一融资模式已成为国际社会推广的重要经验。

（2）股权融资。在通常情况下，项目发起人可以通过普通股股本、股东贷款、股权过桥贷款等方式将股本资金投资到项目中。在新加坡，普通股本资金只占 PPP 项目资金总需求的一小部分，而债权人提供的资金通常占新加坡 PPP 项目的 65%~90%。然而，有些项目由于考虑风险事件、融资成本和项目工期等原因，也会增加普通股本资金比例，甚至将其作为项目资金的主要来源，其优势是既可以降低项目的贷款成本；也可以使项目资金在短时间内到位使用。新加坡的樟宜第二新生水项目就主要采用了普通股本融资的模式。

（3）资本市场融资。对于拥有庞大资金需求的基础设施市场而言，银行贷款的资金是明显有限的。作为东南亚地区基础设施的融资中心，新加坡需要面对的不仅仅是本国基础设施兴建的资金需求，还包括整个东南亚地区基础设施的融资压力。因此，新加坡政府鼓励 PPP 项目通过设立商业信托或发行项目证券的方式进行融资。资本市场成为新加坡基础设施类项目融资的重要渠道。

以债券市场为例，新加坡政府为了鼓励债券市场发展，采取了一系列的积极措施。例如，新加坡税务局为发行项目债权证券提供税务优惠；新加坡金融管理局设立亚洲债券补贴，可使债券发行人节省一半的发行成本；对于绿色环保类 PPP 项目，政府出台了绿色债券等诸多优惠政策。

与发行项目债券一样，商业信托也是新加坡 PPP 项目资本市场融资的一种方式。PPP 项目的投资者针对 PPP 项目创设商业信托，对原本不具有流动性的项目资产作价，并获得流动性。项目发起者可以此提前获得未来的收益现金流，用以支持初期项目的建设需求。换句话说，PPP 项目通过商业信托的方式实现了对固定资产的证券化。相较于传统的融资模式而言，商业信托的主要优势包括：可以提前实现资产价值；使项目在派发红利方面更加灵活；融资过程对负债经营率无限制；投资方在信托资产上拥有持续的控制权；此外，该融资模式还可以享受新加坡的税收优惠，使项目拥有更优化的治理结构和透明度等。

3. 印度 PPP 的融资模式

印度 PPP 项目的融资模式以基础设施信托和产业发展基金为主。印度证券交易委员会（SEBI）于2014年发布《房地产投资信托条例》（Real Estate Investment Trusts，简称REITs）和《基础设施投资信托条例》（Infrastructure Investment Trusts，简称InvITs），并设立了专门的监管框架，开展基础设施投资信托业务，领域涉及公路、运输和可再生能源等。2016年，SEBI将基础设施投资信托开发项目的比例从10%放宽到20%，并免除红利分配税，以此进一步扩大对基础设施信托的融资应用。当前，印度的基础设施信托模式已支持了诸多基础设施和写字楼类的PPP项目融资。

为了使印度PPP项目得到充分的融资保障，印度专门设立了“印度基础设施项目发展基金（IIPDF）”，旨在为PPP融资提供保障。2007年，印度财政部颁布了《印度基础设施发展基金方案与指导》（Scheme and Guideline for India Infrastructure Project Development Fund），在此基础上建立了初始规模为10亿卢比的专项基金，基金支出统一列入财政部的公共预算。该基金旨在向潜在的PPP目标项目提供开发性的融资支持，并承担项目前期的开发费用，如项目主体日常开销，项目可行性研究支出，环境影响评估，融资宣传，相关法律文件的合规审查，项目前期孵化和咨询费等。

在具体形式上，IIPDF会以无息贷款的方式向潜在的PPP项目提供不超过总开发费用75%的资金支持。当PPP项目投标成功后，获得项目特许经营的私人部门需偿还IIPDF的前期资金。若项目孵化失败，负责项目筹备的主办机构需要退还该项目的补助资金。

4. 澳大利亚PPP的融资模式

澳大利亚PPP的融资模式主要效仿英国，同时也在PPP融资模式创新方面进行了有益探索，形成了一些具有代表性的创新融资方式。

澳大利亚的PPP项目通常以商业银行贷款的方式实现融资，由投资者联合体或SPV项目公司统筹推进。融资方对项目SPV公司或股东投资者提供具有无限追索权或者有限追索权的融资贷款，贷款采取“子弹式”还款方式，即到期一次性还本付息。在贷款存续期间，若融资方出现新的资金需求，可以到金融市场上再融资，转让PPP项目的贷款份额。PPP项目或其SPV公司按照项目产出约定，获得政府付费或使用者付费，以此收入偿还贷款。一般来说，澳大利亚 PPP 项目在合同到期后，项目资产将会无偿转让给政府，但在有些情况下，也有可能经政府和投资者谈判后，以合适的价格或最新的商务条款续签协议。

资产循环融资模式是澳大利亚政府所创造的一种全新的 PPP 融资模式。该模式指政府通过出售或租赁 PPP 项目部分建成的资产股权，提前获得阶段性资产收益，并将所获得的资金循环回流到后续项目的投建中，即资产循环融资模式。根据这一举措，澳大利亚联邦政府可向任一 PPP 项目支付一定的资产出售资金，用于后续项目的融资安排，进而达到利用前期建设的资产股权为后续项目进行融资的目的。资产循环融资模式被认为是一种能够满足澳大利亚未来基础设施需求的重大融资模式创新。有研究表明，《资产循环计划》能够将澳大利亚境内的 PPP 项目比例从 15% 提升至 30%。

此外，澳大利亚政府还在试图创建一种倒置竞争性的融资模式，并重点针对新建 PPP 项目。在这一融资安排中，政府或公共部门在确认 PPP 项目的私人合作方之前，会事先明确好提供长期融资的股权投资者，即项目私人部门和融资方确定的顺序出现倒置。这种融资方式将极大地减少 PPP 项目因融资不足而出现的风险，并大幅提升项目的交付速度。

三、中国的 PPP 融资模式

伴随着中国 PPP 项目的兴起，中国的金融机构也开始积极参与 PPP 项目并致力于融资模式的创新和探索。从总体情况看，中国 PPP 项目融资通常采用贷款、理财产品、信托计划、融资租赁、债券、基金、出口信贷和世行贷款等多种融资工具。在这些项目融资中，商业银行在规模上占据了“半壁江山”，政策性银行、信托公司、证券公司、保险公司、融资租赁公司和资产管理公司等承担着另一半的 PPP 市场融资任务。

1. 商业银行

商业银行所提供的固定资产贷款具有期限长、利率低、规模大、融资可获得性高等特点，是基础设施和市政公用设施 PPP 项目的主要资金来源。目前，商业银行的中长期借款仍是国内 PPP 融资的主渠道。近年来，有些商业银行开发了特许经营权质押贷款等新模式，有的还通过理财产品或资管计划为 PPP 项目提供债务融资或资本金融资服务，积极探索 PPP 融资模式的创新。除商业银行外，很多政策性银行也积极投身到 PPP 项目的融资贷款中，例如国家开发银行、中国农业发展银行等推出了可为 PPP 项目提供更加稳定且优惠的贷款政策，成为我国大型基础设施开发类项目、农村基建项目的主要融资渠道。

2. 债券融资

PPP 债券融资是仅次于银行贷款的融资形式。通常，各类债券发行的综合成本会低于同期贷款基准利率，且具有融资规模大、期限较长的特点。但债券融资的发行门槛较高，更适用于具有一定经济效益的大型和中型项目。债券融资通常包括企业债券、项目收益债券、项目收益票据等几种形式。

企业债券是依靠企业整体信用发行的债券。但项目收益债券、项目收益票据则以项目公司为发行主体，与项目风险为重点考察对象，而与企业整体信用相隔离。项目收益债券由国家发展改革委审批，在银行间债券市场发行；项目收益票据由中国人民银行下属的交易商协会审核，在银行间债券市场发行。在应用性上，项目收益债等募集的资金均可用于新建 PPP 项目，但对项目也有一定的准入门槛。项目收益较低甚至没有收益的市政交通、工业园区等项目，不适合发行项目收益债券和项目收益票据。

信托公司的资金信托计划是 PPP 项目债券融资的另一种形式。资金信托计划门槛较低，选择面广，其利率、期限、融资规模和可获得性均处于中等水平。近几年来，由于政信合作模式受到限制，地方政府不能再提供信用支持，信托计划与政府的合作逐渐降低，但与其他金融机构的合作明显增加。

我国近年来对债券市场和债务融资工具进行了分类监管。银保监会、证监会、央行、国家发展改革委、商务部、地方政府对不同类型的债务融资工具有明确的监管分工（见表 2－6）。

表 2-6　国内不同监管机构监管的债务融资工具情况

监管机构	债务融资工具
银保监会	政策性贷款、商业性贷款、信托计划、金融租赁、基础设施投资计划等
证监会	公司债券、资产支持证券、资管子公司投资工具等
央行	非金融企业债务融资工具、资产支持票据等
国家发展改革委	企业债券、项目收益债券、PPP 专项债券等
地方政府	小贷、互联网金融等

资料来源：作者根据相关资料整理。

3. PPP 基金

PPP 基金是我国为 PPP 项目提供融资支持的专门工具，其特点是能以股权投资形式入股 PPP 项目公司，成为我国 PPP 项目资本供给的又一重要窗口。

PPP 基金的发起人通常包括公共机构、专业投资者、财务投资者 3 类机构。在 PPP 项目长达 20～30 年的合作期限内，PPP 基金具有以下几个方面的显著优势：第一，PPP 基金的激励机制灵活，可有效解决投资者与管理人之间的激励约束问题；第二，PPP 基金可以灵活运用结构化分级，满足不同财务投资者的特定风险收益特征；第三，PPP 基金可以采用股权、债权、流动性管理等多元化方式投资，降低项目综合融资成本；第四，可以随用随募，资金到位与项目需求实现匹配，有利于控制项目综合融资成本；第五，国有企业可以基金转让方式退出，比国有资产转让更加方便；第六，有效解决公司制企业存在的企业所得税与股东个人所得税的双重纳税问题。

PPP 基金除了融资功能外，其潜在的增信功能对 PPP 的发展也十分重要。PPP 基金的加入，将增加私人部门对 PPP 参与的信任度，更有利于调动社会资本的积极性。除 PPP 基金外，中央财政出资设立的中国政企合作融资支持基金和各地地方政府发起的政府引导基金的子基金，也可以为 PPP 项目发挥增信的作用，有效调动其他社会资本，并有助于项目获得银行贷款等金融机构的融资。

4. 商业保险金

保险资金投资 PPP 项目是指保险资产管理公司作为受托人，发起设立基础设施投资计划，通过向保险机构等投资者发放受益凭证来募集资金。从而为 PPP 项目提供融资支持。保险资金期限较长、金额巨大，契合 PPP 项目收益稳定、周期长的特点；但与此同时，由于保险资金对安全性要求较高，投资门槛也较高。

2016 年 7 月，中国保险监督管理委员会修订发布了《保险资金间接投资基础设施项目管理办法》，为保险资金通过基础设施投资计划参与 PPP 项目打开了政策通道。2017 年 5 月 5 日，保监会印发了《关于保险资金投资政府和社会资本合作（PPP）项目有关事项的通知》，进一步明确了相关具体事项，推动保险资金参与 PPP 项目投资。

与银行、信托、证券、基金等其他金融行业的资金相比，保险资金具有以下特征：一是长期性。保险资金特别是寿险中的养老保险、医疗保险具有显著的资金长期性；二是稳定性。养老保险与医疗保险都是制度化的储蓄计划，投保人一般不会轻易转换保险公司，这种资金来源的稳定性超过其他金融行业和融资产品；三是安全性。商业保险资金又被称为“中产阶级的养命钱”，保险资金对安全性的要求超过其他金融行业所管理的资金。保险资金的上述特征，与基础设施项目的投资特征高度匹配。

5. PPP 资产证券化

为盘活 PPP 项目存量资产，吸引更多社会资本参与 PPP 项目建设，2016 年 12 月 26 日，国家发展改革委和中国证监会联合发布了《关于推进传统基础设施领域政府和社会资本合作（PPP）项目资产证券化相关工作的通知》。该通知要求，试点发行 PPP 资产证券化产品。2017 年 3 月 10 日，首批 4 单 PPP 资产证券化项目集中落地。

PPP 资产证券化是以项目运营阶段的收益权或合同债权等作为基础资产发行的资产证券化产品，是对项目资产的提前变现。我国 PPP 项目的资产证券化分为两类，其中，由证监会审核的称为资产支持专项计划，由交易商协会审核的称为资产支持票据。通过资产证券化，社会资本可以盘活

PPP 项目的存量资产，提前收回资金，由此提高对项目的持续投资能力。

6. 国内综合开发商

在 PPP 项目中，工程承包商、主要设备供应商、土地及项目相关资源的综合开发商，往往也以专业投资者身份参与项目公司股权投资。但与其他主体不同，综合开发商出资参股项目的主要目的，不仅是为了获取项目后续运营的收益分红，而是更加看重在商业开发期，开发商自身在项目执行过程中的话语权和协调力。

7. 国际多边金融机构

世界银行、亚洲开发银行等国际多边金融机构的融资也是我国 PPP 项目可以利用的融资渠道，并具有利率优惠、期限长的特点。使用国际金融机构的融资也是社会资本规避政策风险，增加项目公信力的一种方式。当国际金融公司、亚洲开发银行等国际金融机构投资入股或提供债权资金时，公共部门将会更加注意自身的履约行为。但需要注意的是，多边金融机构更偏好支持公益性较强的 PPP 项目，且往往要求中央政府提供主权担保，其融资程序复杂、申请周期较长，可获得性不高。

代表性国家PPP的制度框架

所谓PPP制度框架，即指一系列管理和规制PPP运行的制度与政策总和，其明确规定了公共部门与私人部门开展PPP项目的规则、程序、责任体系等系统要求，将其统一于法律和各种政策法规当中。作为一种以契约为基础的公私合作模式，PPP需要具备明确有效的治理机制才能有序运转。在推广PPP模式的过程中，大多数国家都会根据本国的制度环境和政策基础，建立相应的PPP制度框架，以促进PPP公开、透明的执行，实现“物有所值”和公共利益的最大化。PPP模式有别于其他商业合作的特点在于：政府和公共机构既是合作方也是监管者。因此，以何种方式进行监管，如何把握监管的力度和施政节点，这是比较、研究和借鉴各国PPP制度框架的重点。

第一节 全球区域间PPP制度框架比较

受历史传统、政治经济体制、区域联通和种族文化等因素的影响，全球PPP的制度框架和治理体系在一定程度上表现出了区域趋同性特征。因此，从地理特征上看，全球PPP的制度框架可以各大洲为基本单元进行总括式的阐述和概览。

一、欧洲国家

欧洲是世界上推行PPP模式最早的地区（法国），拥有世界上推行

PPP 最成功的国家（英国），欧盟本身也是世界上最大的 PPP 政策综合体。

欧盟早在 2000 年就开始以法律文件的形式集中推动欧盟国家发展 PPP 项目，其中《欧共体法对特许经营的解释》（2000 Commission Interpretative Communication on Concessions Under Community Law）是欧盟公开发布的第一份 PPP 法律文本。2004 年，欧盟发布《公私合作绿皮书》（2004 Green Paper on Public-Private Partnerships and Community Law on Public Contracts and Concessions），重点阐述如何将采购法应用于不同类型的公私伙伴关系之中，同时把 PPP 项目与各国的公共基础设施建设相结合。2008 年，欧盟出台 PPP 新规，即《欧盟委员会对 PPP 公共采购和特许经营制度化的规定》（Commission Interpretative Communication on the Application of Community Law on Public Procurement and Concessions to Institutionalized Public-Private Partnerships），文件规定了 PPP 的原则、程序、私人伙伴的选择等基本内容。2014 年，欧盟议会委员会通过了《特许经营合同授予程序指令》（Directive 2014/23/EU of the European Parliament and of the Council of 26 February 2014 on the Award of Concession Contracts），对所有欧盟成员国采购制度进行了全面更新，统一了采购标准，并明确了私人供应商获得特许权需满足的最低要求。

从欧洲的具体国家来看，欧洲 PPP 的制度框架多嵌套在各国的法律条文中。21 世纪以来，欧洲各国相继建立了本国 PPP 治理的基本制度框架，并通过各种形式上升为国家法案或政策法规。例如，英国 PPP 依靠财政部颁布的一系列 PPP 指导文件形成了本国 PPP 的基本制度框架；法国通过 PPP 的成文法，规定了 PPP 的管理机构、公私伙伴合作机制等内容；爱尔兰于 2002 年出台《爱尔兰州政府公私伙伴关系法案》（State Authorities (Public Private Partnership Arrangements in Ireland) Act 2002）；2005 年德国通过了《德国公私合作制促进法》（German Public-Private Cooperation Promotion Act）；西班牙于 2003 年出台《西班牙特许经营法》（Ley reguladora del contrato de concesión de obras públicas），又于 2005 年颁布《西班牙新公共服务特许经营风险分担法》（Risk Sharing in the New Public Works Concession Law in Spain），葡萄牙于 2012 年出台《葡萄牙 PPP 法》（Decree Law 111/2012）。

除上述主要国家外，欧洲的其他国家也先后建立了各自的PPP制度框架。如立陶宛早在1996年就颁布《立陶宛特许经营法》（Law on Concessions in Lithuania），确定了特许经营的主客体、授予程序、政企权力与责任、税收、法律保护等相关制度。捷克于2006年3月出台《捷克共和国特许经营法》（Concession Act）规定了特许经营授予机构、特许经营程序、私人部门选择标准、标准化合同以及法律的监督范围等重要内容。希腊于2005年推行《希腊PPP法》（Law 3389/2005 on Public-Private Partnerships），并建立了跨部门的PPP委员会。欧洲其他代表国家的PPP制度框架如表3-1所示。

表3-1　　欧洲其他国家PPP制度框架

国家	法律文件	内容及特色	颁布时间
斯洛文尼亚	PPP法	明确PPP执行的机制、机构、条件	2006年
拉脱维亚	PPP法	确定了PPP的类型、监督程序等	2009年
保加利亚	特许经营法	规定特许经营的范围、授予程序等	2006年
	PPP法	明确PPP的目的、应用领域、PPP规划、会计准则、执行程序等	2012年
	PPP法用法	PPP项目的执行准备、风险分摊、金融支持等	2013年
罗马尼亚	PPP立法	确定了PPP的主体和主要类型	2010年
	7号决定	基础设施项目部和外商投资部的功能	2014年

资料来源：作者根据相关资料整理。

二、北美洲国家

美国和加拿大是北美洲的两个主要国家，也是私人部门参与公共服务供给的典型国家。两个国家在PPP的制度框架上表现出明显的区域特色。

首先，作为普通法系国家，美国和加拿大没有通过高阶的法律建立PPP制度框架，而是将PPP监管嵌入在不同的政策文件中，由此形成了当地PPP的制度体系。这与欧洲主要国家的PPP制度框架形成了鲜明的差异；其次，两个国家的 PPP 项目在管制主体上均由州政府或地方层面进行监管，并将 PPP 嵌入原有州（省）级政府的政府采购模式。各州（省）之间彼此独立，这也是美国、加拿大这些联邦制国家的重要制度特色；再次，对于交通运输类等涉及全国性公共基础设施的项目领域，美国和加拿大会从联邦层面进行 PPP 政策的统一制定，并将其与各州政策协同治理，形成联邦、省、地方三级的制度框架，虽然彼此独立，但分工各有侧重且可相互兼容。例如，2010 年，美国联邦层面出台《公共交通 PPP 立法者工具包》（Public-Private Partnerships in Transportation-a Toolkit for Legislators），系统介绍 PPP 在交通运输领域的政策治理工具；2014 年 11 月又出台《公共设施公私伙伴关系立法指导方案》（Public-Private Partnerships for Public Facilities-Legislative Resource Guide），配合各州及地方政府加强制度监管。

三、亚洲国家

伴随着 PPP 在全球的兴起，亚洲各国也积极推进 PPP 的实践，并主动学习英国、法国等 PPP 先导国的制度经验。在制度框架上，亚洲各国所具有的一个重要特点就是其对英国、法国等 PPP 先导国家的模仿和本土化改良。

例如，日本、韩国以英法为主要学习对象，重点借鉴英法 PPP 的监管内容和组织框架。日本于 1999 年颁布日本 PFI 法，并分别于 2001 年、2005 年、2011 年和 2013 年对该法进行修订。与此同时，日本效仿英国对 PPP 的制度框架，出台了《PFI 项目实施程序指南》《PFI 项目风险分担指南》《物有所值（value for money，VFM）指南》《PFI 项目合同指南》《监督指南》等导则，结合本国需要制定了具体细则。韩国作为亚洲最早一批制定 PPP 法律的国家，重点参考借鉴了法国的 PPP 法案，并对该国《促进私人资本参与社会间接资本投资法》（Act on Promotion of Private Capital into Social Overhead Capital Investment. Act No. 4773）进行了多次修改。

菲律宾是亚洲开发银行总部所在地，因此，当地 PPP 的发展受到国际开发机构，特别是亚行的推动和影响。2006 年和 2012 年，菲律宾政府分别出台了《菲律宾 BOT 法和执行条例》（the Philippine Build-Operate and-Transfer（BOT）Law）、《共和国法第 6957 法令和共和国法第 7718 修正案》（Republic Act No. 6957 as amended by Republic Act No. 7718）等政策法案，以此为基础形成了该国基本的 PPP 制度。上述条例、法令和修正案的核心宗旨是正式明确地方政府可与私人部门建立合作机制，通过 BOT 和 BTO 模式开发基础设施项目。

除此之外，亚洲其他国家也纷纷通过立法和相关政策制度的设计，搭建起了本国的 PPP 制度框架。如斯里兰卡于 2002 年出台《斯里兰卡公共设施委员会法案》（Public Utilities Commission of Sri Lanka Act）；印度尼西亚于 2005 年制定《印度尼西亚特许经营法》（Indonesia Concession Regulation）；柬埔寨于 2007 年制定《柬埔寨特许经营法》（Cambodia：Law on Concessions）；东帝汶和印度也分别出台了相应的 PPP 法律或政策。

四、非洲国家

非洲 PPP 的发展和制度建设不同于亚洲国家的自主学习，其主要推动力来自于世界银行等国际组织。在世界范围内，联合国、国际货币基金组织等跨国机构对非洲 PPP 发展，特别是制度框架的建立输入了巨大的外部动力。联合国贸易法委员会（UNCITRAL）于 2000 年发布了《私人参与基础设施立法指引》（Legislative Guide on Privately Funded Infrastructure Projects）的导则文件，为非洲私人资本参与公共设施建设搭建了一个切实可行的法律框架。欧洲复兴开发银行（EBRD）于 2006 年发布了《现代特许经营法律核心原则》（EBRD Core Principles for a Modern Concession Law）；OECD 于 2012 年公布《公私伙伴关系中的公共治理原则》（OECD Principles for Public Governance of Public-Private Partnerships）。这些国际性 PPP 发展治理导则成为非洲国家 PPP 制度建立的重要依据和模板指南。

但必须指出的是，由于非洲社会对 PPP 模式认识相对滞后，且本地社会资本的力量也相对薄弱，对公共基础设施和服务质量的要求较低，因而非洲各国 PPP 的制度框架建设普遍比较缓慢。在 PPP 立法方面，非洲 PPP 立法最早且最成功的国家是南非。南非政府于 1999 年和 2000 年分别公布了《公共财政管理法》（Public Finance Management Act）和《优先采购政策法》（Preferential Procurement Policy Framework Act），此后又通过一系列其他政策形成了相对完整的 PPP 制度体系。2004 年以后，非洲各国在国际组织的帮助下陆续出台了一些具有代表性的 PPP 法案和制度政策，如表 3－2 所示。

表 3－2　　非洲主要国家 PPP 立法情况

国家	政策和法律名称	颁布时间（年份）
毛里求斯	PPP 法	2004
喀麦隆	喀麦隆公私合作法	2006
突尼斯	特许经营法	2008
赞比亚	PPP 法	2009
埃及	PPP 法、第 67 号法令	2010
马拉维	PPP 法案	2010
安哥拉	PPP 法	2011
加纳	PPP 法（草案）	2013
坦桑尼亚	PPP 法	2010
肯尼亚	肯尼亚公共采购和安排法	2005
	PPP 法	2013

资料来源：作者根据资料整理。

五、拉丁美洲国家

拉丁美洲国家的 PPP 发展与其私有化进程紧密相关，这也是拉美国家 PPP 制度框架建立的重要动因及其演进的共性。拉丁美洲国家早期于 20 世纪 70 年代受私有化潮流影响，就开始纷纷将本国的国有企业进行私有化改革，因而很多公共领域的产品与服务也陆续由私营部门接管，在这过程中，拉丁美洲的很多国家逐渐形成了本地的 PPP 模式。

以智利、阿根廷和巴西为例。作为拉丁美洲第一个受新自由主义思潮，特别是“芝加哥学派”影响的国家，智利于 20 世纪 80 年代就开始了公共事业的私有化改革，甚至向私人部门开放自然资源。1991 年，智利政府制定《智利特许经营法》（Concession Law in Chile）和《智利特许经营法实施细则》(Chilean Regulations of the Concession Law)，对 PPP 模式进行规范化管理。阿根廷受到新自由主义的影响，在 21 世纪初也进行了大规模私有化改革，并于 2001 年颁布《促进私人参与基础设施法》(Regimen para la Promoción de la Participación Privada en el Desarrollo de Infraestructura)。巴西于 2004 年出台《巴西 PPP 项目招标合同法》(Brazil Law for Bidding and Contracting of PPP Projects) 和 PPP 法案，其中明确规定了 PPP 合同的概念、原则、伙伴关系活动原则、特殊规定和招投标标准等内容。总体来看，这些拉美国家出台的 PPP 制度框架相对简单，且更侧重项目管理和自主式治理，这也是拉美 PPP 制度框架重要的区域特征，如表 3－3 所示。

表 3－3　　拉丁美洲其他国家 PPP 立法情况

国家	政策和法律名称	颁布时间（年份）
洪都拉斯	PPP 促进法	2009
危地马拉	PPP 法	2010
墨西哥	PPP 法	2012
	PPP 项目指导	2013
乌拉圭	PPP 法	2011
哥伦比亚	PPP 法（第 1508 号法令）	2012

资料来源：作者根据资料整理。

第二节 代表性国家 PPP 的立法比较

伴随着 PPP 的实践与应用，很多国家在 PPP 领域开展了立法和相关法案的修正工作，涉及 PPP 高阶法案、特许经营法、私有化法案、采购法以及其他各类相关的法律法规。然而，受不同法律体系和制度环境的影响，各国对 PPP 立法的层级和措施各不相同。按照法系的基本分类，大陆法系国家与普通法系国家在建立 PPP 制度框架时，会形成理念与机制完全不同的法律模式，这也使全球 PPP 法律制度框架出现了两大类别。

一、大陆法系国家的 PPP 法律制度

1. 法国 PPP 的法律制度

法国 PPP 的立法工作与欧盟对 PPP 的推行一同开展。受欧盟 PPP 推进工作的影响，2004 年 6 月，法国政府制定并出台了第一部《PPP 模式公私合作合同行政法规》（Ordonnance n°2004—559 du 17 juin 2004 sur les contracts de partenariat），该法规由时任法国政府总理拉法兰牵头，会同法国装备部、财政部、旅游局、文化部、交通部和规划部等商议，提请法国总统希拉克签署总统令生效执行。

此后，法国国民议会于 2008 年 7 月 28 日颁布了《PPP 公私合作合同法案》（LOI n°2008—735 du 28 juillet 2008 relative aux contracts de partenariat），这也是 PPP 模式首次进入国家高阶法律层面。该法律的内容较之前的行政法规相比，更加具体，专业化程度和权力级别也明显提高。伴随着 PPP 法案的出台，法国政府还对相关地方政府组织法、城市管理法、建设和居住法、税收法、财产法、金融和货币法、行政诉讼法以及保险法等原有法律进行了相应的修改和调整。

PPP 法案对 PPP 模式中的合作关系、涉及领域、期限、风险、盈利模式、投资方式等做出了较为清晰的界定和拓展。例如，把原来以工程和货物为主导的 PPP 模式公私合同扩展为工程、货物和服务；提出可以根据资本的折旧率和投资的回收率确定 PPP 具体的运营期限；行政主体除了可以赋予私营方参与公共服务的权限以外，还可以根据私人部门的实际资金投入，使其占有一部分或者全部的项目股本比例。法案还对 PPP 模式中公共部门与私营部门的职能边界进行了界定，对涉及公私法中行政法院和普通法院之间的管辖权进行了重新分配和解释，明确指出 PPP 合作合同属于典型的行政合同，归属行政性管理。

总体来看，法国的执法环境和力度十分严格，违法必究，但在 PPP 立法的设计原则上则采用刚柔并进的导向，强调了原则性与灵活性并重。一方面通过制度法规控制公私合作项目的风险，促进 PPP 项目健康发展；另一方面也为社会资本参与公共事业提供更加宽松和便利的条件。

2. 日本 PPP 的法律制度

作为典型的大陆法系国家，日本在推动 PPP 的过程中多以成文法的形式进行法律制度建设。日本政府从 1999 年开始进入 PPP/PFI 的立法程序，立法工作进展迅速，当年日本就形成了一套完整的法律政策体系和管理机制。

1999 年，日本政府首先颁布了《关于充分利用民间资金促进公共设施等建设的法律》（Act on Promotion of Private Finance Initiatives，也称《PFI 推进法》）。《PFI 推进法》的核心是鼓励民间资本参与公用设施建设，提升公共产品交付能力和服务质量。随后，法案被多次修正和完善。日本《PFI 推进法》核心内容包括总则、基本方针、特定项目。其中，“特定项目”是指对公共设施的建设、建造、修缮、维护、管理、运营或者规划等内容的具体说明。《PFI 推进法》在总则中特别指出，日本制定此法的主要目的是利用民间资金，发挥私营部门在管理、技术、效率和服务等方面的比较优势，强化公共设施经营能力和技术水平，进而提高私营部门利用率，改善公共设施服务，减轻国家和地方政府的财政负担。

《PFI 推进法》对 PFI 项目应用的领域进行了细化，分为公共设施、公用设施和公益设施三类，具体可见表 3－4：

表 3－4　《PFI 推进法》规定的 PFI 模式适用领域

领　域	种　类
公共设施	道路、铁路、港口、机场、河流、公园、地下管廊、工业用水管道等
公用设施	政府大楼、宿舍等
公益设施	租赁住宅及教育文化设施、医疗、废物处理、社会福利、停车场、地下通道等
	信息通信、供暖、新能源、再利用设施（废物处理设施除外）
	观光及研究设施、船舶、航空器等运输设施及人造卫星（包括这些设施运行所必要的设施）

资料来源：根据日本《PFI 推进法》整理，1999 年。

对于 PFI 项目的应用原则，《PFI 推进法》指出日本政府在开展 PPP/

PFI 项目时应该坚持以下两个基本原则：第一，鼓励民间资金参与公共设施项目。在推进公共设施项目时，注重提高财政资金的使用效率，合理分配国家、地方政府和私营部门的职责，发挥各自的比较优势；第二，最小化政府干预。对于特定项目的管理，要明确国家和地方政府的责任，以为国民提供低廉且优质的服务为项目宗旨，在确保收益的同时，最小化政府对私营部门的干预，以此充分发挥私营部门在技术、经营和创新等方面的优势。

2000~2001 年，日本政府根据“骨太方针”出台的《关于制定利用民间资金等公共设施整备相关项目实施的基本方针》，规定了 PFI 项目需要遵循的基本步骤和框架。在该基本方针的指导下，日本又先后颁布了《PFI 项目实施程序指南》《PFI 项目风险分担指南》等一系列实施细则，为 PPP 项目的开展提供了完整的操作体系，提高了 PFI 项目的可操作性和法律法规系统的完整性。

作为大陆法系国家，日本 PPP/PFI 相关立法具有显著的国家主导的特点，政府对 PPP/PFI 项目范围和模式的要求极为严格。从政治体制的角度分析，日本属于中央集权国家，因此对 PPP/PFI 项目的所有权和控制权均保持高度集中。私营部门参与 PPP/PFI 项目建设的前提是获得国家特许经营权，而且，即使私营部门被授予项目建设和经营的权利，依然要接受政府的监管。但是为了践行“减少干预”的基本原则，日本在 PPP/PFI 立法过程中又格外强调保障 PPP/PFI 项目流程的公平、公开和透明，并确保民间力量在项目中的自主性。例如，日本政府会提前公开 PPP/PFI 项目政策、设计方案，通过提前公开项目信息的方式，确保私人部门有足够的准备时间，并做出充分的响应。

研究日本对 PPP 的治理经验时我们可以发现，日本政府十分注重法案和操作指南的修正和调整。2007 年，日本重新修改了 2002 年版的《物有所值（value for money，VFM）指南》和《PFI 项目实施程序指南》。2011 年 5 月，日本对《PFI 推进法》进行修改，将民间资本投资的领域扩充到房屋租赁、船舶、飞机、医疗设施、运输设施、人造卫星、城市公园、下水道、铁路、港口等领域。2013 年 6 月，日本 PFI 法再次被修改，提出可以由政府和民间共同出资设立股份公司，并以该公司为执行机构，推进

PPP 项目；还提出对独立核算型的 PFI 项目，政府应加大金融支持。这些举措带动了 12 万亿日元的社会资本投资。2016 年，日本政府进一步修订、完善了《PFI 推进法》，扩大了私营部门可以参与的行业领域，同时再次明确政府和私营部门的权责和风险，最小化政府干预（见表 3－5）。

表 3－5　　日本 PPP 立法工作的主要进程

时间	主要进程
1999.7	正式颁布《PFI 推进法》（Act on Promotion of Private Finance Initiatives）
1999.9	成立 PFI 推进委员会
2000.3	出台《关于制定利用民间资金等公共设施整备相关项目实施的基本方针》
2001.1	关于《PFI 项目实施程序指南》和《PFI 项目风险分担指南》
2001.7	发布《物有所值（value for money，VFM）指南》，第一轮修订《PFI 推进法》
2003.6	发布《PFI 项目合同指南》和《监督指南》
2004.6	PFI 推进委员会中期报告
2005.8	第二轮修订《PFI 推进法》
2006.11	相关部委和机构形成 PFI 联络会议懂事的安排文件
2006.12	2005 年年度报告
2007.6	修订《物有所值（value for money，VFM）指南》和《PFI 项目实施程序指南》
2007.11	PFI 推进委员会报告
2008.7	再次修订《物有所值（value for money，VFM）指南》
2011.5	第三轮修订《PFI 推进法》，扩大民间资本可投资的领域
2013.6	第四轮修订《PFI 推进法》，由政府和民间共同出资设立股份公司；发布《特许经营权及运营公共设施的指南》《PFI 项目实施程序指南（修订版）》
2016.9	第五轮修订《PFI 推进法》

资料来源：日本促进私人基础设施投资办公室，http//www.cao.go.jp；裴俊巍．日本如何推进 PPP［J］．中国政府采购，2015（7）．

总结日本 PPP 立法和制度框架搭建的成功经验我们可以发现，PPP/PFI 模式在日本的成功与日本政府的支持和推动密不可分。日本政府以法律的形式明确“将私营部门可以承担的公共事业交由民间完成”，在增加公共服务供给过程中，充分发挥市场机制优势。在 PPP 模式的运行中，日本政府又相继颁布了推进 PPP/PFI 事业的多项指南和细则，构建了 PPP 高阶法律和底层操作的统一管理体系，为日本 PPP/PFI 创造了良好的法律政策环境。同时，高频次地对法案和细则进行修改与更新，及时总结 PPP 实践经验，进而促进了本国 PPP 的快速发展。

3. 韩国 PPP 的法律制度

作为大陆法系的典型代表，韩国也是 PPP 立法较为成功的国家。1994 年，韩国政府颁布《促进私人资本参与社会间接资本投资法》（Act on Promotion of Private Capital into Social Overhead Capital Investment），即为韩国版的 PPP 法案。1997 年亚洲金融危机后，韩国政府公共资金大大减少，投资能力下降，依靠 PPP 模式为韩国基础设施进行融资，成为当时社会的迫切需要。在此背景下，韩国政府于 1998 年对 PPP 法案进行了修正，重新更名为《基础设施公私伙伴关系法》（Act on Private Investment in Infrastructure），大大提升了 PPP 模式在基础设施领域的优先力度，并在内容上废除了一些对私人资本的限制。2005 年，韩国再次修订 PPP 法案，并将其更名为《民间参与基础设施法》（Act on Private Participation in Infrastructure）。

与日本相似，韩国的 PPP 制度也主要学习英国，并且经历了一个逐渐开放的过程。从 PPP 的应用领域来看，韩国的 PPP 从最早集中于交通基础设施领域，到 2005 年扩大到了 16 个领域的 48 种类型，截至目前已涵盖几乎所有的公共产品与公共服务领域。韩国 PPP 法案对具体的 PPP 模式也进行了规定，并逐渐放开。例如，1994 年的法案中规定，韩国 PPP 只能采用 BTO、BOT、BOO 三种模式；到 1998 年，韩国 PPP 法案废除了在某些领域强制使用 BTO 模式的规定，并要求根据实际项目所需，灵活选择 PPP 模式；2005 年，当地政府又在 PPP 法案中增加了 BTL（Build-Transfer-Lease）模式，此模式与日本 BTO 模式相似，强调政府的管理职能，即设施所有权归政府所有，私人仅有经营的权利，并依靠政府付费收回成本。

综上所述，韩国针对 PPP 的法律规定，均统一在其高阶的 PPP 法案中，此法案成为韩国 PPP 制度框架的核心，它一方面为韩国 PPP 的发展提供了框架性的指引；另一方面也对 PPP 的具体模式、应用领域等做出了详细的规定和要求。

二、普通法系国家的 PPP 法律制度

1. 英国 PPP 的法律制度

作为典型的普通法系国家，英国并不是通过一部高阶的综合法案对本国的 PPP 进行管理，而是采用了通过《公共合同条例》（The Public Contracts Regulations）、《公用事业合同条例》（The Utilities Contracts Regulations）、《政府采购法》（Government Procurement Law）等多部通用法律来规范 PPP 行为。

除通用法律和法规细则外，英国财政部于 2004 年印发了《资金价值评估指南》（Guidance of Fund Value Assessment）和《定量评价用户指南》（Guidance for Quantitative Evaluation），进而构建了一套完整的 PPP 评价体系。两个指南一方面对物有所值评价方法的评价程序做出了标准化的规定，另一方面也设计制定了清晰的 PPP 项目管理流程。而在技术层面上，英国财政部等行政主管部门出台了《PFI/PPP 采购和合同管理指引》（Guidelines for PFI/PPP Procurement and Contract Management）、《PFI/PPP 金融指引》（PFI/PPP Financial Guidelines）、《标准化 PFI 合同》（Standardization of PFI Contracts）、《标准化 PF2 合同》（Standardization of PF2 Contracts-Draft）等文件，明确规定了政府和社会资本的权利义务，以及收益与风险的匹配方式。这些法规与细则标准，构成了英国 PPP 的制度框架，同时也成为世界各国学习英国 PPP 经验的重要材料，奠定了英国在全球 PPP 实践方面的领先地位。

从法律体系上讲，英国 PPP/PFI 项目的制度框架可以分为三个层面：第一，欧盟的政府采购指引，这是英国政府采购法规的主要来源；第二，本国的《公共合同条例》（The Public Contracts Regulations）、《公用事业合同条例》（The Utilities Contracts Regulations）、《政府采购法》（Government Procurement Law）等通用法律；第三，英国财政部制定的 PPP 实施细则和标准化合同。三个层面的制度设计各有侧重，彼此也相互承接，构成了既具导引性、又具操作性的制度安排。

英国 PPP 项目的具体制度安排，最终都将体现在 PPP/PFI 的标准化合

同上。英国于 1999 年颁布了《标准化 PFI 合同》(Standardization of PFI Contracts)第一版，此后又分别于 2002 年、2004 年和 2007 年颁布了第二版、第三版和第四版。英国的 PFI 标准合同具有严格的强制力和规范性要求，其中的核心区域具有较强的强制性，原则上不可修改。如果一个项目必须要对核心区域的内容做出调整，则必须向英国财政部提交修改请求并获得批准。这在一定程度上也体现出英国 PPP 制度框架的原则性与灵活性共存。

如前面章节所述，2012 年英国政府在总结以往 PFI 不足的基础上，颁布了《标准化 PF2 合同》(Standardization of PF2 Contracts-Draft)，以期进一步完善合同服务模块，重申公共和私人之间的风险分摊，明晰付款机制以及 PPP 股东协议等内容。为了实现上述改革目标，《标准化 PF2 合同》从公共机构股权、透明化、项目可持续改进和实现物有所值等方面进行了改革：

第一，保障公共机构的股权。按照《标准化 PF2 合同》的规定，英国政府将以小股东的身份作为 PPP 项目的共同投资人参与项目，并组建新的中央控制单元来履行公共机构的股东权益，并享有与私人股权投资人一样的权利。此举不仅提高了 PPP 项目的透明度，而且由于公共机构的实质性加入，可以更好地监督项目运行，降低融资成本。例如，据英国政府的统计数据显示，公共机构的融资成本为 4%，而私人机构的融资成本为 8%。由此可见，通过股权合作可以降低项目公司的融资成本。

第二，提高透明度。《标准化 PF2 合同》采取了一系列措施来保证 PF2 项目实施过程的公开透明。例如，让纳税人获取更多的项目信息，强制要求发布年度报告、项目信息和财务信息等，甚至要求所有社会资本提供实际的和预计的股权回报信息。PF2 模式还要求政府采购机构或地方代表以观察员身份参加项目公司董事会会议，更全面地了解项目公司的决策过程。此外，强化合同中的信息条款和程序，以保障项目信息数据的可持续获得性。

第三，增强项目的可持续，实现物有所值。《标准化 PF2 合同》规定，政府和承包人应每年召开项目评审会，评估 PPP 项目绩效以及探究进一步提高项目效率的方式。承包人应向政府报告各类与项目有关的问题，项目履约情况，以及针对尚未履约的服务给出解决方案和工作计划。此外，在《标准化 PF2 合同》中，还首次将合同条款划分为不允许修改的“强制条款”和可以根据行业特征修编的“推荐条款”；明确提出承包人的服务应限制在设备、电气管理等“硬设施”方面；政府的职责是在 PPP 框架下施行“软服务”。PF2 合同还要求在项目采购前，进行市场意向调研；采用强制的项目时间表；鼓励有关部门研究新的物有所值评估方法来替换现有的方式。

2. 美国 PPP 的立法制度

美国是典型的联邦制国家，联邦层面的法律为各州的 PPP 实践提供了基本框架性的指导，而 PPP 实施细则及具体政策法规则由各州自行设定。作为普通法系国家，美国也没有统一的高阶 PPP 法律，PPP 相关立法散见于联邦法规和各州的立法之中。PPP 法案在各州的程度和定位也不尽相同，这种多样化的立法制度构成了美国 PPP 制度框架的一大特色。

美国政府对 PPP 立法模式大致分为两种：一种是以不确定的领域为对象进行一揽子式的 PPP 立法；另一种是根据具体领域、具体项目的非一揽子立法。此外，PPP 法律的使用也有范围差异，某些法律法规仅针对交通行业或者其他行业，有的则针对不同授权机构、州政府或特定地区。高速公路类的 PPP 项目最为特殊，此类项目均需符合联邦公路局的规定。

1989 年，加利福尼亚州针对交通类基础设施通过了全州第一个交通类 PPP 的公私合营法令；此后，佛罗里达州和密苏里州也紧随其后公布了交通类 PPP 法案。1995 年，弗吉尼亚州通过了针对多类 PPP 项目的公私合营法令，这也是美国一揽子立法模式的首例代表。2010 年以来，康涅狄格州、俄亥俄州、马里兰州、宾夕法尼亚州和哥伦比亚区等都通过了一揽子式立法或固定领域的非一揽子式 PPP 法案。

伴随着美国对 PPP 立法态度的总体向好，美国州立法机关所审议的 PPP 法案数量从 2013 年至 2015 年的三年间出现了剧增。截至 2016 年 4 月，有 37 个州和哥伦比亚区已经完成了对 PPP 的立法工作，接近 75% 的州通过法律准许在某类项目上采用 PPP 模式，其中 23 个州和哥伦比亚区甚至准许一定程度上的跨行业使用 PPP。加利福尼亚州、密歇根州和弗吉尼亚州等少数州还设立了专门的 PPP 政府办公室，专门推动本地的 PPP 项目。

在一些尚未落实 PPP 法律的区域之内，州政府会根据宪法所赋予的地方自治权或其他权力开展 PPP。例如，芝加哥政府根据市政条例的有关条文，开发了价值 18 亿美元的芝加哥高架公路租赁和经营工程。由于美国并不存在国家层面的 PPP 框架，各州均拥有各自实施 PPP 项目的方法，所以某些州允许 PPP 交易中存在非竞争条款，禁止竞争性基础设施项目的建设，但由此也降低了项目的市场化程度。

表 3－6 统计了 2009～2015 年美国 50 个州对交通类 PPP 立法的总体情况。可以看出，美国交通 PPP 法规数量在这 6 年间明显增加，尤其是 2013 年和 2014 年，立法数量较此前有了明显的增加。

表 3－6　　2009～2015 年美国交通 PPP 项目的立法情况

年份	基本情况
2009	20 个州和波多黎各 37 项法规
2010	9 个州和哥伦比亚区 22 项法规
2011	20 个州 40 项法规
2012	16 个州 30 项法规
2013	28 个州 81 项法规
2014	21 个州和哥伦比亚区 68 项法规
2015	25 个州和哥伦比亚区 47 项法规

资料来源：美国州立法联合会交通资金和金融法规数据库，2017 年。

在联邦层面，美国颁布的与 PPP 相关的立法和政策主要包括：1998 年的《面向 21 世纪公平运输法》（The United States Federal Transportation Equity Act for the 21st Century）、《交通基础设施融资与创新法案》（Transportation Infrastructure Finance and Innovation Act，TIFIA）；2005 年的《安全、可靠、灵活、高效的运输公平法案：留给使用者的财产》（Safe，Accountable，Flexible，Efficient Transportation Equity Act：A Legacy for Users，SAFETEA-LU）；2014 年的《收费公路 PPP 模式特许经营合同核心指南》（Model

Public-Private Partnerships Core Toll Concessions Contract Guide)、《水务设施金融创新法案》(Water Infrastructure Finance Innovation Act); 2015 年的《高资质公共基础设施债券》(Qualified Public Infrastructure bonds, 简称 QPIBs) 以及《修复美国地面交通法》(Fixing America's Surface Transportation Act) 等。

美国联邦政府也正在试图通过一系列的总统备忘录、行政命令和部门间报告加速 PPP 项目的落地。2011 年 8 月的总统备忘录首次列出了需要加快审批的 PPP 项目清单，涉及桥梁、运输项目、铁路、航道、公路、可再生能源发电设施等高优先级项目以及“全国或地区性重要项目”，总数约 50 多个。

3. 澳大利亚的立法制度

作为典型的普通法系国家，澳大利亚同样也没有专门的 PPP 法律，而是通过一系列联邦 PPP 政策和指南文件规定政府与私人部门在 PPP 项目投资、采购、开发和运营等方面的流程和规则。

在制度框架上，澳大利亚也采取了与英国相似的做法，政府通过 PPP 政策、指南导则、建议注释和技术注释等四个层面搭建了该国 PPP 的制度体系。2003 年，政府出台了合同管理政策，并颁布了框架性的项目管理建议，重点目标是鼓励私人部门参与公共事业，通过 PPP 项目实现物有所值。2007 年，政府发布的《政府公示政策》进一步要求政府相关部门及时公开包括 PPP 组织方式、风险分担等内容在内的项目信息，推动 PPP 项目的全面发展，满足社会大众的监督需求。但与同为联邦制的美国不同，澳大利亚联邦政府统一了各州对 PPP 的认识，并于 2008 年在国家层面上出台了《联邦 PPP 政策框架》(Nation PPP Policy Framework)、《联邦 PPP 指南综述》(Nation Public Private Partnership Guideline-Overview) 和《联邦 PPP 指南细则》(Nation Public Private Partnership Guideline-Rules) 等三份联邦级政策性文件。

在地级政府层面，PPP 项目的管理和规制由各州级政府依照本级司法制度负责，州级政府通常会在联邦 PPP 的指南文件基础上，进一步补充和具体化。如本书所言，PPP 模式始于维多利亚州，作为 PPP 实践改革的前锋，维多利亚州通过建立“维多利亚合作伙伴（Partnership Victoria）”政策框架，率先规范了本地 PPP 的操作规制。在此之后，其余各州级政府的政策大多以维多利亚州的政策为样板，并进行了一定的修改和调整，当前澳大利亚绝大多数州级政府已经推出了本地的 PPP 政策框架。

4. 加拿大的立法制度

作为普通法系的国家，加拿大同样通过政策组合而非立法的方式约束 PPP 项目。加拿大在国家层面上尚未存在一部完整的 PPP 高阶法案，对 PPP 项目的管理同样由各省负责。

加拿大政府自 20 世纪 90 年代开始对 PPP 进行规范化管理，从联邦、省、地方三级层面出台各自的法律及管理政策，三级政策体系相互独立，且分工明确。与此同时，加拿大政府习惯将 PPP 归于政府采购类业务的管辖范围，并将其嵌入在现有政府采购的管理模式下，交由各省的采购机构或办公室负责。

当前，加拿大联邦和个别省份制定了与基础设施投资兴建有关的法律，其中不少内容涉及对 PPP 的规定和要求。如安大略省于 1998 年通过了《高速公路 407 法案》（Highway 407 Act），于 2001 年通过了《高速公路 407 东段完成法案》（Highway 407 East Completion Act），不列颠哥伦比亚省于 2008 年通过了《健康部门伙伴关系协议法》（Health Sector Partnership Agreement Act）等（见表 3 – 7），这些法案均对 PPP 项目进行了规定。在联邦层面，加拿大在《财政管理法》（Financial Administration Act）中明确提出，如果一项交易涉及政府风险，或需要对项目公司提供政府担保，则必须经过政府审批。正是基于此法案，加拿大政府对本国 PPP 项目进行管理和必要干涉，并将监管重点落在政府与私人之间的风险分担问题上。

表 3 – 7　　加拿大的部分 PPP 政策法规和指南

政府	法案、政策、指南	通过时间
联邦	加拿大战略基础设施基金法案	2002 年
	加拿大 PPP 中心制定的一系列指南	不同年份
	联邦政府和各省签订的基础设施协议框架	2007 ~ 2008 年

续表

<table>
<tr><th>政府</th><th colspan="2">法案、政策、指南</th><th>通过时间</th></tr>
<tr><td rowspan="16">省级</td><td>新布伦瑞克省</td><td>高速公路公司法</td><td>1995 年</td></tr>
<tr><td rowspan="3">安大略省</td><td>高速公路 407 法案</td><td>1998 年</td></tr>
<tr><td>高速公路 407 东段完成法案</td><td>2001 年</td></tr>
<tr><td>基础设施项目公司法</td><td>2006 年</td></tr>
<tr><td rowspan="4">阿尔伯塔省</td><td>基础设施和运输部 P3 评估框架</td><td>2006 年</td></tr>
<tr><td>基础设施和运输部 P3 采购文件准备指南（草案）</td><td>2006 年</td></tr>
<tr><td>基础设施和运输部 P3 采购框架</td><td>2006 年</td></tr>
<tr><td>阿尔伯塔省 PPP 框架和指南</td><td>2006 年</td></tr>
<tr><td rowspan="4">不列颠哥伦比亚省</td><td>交通投资法第 65 章</td><td>2002 年</td></tr>
<tr><td>BC 财政部固定资产管理框架</td><td>2002 年</td></tr>
<tr><td>健康部门伙伴关系协议法第 93 章</td><td>2003 年</td></tr>
<tr><td>交通运输投资修正案</td><td>2008 年</td></tr>
<tr><td rowspan="2">魁北克省</td><td>公私伙伴关系框架政策</td><td>2004 年</td></tr>
<tr><td>基础设施法案</td><td>2009 年</td></tr>
<tr><td>萨斯喀彻温省</td><td>（皇家公司）PPP 项目评估和采购指南</td><td>2014 年</td></tr>
<tr><td rowspan="4">市级</td><td colspan="2">卡尔加里市 PPP 政策</td><td>2008 年</td></tr>
<tr><td colspan="2">埃德蒙顿市 PPP 政策</td><td>2010 年</td></tr>
<tr><td colspan="2">圣阿尔伯特市 PPP 政策</td><td>2012 年</td></tr>
<tr><td colspan="2">渥太华市 PPP 政策</td><td>2013 年</td></tr>
</table>

资料来源：根据王天义、杨斌所著《加拿大政府和社会资本合作（PPP）研究》一书及各省 PPP 机构、BCLaws、CanLII 等网站资料整理。

省级层面的 PPP 法律与政策重点针对 PPP 项目的实施采购机构，其内容主要涉及：必需的合同条款、应用 PPP 的项目限额、PPP 项目交付模式之前的评价标准等。各省依照本级政府的采购政策和需要选择的 PPP 项目，沿用英国物有所值的评估指标进行筛选。此外，加拿大各省通过多年的 PPP 实践，总结出了很多有益的做法，例如，建立公平性监督员机制；强调全生命周期的项目监管流程；以及对于绝大多数需要后期维护的 PPP 项目，规定了竣工后至少运维 30 年的管理期限等。这些做法并未写进各省的 PPP 的法案之中，但出于这些做法的有效性，各地均在采纳执行。

三、中国 PPP 的立法概况

1. 中国 PPP 的立法现状

自 2014 年以来，伴随着 PPP 实践的深入和规模的扩大，中共中央办公厅、国务院、财政部、国家发展改革委、中国人民银行、国资委、交通运输部、住房城乡建设部等多部委围绕 PPP 相继出台了若干部门规章和规范性文件，以促进我国 PPP 市场的健康发展。据统计，截至 2018 年，我国与 PPP 相关的法令法规已接近 300 个，但作为大陆法系国家，当前我国仍缺少一套完善、科学、合理的高阶法律。

我国现有的法律体系中与 PPP 关系最为密切的是《中华人民共和国招标投标法》（以下简称《招标投标法》）和《中华人民共和国政府采购法》（以下简称《政府采购法》）两部法律。但是，《政府采购法》和《招标投标法》在制定时是按单边政府或单边市场的模式设计的公共品供给制度，并没有考虑 PPP 的特殊性，因此两部法案均存在 PPP 不能完全适用的问题。

首先，以《政府采购法》对 PPP 的适用性为例。根据《政府采购法》的条例，政府采购的对象应当使用财政性资金。而对于 PPP 项目而言，不少项目是私人部门负责融资并依靠使用者付费获得回报，因而不涉及财政性资金的使用。因此，严格上讲此类采购无法适用于《政府采购法》的规定范围。另外，政府采购的法定主体是国家机关、事业单位和团体组织，而 PPP 项目中公共部门的代表可能是经政府授权的地方融资平台公司，因而也不满足采购法的条件。

其次，以《招标投标法》为例，现行《招标投标法》禁止招标过程中进行实质性谈判，而 PPP 项目因其复杂性和长期性，要求采取灵活且可协商的采购方式，双方的充分谈判十分必要。很多领域 PPP 项目专业性要求强，采购时需考虑的因素多样，不仅有价格因素，更涉及专业技术能力和管理经验等，而《招标投标法》规定的竞争性谈判程序明确要求最低价中标，显然不适应 PPP 项目的多元化评价要求。由此我们可以看到，无论是《政府采购法》还是《招标投标法》，均无法满足PPP项目的基本原则和内涵要求。

缺少高阶的PPP法案，是当前我国PPP制度框架建设最急需的工作，也是最核心的问题。2016年7月，国务院将PPP的统一立法权收归国务院法制办。2017年3月，国务院办公厅印发《关于国务院2017年立法工作计划的通知》，明确2017年立法工作计划，其中涉及基础设施和公共服务项目引入社会资本条例。同年7月，该法案的征求意见稿出台，此稿件公开向社会征求意见后，收到社会各界的广泛意见和热烈讨论。例如：有意见认为基础设施和公共服务不属于同一概念范畴，基础设施是公共服务的组成部分，两者不宜并列；有的认为，需要再明确社会资本方的范围，单个社会资本方难以同时具有投资建设和运营能力，应当允许其他组织形式的社会资本方共同参与；也有意见提出，文件没有写明“物有所值评价”程序，这将会产生一些误解，给实务部门带来一定的困惑。

在此轮征求意见后，原本计划推出的PPP法案在2019年的立法计划中又被搁置，这意味着当前许多PPP的立法问题尚未得到统一认识。不过，我们也应理性看待我国在PPP领域的立法工作。纵观我国市场经济发展中法制建设的进程，立法着实是一个耗时费力的过程。《中华人民共和国企业国有资产法》的出台前后经历了14年，《中华人民共和国资产评估法》经历了10年，《政府投资条例》经历了九年。PPP模式的产权与运行更加复杂，作为公共与私人部门新型的合作形式，立法更是需要慎之又慎。

2. 中国PPP法律制度需要解决的突出问题

从当前中国PPP制度框架建设的需求看，有一些极为关键的问题需要得到重点关注和优先解决。

第一，需要高阶位法律进行统筹。现阶段我国PPP模式的政策法规冗杂，从中央到地方涉及数百条文件，且很多文件口径不一，甚至出现内容上的矛盾，这给基层PPP项目的落实带来巨大障碍。这些文件的立法层级和法律效力都不高，极易与《政府采购法》《招标投标法》等高阶法律相冲突。例如，六部委联合下发的《基础设施和公用事业特许经营管理办法》是针对PPP领域进行规制的重要规范性文件，但它只是部门规章，一旦与其他同等级部门的条例出现矛盾，则难以执行。因此，我国PPP的制度框架，急需一部具有高阶法律段位的法案进行统领。

第二，PPP 与现有法律需要规范衔接。现有的许多法律条例存在内容相互矛盾、相互制约的问题，不仅新老法案无法衔接，而且“一法未定，一法又出”的现象在我国 PPP 发展推行过程中更是非常突出。例如，在土地获取方面，我国现行法律法规规定，经营性土地使用权必须通过招拍挂的方式取得。但国办的相关文件又提出，PPP 项目在不改变土地原有性质的情况下，可以采取划拨方式获得土地使用权，新政策出现了与原有政策明显的衔接问题。再如，在税收和价格制度方面，有些地方政府在 PPP 项目招标文件中承诺的税收优惠政策由于缺少法律层面的支持，难以在实践中兑现。

第三，现有规章造成 PPP 应用领域受限且细节缺失。以 PPP 项目竣工验收为例，PPP 项目竣工验收一般都是依据住建部发布的《房屋建筑和市政基础设施工程竣工验收规定》与《房屋建筑和市政基础设施工程竣工验收备案管理办法》等文件。然而，上述规定大多针对市政工程与房屋建筑，并没有涵盖所有 PPP 项目的范围。近年来出台的《特许经营管理办法》将《市政公用事业特许经营管理办法》中特许经营活动的适用范围扩大至能源、交通运输、水利、环境保护、市政工程等五大领域，但是仍然无法涵盖《关于在公共服务领域推广政府和社会资本合作模式指导意见的通知》中所确定的 13 个领域。

第四，PPP 的政策和法规存在明显的变动风险。法律的重要特点就是保持稳定性、权威性和可预见性。但在我国早期的 BOT 和特许经营时期，由于法律法规变更导致项目失败的情况屡见不鲜，这种政策变动风险至今仍影响着社会资本参与 PPP 项目的积极性。在 PPP 发展的现阶段，由于相关法律尚不健全，没有明确、统一的规范，政策的变动性风险更是明显增加。这将严重降低社会资本参与 PPP 项目的积极性，且不利于 PPP 事业的稳步推进。因而，政府在颁布文件或作出解释及修订政策时，一定要确保政策的连续性，避免出现较大的政策冲击。

第五，争端解决机制尚不成熟。在 PPP 项目的实际履行过程中，如果政府与社会资本双方发生纠纷，采用怎样的途径来解决争议，在我国仍然存在法律适用上的不确定性。根据《行政诉讼法》及其司法解释，特许经营协议适用行政诉讼。然而，依据财政部颁布的《政府和社会资本合作项目政府采购管理办法》，PPP 项目合同发生纠纷应依据民事途径解决。2019 年 11 月 12 日，我国最高法发布《最高人民法院关于审理行政协议案件若干问题的规定》，又明确将 PPP 项目纠纷定义为“行政协议”纠纷，按行政诉讼处理，引起了社会的广泛讨论和争议。

四、大陆法系与普通法系国家比较

通过对比上述大陆法系和普通法系两类国家 PPP 立法的特点，我们可以发现，两类国家的立法思路和管制逻辑有着显著的不同，彼此各具特点。

1. 大陆法系国家 PPP 法律制度的特点

第一，大陆法系国家对 PPP 进行高阶立法。大陆法系国家通常会制定专门的法律来使 PPP 制度框架具象化，即通过颁布专门的 PPP 法来规范各方当事人的行为，且高阶法案具有多样的形式。例如，法国既有规制私人部门的特许法，又有规制公共部门的 PPP 法；西班牙将《公共采购法》（Ley de contratación pública）作为高阶法律，授权政府履行 PPP 项目开发和监管职能；智利所有的 PPP 项目都是通过《特许法》来规制；菲律宾先制定了《BOT 法》，后又通过《PPP 法》来规范 PPP 项目的发展。

第二，“法无授权不可为”的原则。在大陆法系国家，政府部门一般只能从事法律明确授权的事项，也即政府部门需要遵循“法无授权不可为”的原则。所有 PPP 项目只能在现有法律明文确定的框架下执行，且只能从事法律涉及的活动，享受法律明确的权利，履行法律要求的义务，而在法律条文之外的内容一概不允执行。PPP 项目也会避免涉足法律未曾提到的“空白地”，但若因特殊需要不得不涉及法律规定外的项目内容，需要向 PPP 主管部门提交申请。

第三，PPP 合同多具行政性属性。在许多大陆法系国家中，PPP 合同或协议都要接受行政法的约束，并归为行政性事务，即合同一旦出现纠纷问题需通过行政性诉讼进行处理。例如，在法国，无论是特许合同，还是

PPP 合同，都属于行政合同，有关合同的判决及执行均接受行政法院管辖。在西班牙，特许合同也需受行政法条款的制约。

第四，存在有限谈判和特殊权利。大陆法系国家的法律大多依循成文法与民法典而制定，其法案一般都会设定若干不得变动的基本原则。这使得 PPP 的当事人只能在一个既定的有限范围内进行协商与谈判。值得一提的是，大陆法系国家的 PPP 法律，会赋予公共部门一些特权。如在法国，政府拥有单方面取消合同的权利，任何改变或无视政府这一权利的行为在法律上都是无效的。但政府部门无权随意修改合同的财务条款及基本性质等内容。

2. 普通法系国家 PPP 法律制度的特点

第一，普通法系国家 PPP 法律制度的最大特点就是不制定专门的 PPP 高阶法律，而是通过政策组合和技术指南的方式来引导 PPP 的发展，并将 PPP 的相关法规嵌入在已有的法律文件当中。

第二，在一系列 PPP 政策指南中，PPP 的标准化合同是最核心的规则框架，也是所有 PPP 政策细则的最终表现形式。在普通法系国家的 PPP 法律框架中，各类法律条款、规章制度可以按照其关联度分为两大类：一是核心类，如 PPP 法、特许法等；二是关联类，如政府采购法、公共财政管理法等。

第三，在普通法系国家，PPP 合同几乎都属于标准的私法合同。合同的判决与执行也都属于私法领域事务，由普通法院来审理。当然，合同纠纷也可以通过仲裁的方式解决，其前提是合同当事人共同选择了这种纠纷解决机制。

第四，普通法系国家的政策框架，通常由中央层面和地方层面两级制度构成。这些国家通常会从国家层面提出 PPP 导则，而地方政府将在此基础上进行法律、政策和指南的设计。对于一些联邦制国家，不同地方政府对 PPP 要求可能还存在较大的不同和差异。

3. 大陆法系和普通法系国家在 PPP 项目管理细节处理上的差异

PPP 法律的实施原则和具体措施在大陆法系国家与普通法系国家各有

不同，我们可以从以下几个方面来分析它们之间的主要差异：

第一，对PPP的判例依据不同。在大陆法系国家，政府行政部门的运行要受行政法的严格规制，法律会明确适用于PPP合同的权利与程序。而在普通法系国家，法律一般不会对PPP合作的细节给出具体规定，PPP合作双方的权利、义务、风险分配等细则将体现在PPP标准化合同之中，这也是普通法系国家的合同文本要比大陆法系国家更详实的原因。因此，大陆法系国家在构建PPP法律框架时，更关注法律条款的制定与援引，而普通法系国家更注重PPP合同内容的具体约定，即通过判例进行裁定。

第二，对PPP项目融资担保的方式不同。大陆法系国家需要每个贷款人出具债权的贷款担保。如果贷款人发生变化，担保手续也需要随着变化，而且程序复杂。相反，在普通法系国家，由于“担保托管人”的存在，项目融资担保更加简单快捷，“担保托管人”可以贷款人的名义持有担保物或权益，且在贷款人退出时，无需对原有的担保程序做出更改，也无需转让担保权益。

第三，项目破产处置方式的不同。大陆法系国家主要侧重于对项目实体公司的破产清算，而普通法系国家则强调对项目公司的救济与重组。如英国和美国，当项目公司陷入财务困境时，首先考虑的是如何对项目公司进行重组而非清算，以维护其业务的持续运营。

第三节 代表性国家PPP的监管特色

为便于PPP事业的管理和发展，很多国家结合本国的治理体系建立了多维度的PPP监管机构，并给出了详细的职能安排。这些监管机构进一步构成了各国PPP制度框架的全貌，彼此各具特色，侧重不同。建立多维度的PPP监管机构已成为各国发展PPP的一条重要经验。本节将结合英国、美国、澳大利亚、加拿大、日本、法国等的PPP监管机构和主要职能，剖析和揭示各国PPP的监管特征，为我国学习和借鉴国际先进管理经验提供有益启示。

一、英国的管理框架与职责

英国 PPP 项目管理机构主要由首相办公室、财政部、地方合作伙伴关系协会、中央政府各行业主管部委、政府商务部、地方政府公共采购部门或财政部门、下议院公共账目委员会、审计署等部门组成。这些机构或部门的职能将发挥在 PPP 项目运行的不同进程当中（如图 3-1 所示）。

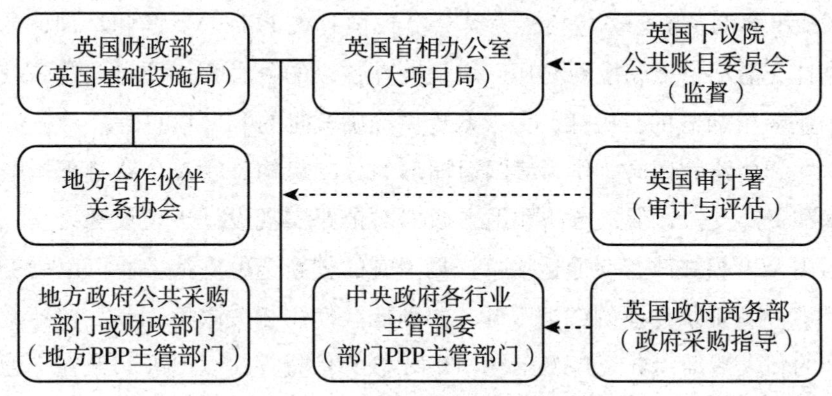

图 3-1　英国 PPP 政策及项目的管理框架

资料来源：黄景驰，［英］弗莱德·米尔．英国政府与社会资本合作（PPP）项目的决策体系研究［J］．公共行政评论，2016（2）：3.

从各机构的主要职能看，英国地方政府或中央是 PPP 项目的主要发起者，负责提出 PPP 项目申请。财政审批部门与首相办公室作为英国 PPP 项目的最高决策层负责 PPP 项目的事前论证评估。英国政府商务部负责 PPP 项目的公共采购，并对采购方式的合规性进行审查与过程监督。英国财政部的 PPP 政策推广部门与英国地方合作伙伴关系协会共同对 PPP 项目提供具体指导与政策咨询。下议院公共账目委员会、审计署则负责事后绩效评估与审计，并将审计报告和结论报送议会。议会各委员会将就 PPP 项目在审计中发现的问题，对有关部门进行问责、质询并监督其整改。

二、美国的监管机构与管理体系

美国作为联邦制国家，各州政府会根据自己的特点和需求建立不同的

PPP 监管机构。从总体上看，美国虽然没有全国统一性的 PPP 监管机构，但也形成了自己独特的 PPP 管理监督体系，代表性的监管主体如下。

美国政府和社会资本合作（PPP）国家理事会。美国 PPP 理事会成立于 1985 年，是一个独立的教育性协会，其资金来源包括会员会费、会议收益以及美国交通部和联合国开发计划署提供的资助。其宗旨是宣传和促进公私伙伴关系模式，以使政府和商界意识到 PPP 模式的优势和效益。它下设四个分会，包括国际分会、房地产分会、交通分会和水务分会。美国 PPP 理事会的主要任务包括，为其会员提供有关 PPP 的咨询和培训，通过各类社交活动宣传和推动联邦、州和地方各级的公私合作项目，提高政府和企业参与 PPP 的积极性，为公众提供准确及时的 PPP 信息等。

联邦公路管理局。作为美国运输部的分支机构，联邦公路管理局通过技术和资金支持，促进各州和地方政府对公路实现设计、建设和维护，鼓励运用 PPP 模式改善交通运输。该局下属的创新金融支持中心可以为交通类 PPP 项目提供专业的咨询服务，协助地区使用相关政策工具，包括此前提到的私人活动债券（PABs）和 TIFIA 联邦信贷等，以促进 PPP 在交通运输项目的发展。

此外，美国土木工程师协会（ASCE）、美国建筑师学会（AIA）、国际编码理事会（ICC）、美国咨询工程师联合会（ACEC）和美国总承包商联合会（AGC）等也在 PPP 项目的管理中发挥重要的推动作用。

在监管分工方面，美国各地政府负责 PPP 工程项目的市场准入、资金管理、招标采购、开工许可、风险管理、质量管理、健康与安全管理以及环境管理等方面的工作。当 PPP 工程有公共资金参与时，联邦会计总署将负责检查资金的使用与执行情况。

三、澳大利亚的监管机构与监管重点

澳大利亚政府在 PPP 监管机构的设立上进行了独特的设计，并尤为注重政府层面的协调。联邦政府成立了全国性的基础设施 PPP 管理部门，即澳大利亚基础设施和区域发展部，该部负责统计全国各级政府基础设施的建设需求，重点推广 PPP 模式。

2015 年 10 月，该部更新了 2008 年推出的澳大利亚联邦 PPP 政策框架，详细介绍了 PPP 项目的实施政策，包括 PPP 项目集中采购方法、投资者指南、社会性基础设施的商业原则、经济性基础设施的商业原则、政府操作指南、财务计算方法等。各级政府在此基础上制订了本地的框架指南，对 PPP 项目做了各自详细的规定。

在监管重心和流程上，澳大利亚借鉴英国的经验，同样把“物有所值”原则作为判断 PPP 项目准入的核心标准。当地政府部门在立项阶段，会制订基础设施和公用事业发展规划，通过全面的成本—效益分析法，考察项目建设的必要性以及是否适用 PPP 模式。在量化结果的基础上，澳大利亚政府部门将最终选择一个或几个企业组成联合体，并授予其特许经营权。

澳大利亚政府强调对 PPP 项目实行全生命周期的绩效监管，着重核实项目产出，而减少对社会资本的过程干涉，以此利于发挥社会资本的能动性和创造性。具体而言，社会资本负责项目质量管理，制定管理计划，搜集监管数据，编写监管报告；政府部门负责对项目质量管理进行审查，制定技术标准，审查社会资本的进展报告和财务情况。PPP 项目会邀请第三方负责独立审计，项目服务用户也有权直接向政府部门反馈对项目的意见。

澳大利亚政府始终将保护公众利益作为推行 PPP 模式的基本前提，并对外商提供高度自由的营商环境。除了要求在个别司法管辖区内提供施工许可证等限制外，政府对于参与 PPP 项目的外国企业基本没有过多的法律限制。这种自由的商业环境促使许多外国企业参与到澳大利亚的 PPP 项目中。

四、加拿大的监管机构与政府支持

有学者曾指出，PPP 的成功需要政府具有三个方面的关键能力：一是政府必须支持 PPP 项目的发展；二是政府需要提供有效的项目管理；三是政府部门需要拥有专业经验，能够理解 PPP 项目的法律、技术和融资等内容。加拿大政府也正是基于这三方面的需要，加强自身的能力建设，并建立起相应的 PPP 监管机构。

为了引导和推进 PPP 的发展，加拿大政府在全国层面设立了加拿大 PPP 理事会和加拿大 PPP 中心。一些州级政府，如不列颠哥伦比亚、安大略、阿尔伯塔和魁北克等，也在省级层面设立了 PPP 专门机构或伙伴中心，例如不列颠哥伦比亚省伙伴关系中心、安大略省基础设施中心和阿尔伯塔省基础设施中心等。

加拿大 PPP 理事会。加拿大 PPP 理事会（CCPPP）成立于 1993 年，是加拿大扶持 PPP 项目发展的国家级机构，属于非盈利、非党派的组织，设有独立董事会。主要职责包括：鼓励政府与社会资本合作；为 PPP 提供信息支持，建立和维护加拿大 PPP 项目数据库；组织会议和专项研讨会；在公共物品融资和供给过程中，激励政府部门和私营部门的决策者之间进行对话；对影响合作伙伴关系的关键性因素进行客观研究。

加拿大 PPP 中心。2008 年，为改善公共基础设施供给，建立有效的 PPP 项目问责机制，加拿大以国有企业的形式建立了联邦级 PPP 实体——加拿大 PPP 中心。加拿大 PPP 中心由加拿大联邦政府所有，但按照商业模式运作。中心通过加拿大基础设施和社区部向国会报告相关事务。公司设有独立的董事会，下设战略与组织开发部、项目开发部、投资部和融资、风险与管理部等四个部门，其具体职责为 PPP 市场开发、项目识别与筛选、项目调查和后期管理等。

不列颠哥伦比亚省伙伴关系中心。2002 年，不列颠哥伦比亚省和联邦财政部共同成立了不列颠哥伦比亚省伙伴关系中心，该机构在不列颠哥伦比亚省注册，由财政部主要持股。该中心的主要履行职责包括：为公共项目提供专业采购服务，对于复杂的基础设施项目提供客观评价；提供项目管理、风险管理和咨询等服务，增加客户收益，更好地实现物有所值；创建良好的政策环境，提升参与者的专业技能，提高利益相关者的参与积极性。

安大略省基础设施中心。安大略省基础设施中心是该州自主成立的 PPP 项目指导中心，其主要任务是引导本地重大项目，为安大略省的主要公共基础设施提供采购服务和商业指导；通过提供资产规划、项目合同管理和房地产咨询服务，推进城市建设和房地产市场的发展；优化政府房地产投资组合；加强基础设施贷款，为偿债能力较好的客户提供长期贷款资格；为政府和公共部门的合作伙伴提供建议与谈判支持。

五、法国 PPP 的推动措施与监管要点

基于国家的法制化制度体系，法国政府通过全面立法规范 PPP 项目的监管，并对合作公司的成立条件、运营年限、项目验收等方面进行明确的规定。通常情况下，国家在项目合作公司中持有多数股份，少数项目由社会资本控制。

法国通过对 PPP 项目的融资支持推动 PPP 发展。具体举措包括出台优惠政策、政府补贴、国家银行信贷承诺、国际贷款及项目担保等方式。另外，政府还成立了代表公民利益的公共机构，以此监督 PPP 项目的运行效果。法国政府还十分重视 PPP 项目的前期评估和对私人企业的选择。法国 PPP 项目的可行性报告中必须包含项目社会使用率的情况预测，以确保项目的实用性和利用率。

法国政府对 PPP 监管的另一个重点是对各种不确定性的评估和把控。政府通过以下措施来解决未来可能出现的不确定性问题：第一，政府要求合同各方采取比较严谨的合同条款来预测这些问题，其基本要求就是对未来情况和变化进行充分判断；第二，合同各方需要在条款中列明应对不确定性的协商和解决措施，以期尽可能地降低失败概率，控制不确定因素。

此外，法国政府会在必要时对 PPP 项目给予及时的支持。例如，为应对 2008 年的金融危机，法国政府在 2009 年实施了“保障计划”，批准了 100 亿欧元的保障资金用以保证 PPP 项目的顺利交付。此外，法国政府会针对 PPP 项目的重点环节进行有针对地扶持，例如政府通常会在建设阶段给予 PPP 项目直接的资金支持，但支持力度将以 PPP 项目的实际效率为依据。有时政府也会对支持的 PPP 项目设定资金支持上限，且明确不会补贴任何在运营阶段出现的资金缺口。

六、日本的监管机构

在近 30 年的 PPP 发展历程中，日本逐渐形成了一批具有代表性的 PPP

监管机构，其中即包括官方机构，也包括一般社会团体以及学术、咨询和教育机构等。它们在日本PPP的研究、推广以及项目督导等方面发挥着各自的作用，构成了日本PPP监管的合力。

PFI推进委员会。如前文所述，1997年日本颁布了《PFI推进法》，根据PFI法第21条，日本于1999年在内阁专门成立了PFI推进委员会，委员会的委员及专家委员均由内阁总理大臣任命。目前该委员会有9名委员，其中，一名委员长，一名副委员长，另有11名专家委员。

PFI推进委员会的职责包括以下五个方面：（1）对国家的PFI项目的实施情况和民间事业者等的意见进行必要的调查研究和审议，并促进和综合协调国家的PFI项目；（2）收集国内外有关PFI项目的实施状况、有关法律制度、税制，以便使国民了解PFI模式；（3）对内阁总理大臣建言献策，发挥智库作用，同时也要给负责PFI项目的机构提供恰当的建议；（4）接受民间事业者的意见，建议或诉求；（5）在调研基础上，为对PFI项目开展必要的协调工作。

日本PPP/PFI协会。1999年9月2日，日本PPP/PFI协会成立，该协会属于非营利性组织，其主要职责是组织培训PFI相关活动，帮助地方政府、民间企业正确理解PFI模式，介绍PFI的实施程序、制度和管理条例，并向公共部门和私人部门提供政策建议。具体来说，协会业务内容包括PFI事业的培训、教育、资格的鉴定、政策建言、国内外信息收集、书籍出版和咨询等。

PFI/PPP推进协议会。PFI/PPP推进协议会的前身是专门为推进新能源回收类项目的立法工作而成立的协调组织，名为“新能源回收再利用推进协议会”。后来，随着日本PPP概念的扩大，2002年更名为“PFI/PPP推进协议会”，其工作的主要内容仍聚焦在PPP相关立法和政策出台的研究活动上。

东洋大学PPP研究中心。日本的东洋大学于2006年在经济学研究系开设公私合作专业，并开设公共设施管理、PFI基础、项目管理制度、民间投资法律、世界PPP发展等相关课程。2008年，根据日本文部科学省的“私立大学战略性研究基础形成”计划，日本东洋大学设立了PPP研究中心。对公私合作专业毕业的毕业生，在经过严格考核后，将被授予“研究伙伴资格”的称号，该资格是目前日本对 PPP 领域人才的唯一资格认证。

地方自治体公私合作研究会。地方自治体公私合作研究会是日本自组织性质的研究财团，于 2009 年 9 月成立。该研究会的业务工作主要包括两个方面：一是对地方 PPP 项目中存在的问题及可能存在的隐患风险进行调查、研究，提出解决建议；二是根据实际项目，搭建地方的公私合作项目案例数据库，并和有关机构进行合作，配合政策的制定和相关决策的出台。

七、印度的管理与服务框架

印度 PPP 的管理和制度框架借鉴英国经验，选择了多层次的治理结构。首先，在中央层面，印度在财政部的经济事务司下设 PPP 与基建发展处，负责管理本国的 PPP 事务，同时也是印度 PPP 政策的主要制定机构。公私合作评估委员会（PPPAC）是印度政府对 PPP 项目进行评估和批准的专业机构。此外，基础设施开发金融公司（IDFC）、基础设施融资有限公司（IIFCL）、可行性缺口补偿基金（VGF）等金融部门，也参与到 PPP 项目的管理、咨询和融资服务当中。二是在地方层面，以比哈尔邦基础设施发展局、旁遮普邦规划与发展部 PPP 小组为代表，各邦都相应设立了地区的 PPP 项目管理部门。

印度财政部经济事务司。印度财政部经济事务司通过下属的 PPP 与基建发展处统筹国内 PPP 的发展工作。在职能上，该部门的具体工作主要是制定全国通用的 PPP 法规与制度。例如，印度财政部先后颁布了《中央部门 PPP 项目形成、评估与批准指引》（Guideline for Formulation, Appraisal and Approval of Central Sector Public Private Partnership Project）、《基础设施领域 PPP 项目金融支持方案与指引》（Scheme and Guidelines for Financial Support to Public Private Partnership in Infrastructure）、《印度基础设施发展基金方案与指引》（Scheme and Guideline for India Infrastructure Project Development Fund）等文件。这些制度政策搭建起了印度 PPP 管理的基本框架，为全国范围内 PPP 项目提供资金、人力、智力等政策支持。

为了更好地制定 PPP 的相关政策，印度财政部经济事务司会在制度设计时参考国家公路、水利等 PPP 涉及行业主管部门的意见，以此增加政策的专业性和具体落地的可能。各行业主管部门会在财政部的牵头下负责设计本行业的 PPP 项目标准，并体现在行业的 PPP 合同当中。例如，印度高速公路领域 PPP 的标准合同，就是由财政部和印度国家高速公路局 NHAI 联合发布颁布和制定的。

公私合作评估委员会（PPPAC）。PPPAC 是印度中央层面对 PPP 项目进行评估和批准的专设机构，其成员由财政部相关部门和各行业协会的代表组成。PPPAC 将基于物有所值评估和国家基建的实际需要，对 PPP 项目及特许经营合同进行审核，重点评估项目的风险分担方式及其合理性，以及项目合同的合规性。

印度基础设施开发金融公司（IDFC）。IDFC 于 1997 年 1 月正式成立。作为由政府指导成立的公司，IDFC 的主要业务是为基础设施项目提供融资和咨询服务，同时兼营资产管理和投资银行业务，即对印度 PPP 项目提供以融资为主的金融服务。

印度基础设施融资有限公司（IIFCL）。IIFCL 成立于 2006 年，是国有化性质的金融公司。IIFCL 的主要职责是对国内大型的基建 PPP 项目进行长期投资，重点领域包括道路、港口、能源和电信等市政公用事业等。当前，该公司的资本达 150 亿卢比，其中政府持有 60% 的股份，其他股份由 9 家国际性的金融机构持有，这些金融机构包括国际金融公司（IFC）、亚洲开发银行（ADB）以及印度国内的部分银行。

可行性缺口补偿基金（VGF）。VGF 基金是由印度财政部批复设立的 PPP 专项发展基金。2005 年，印度财政部提出了一项旨在加强 PPP 项目融资支持的可行性缺口补偿计划，可行性缺口补偿基金也是在这一计划的框架下筹资建成。VGF 通过一次性或者递延方式对本国的 PPP 项目实行资金补助，通常会在项目建造阶段给予直接支持，基础补助部分最高可占到项目总成本的 20%，对于个别需要特殊支持的项目，VGF 可以在基础补助额度之外再给予项目成本 20% 的补助。

地方 PPP 管理与服务机构。为便于印度地方 PPP 项目的执行与管理，印度会在地方层面也设立起 PPP 的管理与服务机构，这些机构的职能大同小异，以下仅以比哈尔邦基础设施发展局 IDA 和旁遮普邦规划与发展部 PPP 小组为例，进行简要说明。

比哈尔邦基础设施发展局成立于2006年，该机构旨在促进比哈尔邦基础设施的建设，吸引更多的社会资本对该区域的基础设施项目进行投资。该机构的特殊之处在于，为了提高本地 PPP 项目在土地使用及土地征收时的效益，比哈尔邦基础设施发展局专门成立了一个土地征收银行，负责对接在 PPP 开发中土地利用方面的业务。

旁遮普邦规划与发展部 PPP 小组成立于2009年，该部门的主要职责是促进 PPP 模式在旁遮普邦的发展，协助地方政府孵化对接 PPP 项目，是该地公共部门与私人部门沟通对话的重要纽带。

第四节 对我国 PPP 治理的思考

自2014年以来，PPP 在我国的发展已进入第六个年头。从 PPP 项目总量与规模来看，成绩斐然，但由于各方面的原因，特别是缺少完善统一的高阶法律规范，总体来说，我国 PPP 仍处于制度建设探索和发展阶段，很多问题亟待解决。

例如，当前 PPP 模式与传统特许经营和政府采购的关系尚未理顺；PPP 项目审核中最重要的物有所值原则评价标准尚不成熟；PPP 具体操作指南和流程有待进一步细化和统一；PPP 项目纠纷法律界定属性尚且不明；政策的不稳定性加剧了社会资本的项目风险；现行土地、税收、价格等配套政策尚未跟进；PPP 主管部门财政部和国家发展改革委由于理念不同而经常出现政策冲突的现象。

值得欣慰的是，国家相关部门已经认识到统一立法对 PPP 健康发展的重要意义，并已将 PPP 的制度建设重点放在法制建设上来。2017年，我国 PPP 发展正式进入“规范化”元年，国务院办公厅连同国务院法制办、国家发展改革委、财政部起草完成了《基础设施和公共服务领域政府和社会资本合作条例（征求意见稿）》，并向公众征集意见。虽然法案至今尚未出台，但该工作的启动，是我国 PPP 发展迈向规范和法制化的重要一步。

结合我国的理论研究与实践探索，借鉴国际上 PPP 的立法经验，我们对中国 PPP 的治理有如下思考。

1. 在大陆法系框架下统一关联类法律，应为题中应有之义

我国的法律制度属典型的大陆法系框架，即重点通过成文法和法律条文的援引开展项目并处理纠纷。法律框架既包括高阶段位的核心法，也包括针对具体问题的关联类法律，而核心法与关联法保持高度的一致与顺利衔接，是大陆法系的精髓。

我国现阶段所推进的高阶 PPP 立法工作是对 PPP 法律框架中核心法的编制，而与其相关的关联类法律，如政府采购法、公共财政管理法、行政许可法、土地法、环境法、税法、劳动法等，也应一并纳入 PPP 法律编制或调整的范畴之中。从现阶段来看，我国与 PPP 相关的关联类法律出现了明显的衔接不足和功能缺陷。例如，在土地使用方面，《招标拍卖挂牌出让国有建设用地使用权规定》无法满足 PPP 项目经营用地对土地的使用需求，出现项目中标与土地获取的脱节；在价格和税收方面，由于缺少税收制度法律方面的支持，PPP 项目所需要的价格调价机制与相关税收优惠无法进一步得到落实。以同样为大陆法系框架的法国为例，法国国民议会在颁布了《PPP 模式公私合作合同法律》的同时，也对诸如地方政府组织法法典、城市管理法法典、建设和居住法典、税收法典、财产法法典、金融和货币法法典、行政诉讼法法典和保险法法典等相关的法典和法规作出了相对应的修改和调整。日本从 2001 年至 2016 年对本国《PFI 推进法》做了五轮调整和修订，不断磨合《PFI 推进法》与关联类法规之间的衔接。甚至连作为普通法系的澳大利亚，也从联邦政府层面统一了各州对 PPP 的认识。

因此，我国 PPP 的立法工作，除了尽快编制具有高阶法律效力的核心法以外，还要同步开展对关联类法规制度的修改和及时补充，尽快建立各项关联法律制度与 PPP 核心法案的接口，做到有效衔接。在具体操作上，可通过补充条款或判例的方式进行法律的“接口”建立。此项工作应得到立法部门的高度重视，以避免 PPP 高阶法律出现与关联法规制度的矛盾或细化不足。

2. PPP 项目的管理属性界定应为 PPP 立法重点内容

PPP 适用领域广泛，模式多样复杂。项目性质、产权属性极易出现模糊不清，归口不明的情况。因此，PPP 立法的一项重要工作应是对 PPP 项目的分类进行界定和规制，这也是使其准确嵌入地方管理或具体规制制度的关键一步。

从法国、欧盟、美国等对 PPP 的相关立法实践来看，这些国家也曾遇到过 PPP 项目属性界定的难题。为减少分歧，相关工作组提出了核心 PPP 的概念，压缩调整范围。美国统一将 PPP 项目分为新建基础设施项目的“绿地”项目和对现有基础设施进行修缮、翻新和运营的“棕地”项目，不同类型项目因涉及到的私人部门所有权的交付方式不同，采用了不同的决策和论证方式。

从我国当前的实践来看，PPP 在模式上仍以特许经营类和政府购买服务类为主。对于政府采购类型的 PPP 项目，现阶段主要使用《政府采购法》，由财政部负责；对于经营性与准经营类的 PPP 项目，主要使用《特许经营条例》，由国家发展改革委负责。从国际 PPP 的发展经验看，归口管理是各国采取的主要方式。但在我国由于国家发展改革委和财政部同时对 PPP 进行管理，这种多头管理的方式短时间内无法解决，同时也给地方 PPP 的发展带来混乱。很多地方层面的 PPP 项目性质难以辨认，出现部门不明确，甚至财政系统与国家发展改革委系统两者合管，重复统计建库的现象。因此，PPP 立法中对 PPP 项目属性的界定和条件的明确，实属重要。

3. 在 PPP 操作层面也应考虑建立标准化合同

英国、澳大利亚等普通法系国家并没有建立较高阶层的 PPP 综合法律，但其在 PPP 项目的实践方面却拥有极高的项目成功率，真正做到了 PPP 项目的“物有所值”。究其原因，在于这些国家在 PPP 项目的操作层面上建立了较为全面详细的标准化合同。

例如，英国的 PFI 标准合同具有强制力，一些核心内容是不可以通过双方约定进行修改的。英国的经验表明，操作层面合同的标准化和规范化是 PPP 项目成功的关键。2012 年，英国政府再一次颁布了《标准化 PF2 合同》（Standardization of PF2 Contracts-Draft），从公共机构股权、透明化、项目可持续改进和实现物有所值等方面又一次对合同进行完善。日本虽然是大陆法系国家，但也效仿英国的做法，在《PFI 推进法》中做了大量关于项目实施细则的具体规定，使其与标准化合同等效。澳大利亚则从国家层面给出了相对完善的“国家 PPP 指南概览”和“国家 PPP 指南细则”。

PPP 项目的标准化合同或《PPP 项目实施程序指南》的完善工作也应成为我国 PPP 法制建设的重点工作之一。国际经验给我们最大的启示之一就是，操作层面的具体化是提高 PPP 项目成功率的关键。总结此前我国 PPP 项目的成功与失败案例，如洛阳道桥项目、北京地铁四号线建设项目、鸟巢项目等也可以看出，成功与失败最关键的区别就在于对项目合同的细化程度和风险应对的预案措施。可以这样说，标准化合同的建立将成为提高我国 PPP 项目成功率的重要突破口。

4. 以公共利益为准绳，确定 PPP 项目纠纷的法律属性

PPP 项目的纠纷法律属性是我国 PPP 立法需要明确和解决的重要问题，也是当前争议较大的难题。最高法院关于行政诉讼法的司法解释将特许经营协议界定为行政协议，而财政部有关政策文件中将 PPP 协议界定为民事协议。

从国际社会对 PPP 的理解和定义来看，PPP 项目的合作精髓在于社会资本和公共资本享受同等权益，并实现弥补财政资金不足、提高项目运行效率、政府社会共同承担“利益—风险”之目标。从这一思路出发，我们可以对 PPP 合同纠纷的解决原则给出一个基本思路，即要使私人资本与公共资本的权责效益保持一致。然而，很多 PPP 项目，特别是特许经营类项目夹杂了很多公共服务的行政因素，因而将其定位为民事协议又有失偏颇。

借鉴国外经验，法国将 PPP 协议，包括特许经营协议和合伙合同界定为行政合同，但法国有发达的行政法体系，界定为行政协议可以实现对公私双方权益的统筹平衡和有效保护。而在英国，其《私人融资活动 PFI》就规定：不同当事人之间的纠纷可以并案处理。

我国 PPP 立法对待项目纠纷时，可以考虑以是否涉及公共利益为准绳。对于经营性或准经营性 PPP 项目的法律纠纷，为保障双方的共同权益，应重点考虑其商业属性，即采用民事诉讼程序。对具有公共服务性质，而非单纯的商业经营性的 PPP 项目，可考虑将其纳入行政法院管辖范围。

5. 强化政府的契约精神是未来 PPP 发展的关键

许多发达国家 PPP 得以健康发展的重要原因，就在于政府对契约精神的坚守和对政府信誉监管的强化。

从我国 PPP 发展的实际情况来看，对于社会资本和私人部门而言，地方政府的信用问题是其融资的最大风险。当前，我国从部委到地方下发的 PPP 政策文件，罕有关于政府违约的强制性措施和明确的法律解决途径，这必将导致社会资本方在同政府的长期运营合作中缺乏有效的法律保护。很多地方政府在项目到期时，无法进行应有的交割，有的变相出让土地抵押，造成 PPP 项目的异化和畸形。

虽然《PPP 操作指南》有地方“财政可承受能力评估”的要求，这一措施能在很大程度上限制地方政府变现举债的乱象，但有时也会因为缺乏监管，而执行不力。当地方政府换届后，很多项目的政府承诺更是难以得到保障。地方政府的契约精神无疑是决定未来我国 PPP 能否长远发展的重要因素。因此，从立法工作看，如何加强地方政府信誉的建设和对其违约行为的惩罚，是下一步立法工作的另一重点。我们认为，可考虑结合我国行政体制的特点，将地方政府在 PPP 项目中的信誉与主要负责人的政绩考核挂钩，以此强化地方政府对契约精神的坚守。

PPP项目的实施与操作规则

作为PPP项目的底层操作，PPP项目的具体实施规则是各国PPP发展成熟度的重要标志，其完善程度直接关系着PPP项目的落地率与治理水平。发达国家凭借多年的实践积累，在PPP项目的管理和操作规则上积累了丰富的经验，发展中国家也在PPP的实操规则上不断学习、积极效仿，并实现本土化应用。本章将选取具有代表性的发达国家及包括中国在内的发展中国家，介绍各国在PPP实施过程和操作规则方面的探索。

第一节 发达国家PPP的实施与操作规则

基于地缘性因素，各大洲在PPP的制度框架上呈现一定的区域趋同性。本节将结合已有资料，以区域分类，重点围绕欧洲的英国，美洲的加拿大和亚太地区的新加坡三个典型发达国家进行PPP操作规则的分析和比较。

一、英国

英国作为世界PPP的领头羊，是全球PPP市场的重要主导国，无论从规模总量还是领域范围来看，均居世界前列。英国在PPP模式的实践上也积累了大量的成功经验，拥有着全球最完备的PPP管理体系和细致的操作细则，且不断完善升级。

1. PFI/PF2 项目的实施过程

从英国 PFI/PF2 项目的具体实施过程看，可将其分为前期项目筹备和后期项目建设运维两个主体阶段。在项目筹备阶段，英国 PPP 项目的决策流程分为项目发起、项目筛选、项目初审、项目采购和项目最终审批等五个主要步骤。在后期项目运维阶段，英国 PPP 操作规则重点聚焦于对项目运维绩效、风险承担、收益分配、项目退出和纠纷解决等方面的管理。

项目发起：PPP 项目的起点是项目的发起，即公共采购需求的提出，包括项目的产品需求、服务需求和工程需求。英国 PPP 项目的发起通常有两种形式：一个是政府机构主动提出，即由地方政府或中央政府各部委发起；另一个是社会公众和资本方的主动申报。

项目筛评：英国政府并不认为所有的公共品供给均需要采用 PPP 模式，若单边政府或单边社会的供给模式能同样以高效率完成公众需求，则主张交由单边主体完成，以此降低交易成本和摩擦成本。因此，在项目发起后，英国政府需要对提出申请的项目进行判断和筛选，此项工作由地方政府或财政部门专职 PPP 中心承担。只有通过筛选评估的项目，才可采用 PPP 模式，否则将沿用传统的公共服务供给模式。英国的 PPP 项目或项目群大都需要政府补贴或政府付费，由于涉及公共资金的使用，需要经财政部基础设施局和英国首相办公室大项目局一同审核筛选。地方政府发起的 PPP 项目则交由地方政府相关部门报送英国财政部遴选及批复。英国对 PPP 项目是否可行的主要评价方式是“物有所值评估”，这也是当前国际社会对 PPP 可行性评价的主流方法。

项目初审：在经过物有所值的评估后，所筛出的项目均可以用 PPP 作为供给模式。此后，英国政府将根据本国发展的具体需要和合作人的实际条件，对项目进行初审。英国财政部或首相办公室大项目局会委派工作人员对各 PPP 项目的正式申请进行审查，重点工作包括与项目发起单位进行沟通、组织召开项目的论证会议等。财政部会依照评审材料及物有所值的评估结果与有关部门决定是否批准该 PPP 项目。在 PPP 项目通过财政部的初审后，则进入项目的招标采购及谈判环节。

招标采购：招标采购是 PPP 项目最具实质性的环节。英国政府通过

《公共合同条例》（Public Contracts Regulations）（2006）和《公用事业合同条例》（Utilities Contracts Regulations）（2006）两个规范性文件，对PPP项目的招标和采购工作进行了详细的安排。英国政府商务部负责指导所有公共项目的准备与招投标工作，同时政府商务部作为相对独立的机构，对公共项目尤其是PPP项目进行同行审查与过程监督。值得一提的是，英国PPP项目采购招标的流程已成为全球PPP招标流程的主流范本，不同国家之间可能稍有不同，但总体上均沿用了英国的程序流程和框架体系。

最终审批：在完成PPP项目的招投标并签署合同后，须再次报送英国财政部审核并批准。PPP项目在政府与项目公司谈判的过程中，若需要对PPP标准化合同条文做出修改，也将在此时一同报财政部审批。

在完成前期项目筹备后，将进入PPP项目的建造和运营阶段。这一阶段的项目设计、融资、建设以及后续的运维安排均由私人部门完成。公共部门根据已确定的合同和服务标准，监督评估私营部门的履约完成情况，并按标准支付费用。

一套完整的英国PPP项目运作过程的结束标志是项目的退出，这也是最终考评项目是否达到预期目标的重要环节。PPP项目的退出一般包括以下几种模式：一是期满移交PPP项目，即在PFI/PF2项目合作期满后，私人部门按原有约定将项目的所有权、运营权等移交给政府指定部门；二是股权收购，即项目在建成或运营一段时间后，私人部门将项目公司的股权通过出售的方式卖给政府或其指定的第三方机构；三是售后回租，即项目公司将PPP项目的资产售后回租。在项目结束时，租赁公司将资产所有权转回项目公司，项目公司再交给政府。

2. PPP招标采购

如前文所述，招标采购是PPP项目实施中最具实质性的一个步骤。其具体要求体现在《公共合同条例》（Public Contracts Regulations）和《公用事业合同条例》（Utilities Contracts Regulations）两个文件中。两个条例在PPP采购流程上基本一致，但适用的采购主体不同。《公共合同条例》只针对以政府为主体的采购项目，《公用事业合同条例》则面向公共事业单位、行业协会等社会机构。从要求上看，政府部门的采购规范比社会公共事业更加严格。以个别细节为例，政府部门参与 PPP 项目的招标采购，必须按照固定的模式进行，而公用事业采购则可以在公开招标、限制性招标和竞争性谈判等三种方式中自由选择。在脱欧以前，英国政府部门的 PPP 项目采购必须按照规定在欧盟官方刊物上发布信息，而公用事业单位既可以在欧盟官方刊物上刊登信息，也可以定向地给参与人直接发送信息预通知。

由于《公共合同条例》和《公用事业合同条例》两个文件的采购流程基本一样，以下我们将针对前者的采购程序做出分析。《公共合同条例》一共规定了六种招标制度，分别是公开招标程序、限制性招标程序、附带协商的竞争性程序、竞争性商谈程序、创新合作程序和未经事先公告的商谈程序，其基本流程如下。

市场情况摸底。在 PPP 项目的招标准备阶段，英国 PPP 管理部门首先会进行市场状况摸底，以便掌握采购产品和服务的市场供给状况。通常的做法是政府会咨询一些独立的咨询机构或者潜在供给者，从而为后续招标标准的制定做准备。在这一过程中，政府机构仅做市场摸底调查，并要确保摸底行为不会对后续招标产生公平性妨害。在摸清市场情况后，政府机构将根据实际供给水平编制采购的技术标准。对于公共工程类 PPP，技术标准通常包括原材料规格、技术工艺标准、安全性能等；对于公共服务类 PPP，技术标准包括产品或劳务的质量水平、环保水平等。政府机构通常会要求潜在的供给者提供产品测试报告、资质证明，产品样品，工程模型或其他证明文件。

在政府采购的过程中，一个重要的决策内容是确定是否要对招标合同进行分割化或分包处理，这将视 PPP 项目采购需求的复杂程度而定。通常的做法是采购方需在招标通告或邀标通知中明确说明分包的类型和范围，并标清合同的份数以及每个细分合同的服务范围。

招标信息公告。在明确了政府采购的基本市场情况后，政府机构需要对招标信息进行公示。其形式是在指定的刊物上发布相关信息。英国政府会将招标的信息预告和招标提示刊登在欧盟出版物办公（EU Publications Office）网站上。具体内容包括招标的目标、使用的评判标准、最低参标机构数目和最多参标机构数目、公开接受标书的时间等。为了增加招标的准确性，英国政府会以书面形式邀请选定的潜在供给商。一旦通过评标审定流程，政府机构会与中标商签订框架性协议，并在30天内将招标结束通告刊登在指定刊物上。政府机构会根据采购项目的复杂程度，设定参标申请，并预留充足的准备时间。

中标依据。政府机构会根据一定的标准对参标机构进行评定，并从中找到符合采购标准的中标机构。除传统的经济最佳方案外，英国PPP项目的中标依据还考虑了社会、环境等非经济因素，例如项目对当地的环境保护、社会公益效益等。同时，在脱欧之前，英国还会参照欧盟层面的法规设计中标标准。在通常情况下，政府主体会围绕参与公共工程的适当性、资产财务状况和技术专业能力等三个方面对参标机构进行评估。此外，政府机构还会通过人为排除、审慎排除、程序性排除或自我排除等手段，将一些不适当的潜在参标者排除在招标之外。

英国政府要求限制性招标最低的参标机构数目为5家，附带协商的竞争性招标和创新性合作招标要求的最低参标机构数为3家。若在投标过程中出现了异常低价标的情况，需要对其进行追溯，邀请该机构进行核实和重新评测。如果该机构无法对其异常低价做出合理解释，政府有权拒绝“经济最优原则”，并取消异常低价标的竞争资格。

3. 物有所值、风险收益分配、纠纷与调解等核心规则

“物有所值”“风险收益分配”以及对“PPP项目的纠纷与调解”，是英国PPP项目底层操作的重要机制与核心规则，也是英国成为全球PPP标杆的标志性内容。这三类操作规则渗透着PPP模式的本质属性和基本原则，并被世界各国纷纷效仿借鉴。

如前文所述，英国通过物有所值评估方法对项目是否应该采取PPP模式进行识别。从具体内容看，物有所值评估法分为成本收益分析和公共部门比较分析两种。成本收益分析是对满足公共需求的所有方案进行全部成本和效益的比较，进而以成本最小—获利最大的标准进行确定。其中成本现值、收益现值、净现值、收益成本比等都是常用的评价指标。

公共部门比较分析是在项目的全生命周期框架下，将传统的采购模式与PFI/PF2模式的项目成本进行比较，若在同样的项目效果下，成本差值大于零，即说明PPP模式较传统模式具有成本节约效益，进而可以采用

PPP 模式。基于英国“物有所值”的评估方法和思路，当前美国、加拿大、澳大利亚、印度、南非、中国等国均在此基础上提出了本地化的评估框架和流程，虽然在具体操作形式上略有所不同，但基本思路仍是沿袭英国的思想，即比较传统采购模式与 PPP 模式在全生命周期下的净现值差值。

PPP 项目的重要特征是对公共项目实现了公共部门和私人部门的风险分担和收益共享。英国从风险识别、评估、分担、监控等方面对 PFI/PF2 项目风险进行合理的把控和规避。英国 PPP 项目的风险分配着重强调两个原则：一是根据各方所能承受的风险大小确定风险承担范围；二是将各方的风险与收益进行匹配，即能力原则和对等原则。具体来讲，在 PPP 项目的实践中，项目的设计、建设、融资、运维等商业风险原则上由社会资本承担；而法律、政策和公共性问题所面临的风险则由政府来承担。在特殊情况下，如自然不可抗力因素所造成的风险，由双方本着公平对等的原则共同分担。

PPP 项目主体涉及广泛，既有政府等公共部分主体，也有私人部门等民事主体。因此，在发生私人与政府纠纷时，往往需要进行妥善的安排和提前设计。英国对 PPP 项目中可能涉及的纠纷问题会进行事前说明，并尽量给出详尽的解决方法。2012 年，英国政府在其公布的《公私伙伴关系新模式》（A New Approach to Public Private Partnerships）中，对 PFI/PF2 项目的纠纷问题进行了明确的阐述。总体而言，英国 PPP 项目在发生争议纠纷时通常采取三个步骤程序：先是纠纷双方力争在规定期限内通过协议来解决争议；若协商无果，则将争议交由顾问专家进行裁决；若双方对专家决定同时不满，则可进一步通过申诉或仲裁进行最终解决。

二、加拿大

作为北美洲的代表性国家，加拿大现代 PPP 的发展一方面受到英国 PPP 实践的影响；另一方面也结合本地情况和需要，形成了自身的特点。从总体上看，加拿大对 PPP 发展的包容性和创新性，在很大程度上超过了美国和英国。例如，在实践中，加拿大甚至将 PPP 模式应用在了司法、娱乐文化以及 IT 等领域，这是英美和其他国家罕见的尝试。这也是本书选取加拿大作为北美洲研究代表的一个重要原因。

1. 加拿大PPP的规范性文件——《PPP项目申请准备指南》(PPP Project Application Guide)

加拿大政府对PPP的实施和操作规则集中体现在《PPP项目申请准备指南》当中。该指南为加拿大PPP项目的申报者和本国PPP基金的申请者提供了一个完整、详实的指导性材料。在通常情况下，申请人会与加拿大PPP中心和专家顾问一起准备PPP项目申请材料，并交由加拿大PPP中心的董事会进行分析审查，董事会就该项目是否通过，或能否获得加拿大PPP基金的资助向财政部出具体建议。

《PPP项目申请准备指南》包括八个部分。第一部分：综述。简要介绍申请项目的基本情况；第二部分：项目描述和投资决定；第三部分：采购决定；第四部分：物有所值分析。此部分是该项目指南的核心，是对项目可行性的具体评估；第五部分：综合决定；第六部分：项目融资和可承担能力；第七部分：采购战略；第八部分：实施计划。从内容上看，第二至第八部分的内容结构基本相同，包括目的、信息来源和评审者意见三部分。第三至第六部分的主要内容是将PPP与传统的采购模式进行比较，并将“物有所值”的对比思想贯穿其中。

2. 加拿大PPP流程与政府采购

从流程上看，加拿大PPP项目的实施程序可分为项目准备阶段、项目招标阶段和项目执行阶段三大步骤。

在项目准备阶段，政府主要负责公共项目的土地征收、环境评价和公共反映等前期工作，并对审批上报的PPP方案进行评估。在充分考虑要素保障、环境保护和公共满意度的情况下，政府才会通过上报的PPP方案并同意进入后续招标环节。

对于进入招标环节的PPP项目，加拿大联邦、省市政府会将招标信息公布在其官方网站MERX上，向公众公开。此外，政府会组织专门的招标研讨会，对招标对象的申请材料进行逐一审核。研讨会通常严格保密，且进行多次。每次研讨会后，政府机构会要求申报者对项目方案进行必要的修改，然后再参与下一阶段的讨论。通过这一过程，可以实现政府采购方与投标供给方的磋商和沟通，在项目技术性和经济性上不断改进，进而形成一个具有竞争性和针对性的 PPP 项目供给市场。这也是 PPP 项目在招标过程中，允许公共部门与私人部门进行项目磋商的具体体现。这一过程并非对所有的申报项目都执行，在加拿大的绝大多数省份，招标采购方仅与招标评估前三名的方案提供商开展磋商和重点研讨。

针对不同的情景和适用情况，加拿大政府制定的采购方案如表 4－1 所示。

表 4－1　加拿大不同类型的采购方案及适用情况

采购方案	适用的情况
单一来源合同	1. 金额不超过 5 万加元； 2. 金额不超过 10 万加元，用于在计划、设计、准备或监理阶段采购所需的建筑设计、工程设计和其他服务
竞争性过程（仅限于受邀请的投标人）	1. 金额为 5 万～20 万加元； 2. 不符合唯一供应商采购合同的条件； 3. 采购通过采购办公室（procurement office）进行； 4. 所有受邀投标的供应商应是有诚意的，因为加拿大 PPP 中心相信，这些投标者中会有一家中标，能够响应采购方的需求； 5. 所有受邀投标的供应商在同一条件下得到同样的信息
竞争性合同（面向所有投标者）	1. 金额超过 20 万加元； 2. 采购通过采购办公室进行，采购文件由法律服务部审查
供应安排	1. 需求是重复性的； 2. 基于相似交易条件的需求量很大，足以抵消供应商安排的先期费用； 3. 是否采用供应商安排由加拿大 PPP 采购办公室和相关的副总裁做出决定； 4. 金额不限

资料来源：PPP Canada. September 2014. Procurement Policy，P. 4.

加拿大政府同样也基于物有所值原则对 PPP 项目进行评估，通常采用赋值比较法，即基于同一套指标体系和权重，由专家对 PPP 模式和传统模式进行比较打分。主要流程包括确定指标体系、对指标赋权、专家打分、综合专家书面意见、最终决策。在对 PPP 项目的筛选过程中，加拿大政府还设定了一些基本的刚性原则：例如，PPP 项目投资应达到一定规模水平；项目的技术路线和性能需要满足国家级的行业标准；项目供应商的产出规范性要达到行业领先；对于复杂程度高的项目需要出具详实的风险控制方案和成本转移计划。

3. 加拿大 PPP 操作规则的重点关注问题

虽然加拿大的 PPP 操作流程在总体上与英国的实操规则近似，但加拿大政府在 PPP 支付、政府保证、合同调整与修订、提前终止等方面进行了充分的本地化改革与对接，由此形成了加拿大 PPP 规则的独立特征。

在支付方式方面，加拿大绝大部分 PPP 项目采用可用性付费的方式，但支付模式除了按原有要求与 PPP 项目效益捆绑挂钩之外，也会在一定比例上根据实际的资金流需要来决定，即会在一定程度上夹杂传统按进度付费或完工付费的方式。同样，如果项目服务期间设施无法使用或达不到规定的绩效要求，则可用性付款会减少，但有时此部分比例较低。例如，在不列颠哥伦比亚省的地铁项目，只有 10% 的付款是取决于乘客量的。可以看出，加拿大 PPP 的支付模式一方面以基础设施的完整性和可用性为主要依据，强调项目达到合同所约定的既定产出；另一方面也会根据实际情况，保证私人部门的资金运转，偏重项目的劳动所得和工程回报。

除了支付方式中的这些特点以外，在政府担保方面，加拿大多数 PPP 项目的协议还会规定政府在某一付款期中可最多扣除付款的上限。这说明，即使私营部门提供的产品或服务没能达到规定的标准，政府的付款也是有较大程度保证的。可以看出，加拿大政府在使用 PPP 项目激励相容机制的基础上，也做了适当的灵活性调整。考虑了私人部门可能面临的资金压力和无法承担的风险，以此加大了对社会资本参与公共项目的吸引。政府采购部门也规定贷款方可以采取补救措施，确保其资金得到保护，允许贷款人在项目协议终止之前，纠正任何项目公司违约或可能导致违约的情况，进而给项目贷款人提供了挽救损失的机会。

在合同调整方面，预留调整机制，尽量保证在预算内调整，是加拿大 PPP 合同的另一个重要特点。加拿大 PPP 项目一经签署，除非政府行政命令其变更以外，项目合同一般很难调整和修改。因此，政府在 PPP 合同生成时，极力建议在合同中体现调整与修改合同的相关条款，以便为后续可能出现的合同修改提供合理性条件和机制通道。有研究资料表明，在阿尔伯塔省、不列颠哥伦比亚省、魁北克省和安大略省的 55 个 PPP 项目中，有 37 个项目采用修订程序进行了更改，而其中的 21 个项目实现了在预算范围内的调整变化，取得了良好的效果。

在提前终止协议方面，加拿大 PPP 标准合同中明确说明，政府采购部门可以基于下述情况，提前终止合同。一是便利性条件。即若出现政策变动，在条件足够的前提下可以提前终止项目；二是当项目公司出现了无法补救的违约行为，可以提前终止协议；三是发生不可抗力事件或善后处理该事件超过约定的期限。加拿大在提前终止项目条款中的一个重要特色是，若政府出现违约行为，如不付款等，双方也可以提前终止合同。在赔付方面，如果政府是因为政策变化终止协议，则需要赔偿项目公司遭受的任何损失。如果是项目公司违约导致合同中止，则政府会按当时项目的资产净值，扣减公共部门所遭受的损失和额外费用。

三、新加坡

自 2004 年新加坡正式引入 PPP 概念以来，当地政府一直将 PPP 作为政府采购的一种最佳方案。新加坡财政部表示，PPP 模式可以帮助新加坡政府实现“物有所值”，充分发挥私营企业的潜质，提供更专业的服务，帮助政府找到最优化的公共服务供给方式。

1. 新加坡 PPP 项目运行流程

新加坡 PPP 项目的典型流程可以分为以下五个阶段：包括项目的前期选择阶段、PPP 供应商的挑选（采购）阶段、项目建造施工阶段、项目后续交付服务或运营阶段、项目合同期满或者解除阶段。其中，项目的前期选择阶段与英国近似，此处不再赘述。

在 PPP 供应商的挑选（采购）阶段，政府根据相关的规章条款选择私人部门作为合作方，此阶段仍是整个 PPP 项目开发的核心。在该阶段，新加坡政府将同私人部门确定 PPP 项目的后续运行模式、风险分担机制、利益分配原则等关键性信息，并将协商成果集中体现在 PPP 的合作合同当中，PPP 合同的签署是该阶段完成的重要性标志。

新加坡 PPP 项目的建设施工阶段，指从 PPP 供应商开始施工建设到项目建成投产的这段期间。在该阶段，新加坡政府与相关采购实体之间是一种监督和管理的关系。政府的主要任务是监督 PPP 建设主体按时、保质保量地完成相关服务，监管内容包括建造计划、实地考察、确认阶段性完工时间、PPP 有关程序和达标履约等内容。

由于新加坡政府长期贯彻以市场为主体的思维模式和发展思路，因此，在 PPP 项目的推进中，政府非常重视市场机制的发挥和对私人部门市场权益的保护。如在 PPP 项目的施工过程中，新加坡政府明确规定公共部门应严格按照合同，在提前确定好的领域对施工部门进行监管，不能过多地干涉其他内容，给私营部门留出充分的空间。

在新加坡，交付服务阶段指 PPP 供应商根据合同约定收到第一笔服务费用起至合同期满后收到最后一笔服务费止的时间段。政府在此阶段将严格按照项目的实际绩效产出对私人部门进行支付。新加坡政府要求 PPP 供应商根据 PPP 合同的约定自行监测其绩效表现，并向政府采购部门提交月度绩效报告，并对外公开。为了确保交付和后续运营的顺利衔接，新加坡 PPP 合同要求，政府采购实体的管理团队除了定期对 PPP 供应商的表现进行审查外，还应该对后续可能参与相关工作的公职人员进行培训，并让他们协助监测 PPP 供应商的服务表现，以便为后续的服务交接做准备。

最后是合同期满和解除阶段。无论基于何种条件，在合同临近结束时，代表公共部门的采购方必须对 PPP 项目的综合效果进行评估，并将结果向新加坡财政部门进行汇报。除评估外，政府采购方在此阶段的工作要点是确保 PPP 供应商把项目的最终成果平稳地过渡到政府或其他服务部门，以此实现项目的顺利交接。PPP 项目合同期满并实现顺利交接，也标志着整个项目的完整结束。

新加坡政府在总结其 PPP 项目的成功经验时提出，制定正确、稳健、可持续的 PPP 合同，确保政府采购实体中主要管理人员尽早接触该项目，加强政府或相关团队参与的能力建设和培训，是保证 PPP 项目成功的关键。

2. 新加坡 PPP 的采购流程

2004 年 8 月，新加坡财政部发布《PPP 手册》第一版，开启了新加坡新一批的 PPP 项目。2012 年 3 月，新加坡结合近八年的 PPP 实践，对第一版手册进行了修改，并正式发布了新加坡《PPP 手册》第二版。第二版《PPP 手册》对如何构建 PPP 交易，管理 PPP 项目的采购程序，处理 PPP 多方主体之间的定位与关系进行了详细的说明，现已成为当前指导新加坡公共部门和私营部门合作的重要文件。

根据新加坡《PPP 手册》第二版的内容，新加坡 PPP 供应商的挑选和采购程序一般包括 7 个步骤：它们分别是市场调研与意向书邀请、投标方的资格预审、向筛选后的投标方征求方案（投标邀请）、市场反馈、发布最终的招标公告、投标截止、授予合同和融资完成。

第一步：市场调研与意向书邀请。意向书邀请标志着 PPP 供应商挑选过程的正式开始。政府采购实体将根据自身的需求进行市场测试和调查，并以整个供应市场为研究对象，对供应商群体进行审查。在此阶段，新加坡政府不会聚焦到具体的单个供应商或某一详尽的服务方案，而是以整个供应商市场为主。私营企业在此阶段均不需要做出任何形式的承诺，政府也不给出任何承诺。此时的关键任务仅在于确定市场对采购需求的真实反馈，若此阶段意向书的反馈不积极，证明 PPP 项目的供给条件不足，则政府采购实体应重新审阅并对 PPP 架构重新调整。意向书通知包括了意向书邀请的通知期限及其他重要信息，通常在发布以后不会再更改。

第二步：投标方的资格预审。对意向书邀请做出响应且提供所需信息的供应商将进入资格预审阶段，政府采购实体将根据自身的需要对这些供应商进行审核。这一阶段的关键是对有参与意向的供应商在技术和财务能力上进行评估。此阶段并不涉及对具体项目方案的考察，而只是对供应商的个体资质进行考察。为了确保考察的公平性和权威性，政府采购部门必须严格按照邀请意向书中设计的标准进行考核，不得随意改变评估标准，或对某一对象给出强制性的接受或拒绝的结论。在通常情况下，新加坡政府会组建一个评估委员会，用来评估申请者的技术和供应能力，并根据意向书中的评估标准对候选对象进行评估。

第三步：向筛选后的投标方征求方案（投标邀请）。在选择出目标供给方后，政府采购方才会将目标集中在方案的筛选上。新加坡政府采购实体通常会在投标邀请发出前，准备一份详尽的问题解答清单，每项解答均经过内部或法律顾问的审定，以此保障政府在随后的澄清阶段有明确的立场。任何政府机构之间的问题都应该在投标邀请发出前得到妥善解决。

随后将进入招标通知的发布阶段。招标通知通常包括的信息有：表明政府采购意愿的官方声明；中标 PPP 供应商与政府采购部门待签署的 PPP 合同草案；明确的标书提交时间表和程序；介入协议、转让函、投标保证金等涉及潜在投标方的有关文件和格式；PPP 项目意向书蓝本格式。

新加坡《PPP 手册》第二版明确提示，政府采购方可将 PPP 投标截止前的 4 ~6 个月作为投标准备期，并根据项目的复杂程度做出灵活调整，但总体原则是给私人部门留出宽松的项目准备时间。另外需要强调的是，新加坡政府在投标邀请文件中会尽量使用产出或结果导向型的绩效规格，而不会固定具体的产出形式。导向式的产出规格将激发社会资本的创新力和主观能动性，从而尽可能多地提供创新方案，在满足政府基本公共采购诉求的同时，实现更大的物有所值。

第四步：市场反馈期。在挑选 PPP 供应商的过程中，市场反馈是 PPP 项目能否执行的关键确认阶段。根据新加坡《PPP 手册》第二版的指导意见，市场反馈期应该至少为 3 个月。在市场反馈期内，政府采购方和预审合格的投标方之间需要进行实时的信息沟通与交换。重点包括投标方提出的问题和采购方需要进一步澄清的答复；预审合格方提出的意见或提议，以及满足政府采购实际需求的替代方案等。

第五步：发布最终的招标公告。在市场反馈期结束后，即可对最后的招标结果进行公告。通常情况下，招标通告一经发布便不允许修改，特别是在经历过市场反馈期和预审合格投标方的协商后，更不能随意变动。对于极特殊情况，政府可以通过发布增补文件的方式对投标邀请书进行补充说明。

第六步：投标截止。政府 PPP 项目采购的最终目标是挑选出最具保障能力的供应商和具备物有所值的项目方案。政府采购方必须使用投标邀请书中规定的评估模型和标准来评估投标方案，通过组建评估小组的形式进行评估，且要求不对任何投标存有偏见。若评审后，满足采购方案基本条件的主体个数过少，且无法构成竞争关系，政府需要决定是否开展后续修改程序或重新招标。

第七步：授予合同和完成融资。政府采购招标程序的结束标志是签署授予合同，这也是完成 PPP 项目的前期工作，并进入施工建设阶段的标志。PPP 合同是前期阶段的标志性产出，其内容需要包括政府和私人部门之间的风险分配关系；政府与私人合作方需要彼此履行的合同财务条款、明确且具有可量化评估的绩效标准、PPP 项目目标完成日期、可交付性条款、合同的解除选择权等。新加坡政府鼓励 PPP 供应商在合理期限内与银行、分包商等第三方签署协议文本，并给予 PPP 供应商 3 个月的时间，完成所需的项目融资。

3. 新加坡 PPP 操作规制关注的重要问题

结合新加坡《PPP 手册》中的重点说明，可对新加坡 PPP 操作规则的一些重要特点进行总结和梳理：

首先，对于新加坡 PPP 项目合作伙伴关系的选择。与传统的政府采购模式不同，PPP 模式为公共部门和私营部门之间建立了更长期的合作关系，并让两者在平等互利的原则上分担责任与风险。因此，新加坡 PPP 项目在合作伙伴选择和挑选方式上会强调以下因素：一是构建一个综合多元的项目采购团队。新加坡的项目采购团队通常包括政府财务部门、政策制定部门以及建筑物开发方和物业管理方等服务部门代表；二是新加坡政府要求 PPP 采购过程需严格依据政府采购条例执行，确保对所有潜在的供应商都具有公平性和平等性，不可出现歧视和偏见；三是挑选 PPP 供应商的流程应该致力于将公共部门和私营部门的成本和风险都降到最低，并促进强有力的竞争以实现物有所值，即以高效流程为导向。

其次，对于 PPP 项目合同关系的管理问题。如果政府采购实体不能很好地管理 PPP 合同和项目执行，将极易导致 PPP 项目的失败。通过多年的实践总结，新加坡政府归纳了以下 PPP 项目失败的主要原因：PPP 供应商的控制权过大，且做出错误的决策，导致公共部门利益受损；新的商业程序无法契合实际需求，导致项目失败；合同的起草过于拙劣；分配给合同管理部门的资源不足，导致管理能力低下；政府采购实体团队和 PPP 供应团队在技能或经验方面不相匹配等。

为了防止以上问题的产生，新加坡政府在 PPP 操作规则中特意强调以下方面，以强化对 PPP 合同的管理。例如，确保管理人员的专业性，保障专业人员可以在 PPP 项目设计初期就参与进来；充分保障 PPP 合同的灵活性，并加强有鞭策作用的绩效监管；建立标准监管系统、质量管理系统，定期进行现场随机抽查，确保可靠、准确、全面地测量和汇报 PPP 供应商的绩效表现。此外，新加坡政府鼓励 PPP 项目建立联合体形态的特殊目的公司（SPV），将工程承包商、资产管理公司、服务运营公司等专业和人员纳入其中。

新加坡 PPP 在付费机制、风险分担和产出导向方面不同于英法等主流的 PPP 做法，且具有其自身的特征。

首先，付费机制。新加坡 PPP 的付费机制具有两个重要特点：一是根据公共机构的特定需要，按照具体项目特征和使用者的性质单独制定；二是偏向整套服务的完整性付费，而不是分开组合性付费。例如，学生宿舍 PPP 项目中，只要宿舍设施不能使用，就不应给予费用，即使洗衣服务等配套设施已经可以使用。此外，新加坡 PPP 项目更加重视激励相容机制，公共部门在私人部门提供合格的服务后才支付费用，政府一般不会给私营企业在项目建造阶段进行付款，这一点与加拿大政府的做法明显不同。

其次，风险分担机制。在这一方面，新加坡政府的主张与英法为代表的 PPP 风险分配原则不同。财政收入相对丰沛的新加坡政府不太主张 PPP 项目由企业融资，而更倾向于由政府承担更高的融资成本，进而更加偏重社会资本的专业性和高效率。此外，新加坡政府还会重点预防 PPP 项目中可能埋藏的隐性成本或潜在陷阱，包括避免更高的私营融资成本；规避缺乏弹性且相对固化的长期合同；谨防私人供应商投资失败进而导致服务中断等。在必要时，公共机构和私营供应商可以对交付方式或服务要求进行协议变更，以保证项目的灵活性。

最后，对项目绩效的导向型引导。如前文所述，新加坡政府在 PPP 项目中确定的绩效产出以导向型为主，而非具体的产出形式。这一举措有利于鼓励私营部门在 PPP 项目中实现创新。新加坡政府偏好具有一定规模效益和辐射效益的 PPP 项目，以此实现规模管理和规模经济，并特别看重 PPP 项目对地区发展的带动效能，强调 PPP 项目与现有规划甚至其他 PPP

项目之间的衔接性与自恰性。

第二节 发展中国家与新兴市场经济体的 PPP 操作规则

作为全球 PPP 发展的第二梯队，发展中国家和新兴市场国家积极效仿并追赶发达国家在 PPP 治理和操作流程上的经验，同时也结合本国的基本国情进行 PPP 项目的本土化改革和应用。从总体上讲，如本书第三章所述，主要发展中国家和新兴市场经济体，以英美等国的 PPP 操作规则为基础，部分沿袭，部分创新，形成了不尽相同的监管重点和措施；南美洲国家的 PPP 与本国的私有化进程紧密关联，公共部门与私人部门融合程度较低。结合现有的文献，本节将重点针对发展中国家的印度、新兴市场经济体代表的墨西哥、巴西、智利等国的 PPP 操作规则进行分析和比较。

一、印度

作为曾经的英联邦属地，印度 PPP 的萌芽与发展深受英国的影响。具体而言，印度采用了以英美为代表的普通法体系治理框架，在对 PPP 的治理中依靠一系列 PFI/PF2 规范性文件进行规制和引导。

1. 印度 PPP 项目的形成流程

2011 年，为了进一步明确印度 PPP 的操作规范，印度财政部经济事务司下属的 PPP 与基建发展处制定并发布了《中央部门 PPP 项目形成、评估与批准指引》（Guideline for Formulation, Appraisal and Approval of Central Sector Public Private Partnership Project），文件对印度 PPP 项目的分类和开展 PPP 项目的一般流程进行了确认。该文件成为印度在国家层面的 PPP 操作统一指南。

如前文所述，《中央部门 PPP 项目形成、评估与批准指引》根据项目总金额规模和是否为高速公路项目把 PPP 项目分为三类：第一类是项目金额不少于 25 亿卢比的非高速公路项目或者项目金额不少于 50 亿卢比的高速公路项目；第二类是项目金额介于10亿~25亿卢比的非高速公路项目或者项目金额介于25亿~50亿卢比的高速公路项目；第三类是项目金额少于10亿卢比的项目。文件对不同类型的PPP项目均设定了项目形成、评估和批准的流程。总体上讲，几类PPP项目的流程框架基本相同，但在不同的标准和程度上有所差异。以下我们以管理要求最为严格的第一类项目为例，阐释印度PPP项目形成、评估与批准的一般流程和操作规则。

与发达国家的PPP项目近似，印度PPP项目在流程上同样包括项目识别、初步审核、招标程序与投标意向表达、拟定合同书、项目执行与验收几个主要环节。

项目识别主要由印度公私合作评估委员会（Public-Private Partnership Appraisal Committee，PPPAC）的项目资助司牵头并负责完成。项目资助司将对照本国基础设施建设的实际需求，和本国PPP社会资本的供应水平，识别可行的PPP项目。这一阶段的主要产出是初步筛选出满足国家经济社会需要的PPP基础设施项目，并按照PPP项目物有所值的原则，进行项目的可行性研究。

在项目的初始审核中，印度PPP的管理部门十分注重项目在政府部际间的协商机制，与部际联动。项目的可行性研究虽由资助司牵头负责，但会在法务、金融和技术等部门的协助下共同完成，并草拟项目的协议初稿，最终向PPPAC进行项目推荐。在项目提交前，主管部门可以将PPP项目方案与特许经营协议交由部际协商，协商的结果或者建议将作为正文或者附文添加到最终的项目建设意见中。印度的PPP项目通常会跨越多个领域，需要多个部门的专业性支持，政府部际间的协调机制有利于项目在形成初期广泛听取意见，增加项目的可行性。通常来说，印度PPPAC一般会要求主管部门和资助司负责项目的协商和部际协调。

PPP项目主管部门在向PPPAC提交项目时，需要以纸质或电子形式向PPPAC秘书处提交材料。根据《中央部门PPP项目形成、评估与批准指引》要求，材料主要包括《提请初步审核备忘录》（Project Feasibility Analysis Report）、《项目可行性分析报告》（Memorandum for PPP Appraisal Committee）以及其他包含项目主要特点的说明材料和项目协议初稿。

《中央部门PPP项目形成、评估与批准指引》对《提请初步审核备忘录》的格式进行了明确规定，包括九章内容，分别为：一般情况、项目简介、融资安排、内部收益分析、行政许可、政府支持、特许经营协议、筛选规则以及其他。PPPAC 秘书处会将主管部门提交的所有材料传阅至所有的 PPPAC 委员以及行业专家，在材料提交后的三周内，PPPAC 会对所提交的项目材料进行预审核。

通过 PPPAC 的项目预审后，PPP 项目主管部门会按照项目策划书中的筛选规则，邀请潜在招标对象进一步表达参与投标的意向，即进入投标程序和投标意向的表达阶段。在此阶段，项目主管部门会依照资格申请文件对潜在的招标对象进行资质预审。2007 年，印度财政部颁布了《PPP：资格申请范本》（Public Private Partnership：Request for Qualification Model Document）。2009 年和 2014 年印度财政部对该范本进行了两次修改。此文件对印度 PPP 的招标工作进行了详细的说明和要求，以确保规范、公正透明的项目招标。

需要说明的是，印度 PPP 项目的合同文本会根据不同行业的属性特征进行调整，不同行业的 PPP 文本范式也不尽相同，以此可以突出行业的异质性，这也成为印度在 PPP 具体操作中的一大特色。在具体操作上，印度政府为不同行业的 PPP 合同提供了基本的框架性模板，并预留了补充行业特征的空间。各行业主管部门牵头负责在总体合同框架上进行专业性补充和规定，以突出行业的专业性。

在项目单位准备好相关材料后，将交由 PPPAC 进入正式批准阶段。PPPAC 秘书处将搜集到的相关材料报呈 PPPAC 委员会，委员会会在三周时间内对项目进行正式审核，并出具综合的审核意见，最终将意见交由印度公共投资委员会批准。

2. 印度 PPP 项目的招标流程与审核

《通用财务法则 2017》（General Financial Rule，简称为“GFR”，2017）是印度现行的政府采购适用法律，该法案的第六章对政府采购商品及服务进行了详细规定，与 PPP 相关的招标与采购规定在其中也有体现。

印度 PPP 项目的整体招标流程分为以下三步：

第一步为资格申请。通过 PPPAC 的项目预审后，印度 PPP 项目主管部门会邀请潜在的投标对象对项目的参与意向进行表达。项目主管单位需要严格依照资格申请的特定形式，对意向者进行资质预审和初筛。如前文所述，印度财政部为资格申请颁布了《PPP：资格申请范本》（Public Private Partnership：Request for Qualification Model Document）。范本包括声明、术语解释、招标邀请等三部分内容。其中，招标邀请涵盖招标背景、招标流程、招标时间进度、资质审核和审核标准等内容。这一步的主要目标是依照技术实力和财务实力两项标准，对初步符合参标条件且有意向投标的机构进行筛选，然后挑选出能够胜任招标项目的机构，缩小参与最终投标机构的范围。

第二步是项目策划书的征求阶段。印度 PPP 的招标过程会在参标机构报价之前进行统一的项目策划书征集和审定。印度财政部在发布《PPP：资格申请范本》的同时，也于 2007 年发布了《PPP：项目策划书征求范本》，并同样经历了 2009 年和 2014 年两次修订。《PPP：项目策划书征求范本》的内容包括资格审查的通过通知；向申请机构正式发出的策划书和邀请信；对策划书征求范本法律性质及其注意事项的声明；对文件中术语的解释和定义；对招标背景、招标流程、招标时间进度安排；申请信、商业银行保证金担保函、授权委托书等附件内容。印度 PPP 项目主管部门会邀请专家和政府需求方对项目方案进行研判和评估。

第三步即为评标环节。在这一环节，通过初步筛选后的参标机构会正式提交标书，并带有报价。招标采购方会同有关专家，对标书进行最终的审定和评估选择。由于在前两步骤中分别对参标方的资格和方案进行了评审，第三步评标的主要标准即为最优成本等经济指标。从中也可以看出，印度 PPP 在评标过程中是将参标机构的专业性和资历等信息，与经济因素分步评比。这一做法类似于英国政府在评标前对竞标机构的资格审查。

3. 印度 PPP 操作规则的鲜明特征

从印度对 PPP 项目管理的规则看，印度 PPP 的项目操作具有一些鲜明的特征，值得进一步总结和探讨。

第一，印度对 PPP 项目的分类和管理突出了行业的特点。如前文所述，在合同范本上，印度政府对 PPP 项目不仅会提供一份通识性的一般条款范本，还会和行业协会合作制定各行业 PPP 的专属合同范本，由此使得

PPP 项目在行业大类上得到异质性区分，这无疑是印度 PPP 的重要特点。在分类上也可以看出，印度政府将交通类 PPP 与非交通类 PPP 分开管理。这一方面是由于印度主要的 PPP 项目仍然集中在交通领域，因此有必要单独处理；另一方面在管理机构安排上，交通类 PPP 项目是由印度国家高速公路局单独管理，并有其独立的分类体系。一般印度交通类 PPP 项目也分为四类：分别为金额大于 10 亿卢布的交通类项目，金额小于 10 亿卢布的交通类项目，年度基础公路项目和高速公路改造项目。印度高速公路类特许经营项目的标准化合同内容如下（见表 4－2）。

表 4－2　　印度高速公路特许经营标准合同文本的主要内容

章节	内容	章节	内容
一、引言	定义和解释	五、融资安排	融资到位
	项目范围		政府补贴
二、特许经营权授予	特许经营权的授予		收入补足贷款
	前提条件		监管账户
	履约担保		政府支持条款
	付费机制		保险
	特许经营费		会计与审计
	排他性条款	六、不可抗力	不可抗力
三、合同方义务	特许经营权获得者的义务	七、合同中止与终止	重大违约与合同中止
	NHAI 的义务		违约赔偿
	陈述与保证		合同终止
	免责申明		权利与受益终止
四、项目建造与运营	项目用地	八、其他	缺陷责任
	项目建造的监督		合同转让
	项目完工		法律变更与使用
	项目测试		责任与赔偿
	项目变更		项目用地权益
	项目运营与维护		争议解决
	项目运营的监管		信息披露
	第三方监理		公众监督
	交通抽查		商业广告，其他

资料来源：印度高速公路领域标准特许经营合同，www. Nhai. org. 袁璨，朱丽军. 全球化视野下的 PPP［M］. 北京：中国法制出版社，2018.

第二，印度PPP合同具有专属性，且有一定的自由度。印度PPP合同体系相对独立，这与其他国家PPP实施过程中将特许经营合同与一般建造类合同混合的做法形成了鲜明对比。在内容上，印度的PPP合同主要围绕政府监督内容展开，并不会对具体的建造运营方做出限制。这一点与新加坡的做法比较接近，即强调私人部门的充分创造性。例如，印度会明确PPP项目的考核标准，关注项目的最终绩效，并给予社会资本充分的经营管理空间，以此发挥私人部门的自主权和灵活性。

第三，在项目的风险分担、保障和奖惩方面，印度政府可以为PPP项目公司提供直接的财务支持。例如，政府对项目公司的补贴主要采取投资入股的方式。投资入股的补贴形式不仅直接给予了项目公司资金支持，同时也降低了资金被社会资本方抽离另作它用的风险。当项目公司遭遇政治性不可抗力时，项目公司有权向政府方申请低息贷款，这为项目公司提供了抵御政治不可抗力的重要保障。以印度高速公路类PPP项目为例，在此类特许经营合同文本的陈述中，社会资本应向政府方汇报对市场的预判，并明确其承担的责任，即由于市场原因所造成的商业风险，将由社会资本自担。

第四，对特殊项目的充分灵活性。印度的PPP项目在特定情况下可以进入豁免情形或进入简便申报审批程序。印度国防部、原子能部、空间发展部所主管的PPP项目，即使金额超过25亿卢比，也可以进入豁免审批程序。对于项目金额低于25亿卢比的非高速公路项目或项目金额不少于50亿卢比的高速公路项目，《中央部门PPP项目形成、评估与批准指引》规定可以简化审批流程，申请层级更低。

二、墨西哥

作为新兴市场经济体，特别是拉丁美洲各国中使用PPP模式最多的国家之一——墨西哥在PPP模式的探索和管理经验上同样积累了大量的经验。在PPP模式的支撑下，近年来，墨西哥基础设施项目发展迅猛，公路、机场、港口、铁路、发电、医院，学校，监狱等交通、能源和公共服务领域均有大量的PPP项目涌现。

与其他国家的 PPP 项目规则和分类管理不同，墨西哥根据项目对象的性质和具体运作模式的不同，把 PPP 项目按大类分为了四种基本范式，并对其进行相应的规则设定。四种基本范式分别为长期生产性基础设施项目模式、服务提供计划、特许经营业务和资产利用计划。

1. 长期生产性基础设施项目模式

长期生产性基础设施项目主要用于能源类基础设施领域，项目具有明显的经济效益，且前期固定资产投入巨大。自 1998 年起，墨西哥国家石油公司和联邦电力委员会共同基于 PPP 模式开发能源类项目。墨西哥法律规定，只有当出售基础设施资产及其产出所获收益足以覆盖其前期承担的财务负债时，此项目才可采用长期生产性基础设施模式进行项目融资。

政府或公共部门通常将此类项目的工程施工和后续服务直接委托给私营部门，由私人公司代表公共部门进行投资和管理。私人公司负责自行融资，并覆盖该项目建设期内的所有工程造价成本。在项目建设完工后，私人部门将项目交给公共部门，通常为墨西哥国家石油公司和联邦电力委员会。公共部门用该项目产生的收入，支付私人部门的前期投入，当满足私营部门成本和必要的利润率时，政府公共部门将直接购买该生产性资产。有时，公共部门也会承诺只要项目所带来的产品和服务满足相应的技术规范要求，政府将在合同期内向相应的私人部门直接购买该项目。

长期生产性基础设施项目模式的运行方式即私营部门负责项目前期的融资建设，并形成相应的固定资产；政府对项目的回收和私人部门的收入提供一定的担保。墨西哥国家石油公司和联邦电力委员会通常作为担保人代表政府部门对项目进行担保，配合私人部门的融资信贷。由于政府对项目回购进行承诺，所以，此类项目的风险主要由政府承担。

2. 服务提供计划

服务提供计划是一种长期服务的合作模式。在该合作模式下，私营部门为墨西哥联邦公共管理机构或实体提供包括基础设施融资、设计、建设、运营、维护在内的“一揽子”服务，而后政府再利用该基础设施开展公共服务。当前，墨西哥的服务提供计划类 PPP 项目主要用于医院、学校、免费公路等领域，由墨西哥交通通讯部、卫生部、教育部等部门与私营企业合作。

服务提供计划同样通过公开招标的方式开展，私营企业在设计、融资、建造后，对该项目定期提供服务，政府为此发放经费，合同一般规定私营部门对项目的经营权为15～30年。

服务提供计划受墨西哥《采购法》《预算法》和相关法规的约束。对于交通类PPP项目，服务提供计划的招标环境还受到当地《道路法》的约束。服务提供计划的立项须由各地政府向中央预算司递交项目授权申请，随后该司征求相关部门意见对项目进行审核。

服务提供计划对私人服务方的选择和项目产出具有明确的要求，通常包括：公共部门和服务方应签订长期服务合同；项目对区域发展具有显著的社会和经济影响；私人部门在专业性和融资能力上具有足够的保障。服务提供计划会对投资方的资质进行评估，重点评估其在专业技术上的水平和资金融通实力。

政府根据合同要求的绩效产出对项目进行评估，并以此为依据进行支付，支付的标准则由政府制定。就风险而言，政府对法律法规变动所带来的风险负责，私营部门承担建设、融资、损耗等方面的风险；对于由不可抗力，包括通货膨胀等造成的风险，则由双方共同承担；服务提供计划的一个特殊之处是，私人中标者可以对政府提供的执行方案进行重新修改。

3. 资产利用计划

资产利用计划重点针对交通类项目。该计划是墨西哥前总统菲利普·卡尔德隆在其"2007—2012年35项基建计划"中提出的意向。

资产利用计划的具体操作方式包括以下几个步骤：首先，墨西哥交通通讯部和财政部会从墨西哥现有的特许经营高速公路中抽离部分道路资产；随后，将抽离的道路资产与准备修建的高速公路项目进行配对和整合；整合后，将利用原有收费高速公路收入，资助新修建的项目；最后，通过公开招标的方式将其转给私营部门。

通过资产利用计划，墨西哥将原有的高速公路资产重新激活，并以此为抵押和收入来源支持新项目的开发和融资。对于被打包的原有公路资产，由于已有较长的使用时间，所以车流量稳定，可以准确地计算出该部分资产的收益水平。因此，对私人企业来说资产利用计划，具有较强的吸引力和较高的投资价值。在此类模式下，中标的特许经营方负责筹措资金，其融资来自于商业银行贷款，也可申请国家公共服务事业和工程银行或国家基础设施基金的资金支持。

该项计划的市场反应良好，现已成为墨西哥政府新建高速公路的重要融资模式。资产利用计划加快了该国高速公路的建设，提高原有高速公路的资产利用效率，充分挖掘借用了已有公路的资产价值。

4. 特许经营项目

墨西哥的特许经营项目主要由该国交通通讯部和国家公共服务事业与工程银行负责规划设计，重点适用于私营部门参与的收费公路类项目。

由于墨西哥绝大多数收费公路很难在短时间内取得盈利，因此，这类项目通常混合了私营企业、银行信贷、政府等主体作为联合融资方，这也是墨西哥特许经营项目的重要特征。各类主体参与的资金比例，将根据不同项目的特点而决定，不做统一规定。联合融资方案的优势是不仅充分考虑到私人投资者的财务可行性和资金实力，还大幅降低了政府对项目的救助风险，在保障私人资本取得合理回报率的同时，也确保了公共资源得到有效保障。因此，十分值得学习和借鉴。

在对特许经营的管理上，项目同样通过公开招标的形式授予私人部门特许经营权。项目招标文件会对参与投标方的资质、能力、经验、技术、金融融资方案等提出一系列的要求。

根据《墨西哥联邦道路交通、港口法》的规定，墨西哥对特许经营项目的招标分为两个阶段。第一阶段是对投资者的资历进行评估。在这一过程中，墨西哥政府相关部门会对所有投标者的建造资历和经验进行审查，并建立较高的资质门槛。例如，墨西哥政府要求投标者至少拥有建造或改造 1 000 公里以上 A2 等级路段的经验，或其他 10 项设施的经验；在运营管理方面，要求投标者在近 15 年里至少具备 3 年的收费公路和桥梁的运营管理经验；第二阶段是对项目投资者的资金实力进行评估，即在资金偿付能力方面，要求投标者在近两年内均通过国家财政部门的审计和检查。

墨西哥政府要求项目招标的评估应遵循两个基本原则：一是申请方的基本资质满足招标文件要求；二是强调经济最优，即使用政府资金最少的投标方案中标，或同等条件下自筹资金最多的一方优先。倘若项目的社会效益高于经济效益，且私人投资的预期回报较低，则政府可根据项目规模提供一定比例的初始资金，并承诺在必要情况下进行配合融资。为了避免出现竞标价格过低的情况，墨西哥通讯交通部要求投标者必须按照国际市场价格制定相关的工程预算，并在标书中证明企业有能力对此资金进行融通和偿付。

三、智利

20 世纪末，智利经济的强劲增长带来了基础设施建设的重大需求，也带来了在公路、高速、机场等领域的公共财政赤字。在这一背景下，公共工程部门被迫通过特许经营机制引入私人资本。智利 PPP 在其他国家现存经验和做法的基础上，也形成了自己的特点，并在发展中不断纠偏和完善。

1. 智利 PPP 的主要流程

BOT 是智利政府推行 PPP 的主要方式。项目的发起方可以是公共部门的政府，也可以是私营部门的企业，但智利 PPP 项目的重要特征是公共项目的设计必须由公共工程部负责，随后通过招标的方式选择私人部门参与建设或运营。

在项目招标开始之前，智利政府同其他国家一样，需要对参加招投标的意向者进行预审，此项工作由公共工程部召集完成，以选取少数的供应者进入后续的合作候选。预审后，智利公共工程部将在官方日报上公布相关的招标信息，以此作为官方的正式确认方式。政府在发布招标信息以后，会留出特定的时间为投标者提供咨询，并详尽地解答私人部门咨询的疑问，在招标公告中逐一澄清。

经过预审的私人部门需根据要求提交标书。招标机制包括两个步骤：第一步是评估投标的技术可行性，公共工程部将对私人部门的技术方案给出明确的打分；第二步是评估投标人的财务能力，即私人部门是否具有财务可行性。通常情况下，收费标准、收入现值、项目成本等财务方面的数据将作为财务可行性的主要考虑标准。

智利 PPP 的一个重要特点是，PPP 项目的审批和决定必须由公共工程部和财政部两部委共同签署。从招标文件的准备工作开始，财政部将开始介入，工作内容包括预审和审议批准。中标人确定后，特许经营合同由公共工程部部长、财政部部长和智利共和国总统共同签署，并在官方日报中公布，智利共和国总审计长负责监督合同的履行。

2. 智利 PPP 的主要特点

智利在上述 PPP 招标和组织工作上，表现出一些重要而鲜明的特征。例如，由于多数修建公路没有可替代的备选或临时道路可用，智利公路特许经营项目的主要内容是在原有道路基础上进行修缮。相对来说，这种方式成本更低，同时也意味着向使用者征收的费用更少。再比如，公路特许经营项目将允许投标人根据自身需要改变工程方案，并享有自由决定权。但需要明确的是，智利特许经营项目的所有权在任何时候都属于国家。

在收费标准上，智利 PPP 公路项目规定收费标准可以根据消费者物价指数进行调节。此外，为了保障对道路安全性的投入，政府允许私人部门将收费标准每年提高 5%。上述措施有利于调动私营企业的积极性，同时也能极大限度地降低事故率，确保道路的及时维护。道路的安全性是项目社会效益的重要方面，这也将帮助 PPP 项目获得更多的社会支持。

在项目收益机制的设计方面，智利 PPP 项目为私人部门设计了最低收入限制保障机制，以此保证私人投资者在项目中的收益。在计算预期最低总收入时，智利 PPP 项目会对折现率进行必要的选择和论证，并允许私人部门在固定折现率和浮动折现率之间做自由选择。同时，政府会适当延长私营部门对项目的特许经营期限，以保证私营部门达到基本的预期收入。

除最低收入现值保障机制外，智利 PPP 项目还推出了收入再分配机制。其核心思路是，在出现因不可抗力而导致的项目延期后，政府将保证私营部门在扣除运维成本后的净收入水平，即特许经营商不再承担因成本追加而产生的额外风险。

最低收入现值招标体系和收入再分配机制是智利政府保证私营部门在PPP项目中的基本收益，降低私人风险的重要措施，对于鼓励社会资本参与公共事务的投资和运行具有重要的作用，十分值得学习借鉴。

四、哥伦比亚

20世纪90年代末，作为相对成熟的市场经济国家，哥伦比亚政府在公共基础设施领域中较早地摒弃了由政府单边主导的投资模式，借助社会资本力量参与本国的基础设施兴建和运维，并通过各类经济政策和制度保障给予支持。

1. PPP项目管理

哥伦比亚的PPP项目通常由国家基础设施局（简称ANI）组织发起，但也有少数项目由私人部门发起。在项目类型上，哥伦比亚PPP项目同样以交通特许经营类PPP项目为主，并经历了以下几个主要时期的发展。

哥伦比亚早期的特许经营类PPP项目始于1992年，项目内容主要为11个道路工程，初期投资9.58亿美元，由国家政治经济和社会委员会负责。在这些项目中，绝大多数项目没有走招标程序，而是通过直接指派的方式选择私人企业。由于当时哥伦比亚政府希望尽快将工程项目提上日程并开工建设，因此，有些项目的公路土地还没来得及收购或获得环保许可就开始动工，政府管理部门也没有对中标企业的财务情况进行评估。这些隐患导致一些项目在后续出现了严重的融资障碍，造成哥伦比亚第一代PPP出现了大量的工期延误、建设费用超支和合同再谈判等问题。PPP项目费用比合同预算普遍高出40%，而以交通流量为代表的项目产出比预期低了40%。

吸取第一批项目的教训，哥伦比亚政府于1997年开始了第二批项目，项目内容是总长为1041公里的公路建设。为了避免出现类似第一批项目的错误，第二批项目在招标前就对交通、工程、地质、环保等问题进行了充分的研究，同时对申请竞标者的资历进行了评估和深入了解。特别重要的是，在项目合同中，哥伦比亚政府提供了收入保障机制、汇率保障机制和不可抗力保障机制等措施，用以应对债务风险、收入风险、汇率变动和不可抗力等风险。其中收入保障机制是对私人企业提供债务服务，以确保在项目运维方面的资金流定性；汇率保障用以抵消用美元结算的汇率风险；不可抗力保障是对出现例如地质风险后，政府提供保险担保的措施。

此外，第二批项目还设计了预期收入与合同期满挂钩的机制，即当许可方达到预期收入时，合同期限自动期满，而不是在此前设定固定合同期。这一机制与智利使用的最少收入保障机制比较类似。

在这些措施的基础上，哥伦比亚第二批的 PPP 项目取得了巨大成功。此后，从 2001 年至 2004 年，哥伦比亚开始启动第三批的 PPP 项目。第三批的 PPP 项目是四个道路建设项目，总长为 930 公里。这一时期，政府对项目的风险分担机制、项目研究、土地与环境等方面的要求进一步加强，但在招标体系上却进行了简化，只使用预期收入作为评估指标。

第三批 PPP 项目之后，政府制定出台了一系列规范 PPP 项目运作的法律和制度，以保证为 PPP 项目提供稳定、可持续发展的制度环境。2005 年，哥伦比亚议会通过了第 963 号法律，旨在稳定哥伦比亚的私人投资环境；2007 年，通过了第 1150 号法，其中进一步明确了关于公共合同的招标流程及规则；2012 年，通过了第 1508 号法律，即《公私合作法》，简称 PPP 法。

2. PPP 项目运作流程

根据项目发起主体的不同，哥伦比亚 PPP 项目的运作流程分为政府部门发起和私人部门发起的两类，两者的运作流程和规则有所不同。

由公共部门提出动议发起的项目，通常由政府部门规划研究，并明确规定政府部门需要投入 30% 左右的公共资金用于项目投资建设，并通过公开招标的方式寻找私人合作方，这一招标过程将按照企业资质和预期收入的评估指标选择最佳方案和报价组合。

对于由私人企业提出动议的项目，需要由 PPP 专家组在 3 个月内对方案可行性进行预评估，经过可行性预评估的项目，再由政府主管部门在 6 个月内进行正式评估。若两次评估均顺利通过，政府机构将与项目动议方签署立项协议。

此后，根据项目是否需要公共部门的资金介入采用不同的项目程序。对于需要公共部门投入的项目，一般公共部门投入也不会超过20%，此类项目将进行公开招标；对于不要求公共部门投入资金的项目，则对项目可行性研究和相应的合同草案进行公示，公示期不超过6个月，待有第三方提出更具竞争力的报价，则开启竞标和筛选程序；若未有竞争者参与报价，则另给出10天的优化方案期，等待方案修改后，再进一步公示。若6个月内仍无第三方报价，项目初期的倡议方则可直接获得此项目。

五、其他发展中国家或新兴市场经济体

在其他发展中国家或新兴市场经济体国家中，也有一些PPP的实践规则和做法值得学习和研究。

例如，埃及、菲律宾、南非等国在资格预审时，可以限制竞争者的数量，进而提高竞争的成功率。有的项目则通过资格候审的方式执行，即为投标者设定一个最低标准，凡是通过这一标准的投标者均可以进入审核阶段，并给投标者更多修改和调整的机会，以此促进最优方案的形成。对于PPP刚刚起步的国家，由于私人部门竞争者数量相对不足，这种资格候审的方式通常被这些国家所采用。

在阿根廷，针对交通类PPP项目，政府首次确立了道路服务水平衡量标准。通过这一标准，可以将道路修建和日常维护分为不同等级，同时，对达不到标准的特许经营方进行罚款。其中考虑的因素包括收取过路费前的初始工程投资、后续工程投资总额、特许经营开始三年后路面加固投资额、修复工程投资额、公路配套服务投资和日常维护计划等。此外，阿根廷特许经营项目会在合同开始后的几年中安排两次谈判，第一次是为了缓解通货膨胀造成的影响，调节价格水平；第二次是为了调整政府对项目的额外投资。在交付方式上，阿根廷的交通类PPP项目规定，可以根据每个路段的预期收益选择不同的方式支付，如按月支付政府租金、不受载重限制等。

巴西特许经营PPP项目明确提出不论是否包含建设新工程，所有特许经营项目均采用竞标制，并通过标准化合同进行规范。招标程序由政府授

权人执行，评估标准包括收费标准最低、在经济条件同等情况下技术标准最优、收费标准低与技术标准高二者结合最优等。如果 PPP 项目涉及技术评判，则应标明参考的各类标准。巴西 PPP 的重要特点是，项目的所有收入来源仅靠用户的使用者付费，而罕有政府付费。有些项目在招标说明中甚至明确提出，任何涉及政府补贴申请的企业都会失去竞标资格。对于收费的 PPP 项目而言，巴西法律明确规定，如果因税率变化造成对私人部门的负面影响，私人许可方可以通过调整收费价格的方式，维持原有的收入水平。

秘鲁的 PPP 项目也处在发展阶段。秘鲁的特许经营法规规定，公共项目的特许经营业务包括建造、修缮、运营和维护；领域包括交通、环境卫生、能源、健康、教育、电信和旅游等。特许经营权可由中央政府、区政府或市政府授予，并同样通过公开招标的形式选择私人合作伙伴。秘鲁的 PPP 项目对期限进行了明确的规定，在任何情况下，特许经营项目的期限均不得超过 60 年。在风险转移方面，秘鲁最显著的特点是公共部门承担项目的主要风险，特别是在交通类特许经营项目中。比如在南美洲区域的基础设施一体化项目中，政府承担该 PPP 项目较大程度的费用成本和保证金；在跨洋公路的 PPP 项目中，由于政府急于开展项目，政府甚至直接承担项目的工程类风险。

第三节 中国 PPP 项目实施与操作规则

PPP 项目的实施与操作直接决定了其执行效果和初期目标的实现，是 PPP 制度设计的关键。对于 PPP 项目的实际工作者而言，PPP 从前期设计到后期执行，均需要执行一套完整而系统的操作流程。近年来，财政部等相关部门通过出台多项文件，努力规范中国 PPP 项目的操作规则，为国内 PPP 市场的制度建设发挥了重要作用。

一、PPP 项目实施的基本流程

根据财政部 2014 年发布的《政府和社会资本合作模式操作指南（试

行)》(以下简称“《操作指南》”)中的规定，中国PPP项目的基本流程可以初步分为PPP项目识别、项目准备、项目采购、项目执行、项目移交五个阶段。

1. 项目识别

PPP项目的识别是指公共部门在项目启动前期，对项目是否具备PPP模式应用的必要性进行可行性评估。中国PPP项目的发起方式同样包括政府发起和社会发起两种。中国财政部发布的《操作指南》第6条明确规定：政府和社会资本合作项目由政府或社会资本发起，其中以政府发起为主，社会资本发起为辅。政府发起是由财政部门向各行业主管部门征集潜在的政府和社会资本合作的项目；社会发起是社会资本以项目建议书的方式向财政部门推荐潜在PPP项目。

对于两种不同来源的PPP项目，其识别过程是统一按照评估筛选、确定项目备选、制定项目开发计划、提交详细材料、开展定量评估、进行财政承受能力分析和统一评估模型等流程进行的。财政部门将会同相关行业主管部门进行项目筛选，并制定开发计划。项目发起人对于新建改建项目需要提交可行性研究报告、项目产出说明和初步实施方案，对于存量项目需要提交资产历史资料、项目产出说明和初步方案。

在项目识别的过程中，最关键的任务是对PPP项目进行可行性评价。我国PPP项目的可行性评估分为四种：即系统可行性评价、商业可行性评价、物有所值评价和财政能力评价。

系统可行性评价是对项目有影响的系统因素进行评估，重点包括技术、法律、环境和社会等。技术因素是分析项目是否存在不合理的技术应用和技术风险，例如建筑施工方案，项目设计方案等。通常情况下，技术可行性因素将体现在项目最初的工程设计中。法律可行性评价是确定PPP模式是否满足该领域的法律法规要求，如最低资本价值、最长合同期限等。如果涉及海外项目或投资，还要考虑遵守国际规则和目标国的法律等。环境可行性因素重点是对项目环境负外部性影响的评估。中国2016年修正的《中华人民共和国环境影响评价法》明确规定，项目建设前需要提出环境影响分析报告，获得环境许可证，这是PPP项目执行的必要许可。

社会评估是为了避免出现项目严重干扰公众原有的工作和生活状态而受到公众的强烈抵制。商业可行性评估则是从项目经济性和财务的可持续性角度所进行的评估，即项目需要满足商业逻辑的可行性，其中一个最简单的标准就是项目合理预期收入是否可以覆盖项目的预期支出。商业可行性评估通常会使用常规财务分析工具，包括预期投资、资本收益、项目成本和税费情况等指标。

上述评估过程与传统的项目评估并没有太大差异，而真正能表现 PPP 特性的是物有所值评价和财政承受能力论证。

与国际社会普遍采用的方法近似，中国 PPP 项目的物有所值评估也分为定性评价和定量评估。定性评估是研究 PPP 模式与传统采购模式相比，能否产生减少供给、优化风险分配、提高运营效率、促进创新和公平竞争等效果。一般通过循证审查和专家评估的方式完成。评价维度包括全生命周期整合程度、风险识别与分配、绩效导向、竞争程度、政府能力和可融资性等六个方面。定量评价是通过对 PPP 项目全生命周期内项目支出成本现值与传统模式成本比较值进行比较，计算项目的物有所值量值与物有所值指数，判断 PPP 模式是否能够降低项目全生命周期成本。财政部颁布的《PPP 物有所值评价指引（试行）》规定，在现阶段，“物有所值评价”以定性评价为主，定量评价工作则由各地根据实际情况开展。

除物有所值评估外，PPP 另一具有特色的评估方式是财政承受能力论证，这也是当前中国 PPP 项目能否获得批准的最终步骤。在 PPP 项目中，政府需要对所承担的项目进行财政支出能力的最终评估，包括计算政府对项目的直接支出、研究合同补偿义务等。若项目在系统评估、商业评估和物有所值评估中均通过，但政府的财政承受能力无法承受，则 PPP 项目也不会被通过。中国财政部规定，各地政府每年需要从财政预算中安排一定的支出用于 PPP 项目，但总体支出比例不能超过一般公共预算的 10%，若有例外情况需要专门申请。

2. 项目准备

经过项目识别确认后，PPP 项目就进入准备阶段。项目准备阶段可以分为管理组织机构框架的搭建和项目合同方案的准备两部分内容。

管理架构组建的重点是成立 PPP 工作组。PPP 工作组一般设置在政府内部，县级（含）以上地方政府通常建立 PPP 协调工作组，负责项目评审、协调磋商和检查督导等工作。政府或其指定的公共职能部门可以作为项目的实施单位，负责项目准备、采购、监管和移交等工作。在很多地区，中国的省级财政部门一般都设立了 PPP 合作中心或专门的机构，并建立了项目的顾问团队指导 PPP 项目。《操作指南》第 16 条提出，在项目采购阶段，评审小组需要由项目实施机构代表和评审专家组成 5 人以上工作团队，其中评审专家人数不得少于小组总人数的 2/3。

编制和设计项目实施方案是项目准备的第二项工作。项目实施方案一般包括以下七项内容：（1）项目的基本概况，包括项目的基础情况，经济技术指标，项目公司股权情况信息等。（2）项目的风险分配基本框架。这是 PPP 项目特有的方案内容，也是其风险分配机制的具体体现。（3）项目运作模式的确定，常用的基本模式包括建设—运营—移交（BOT），转让—运营—移交（TOT）等形式。（4）交易结构确定，其中重点涉及项目投融资结构、回报机制和收入分配安排等。（5）合同体系，包括项目合同、股东合同、融资合同、工程承包合同、运营合同、原材料供应合同、产品采购合同和保险合同等多个方面，这是项目的核心关键性内容。（6）监管架构，重点解释项目的授权关系和项目的监管方式。（7）采购方式选择，即确定通过哪种方式选择社会资本方，如公开招标、竞争性谈判、邀请招标、竞争性磋商和单一来源采购等。

项目实施方案编制完成后，还需要财政部门对项目实施方案进行物有所值和财政承受能力验证，通过验证的方案可由项目实施单位报政府审核；未通过验证的项目，将拥有一次调整机会，待调整结束后重新验证。若重新验证仍不能通过，则不允许使用 PPP 模式。

3. 项目采购

世界银行、亚洲开发银行等组织认为，PPP 项目从采购环节开始才算真正进入了项目的核心实施阶段。中国的 PPP 项目采购以发布采购公告为起点，以财务账目结算为重点，总体过程可以分为确定 PPP 项目采购方案、发布采购公告、资格审核、竞标过程和实现财务结算等步骤。

在确定采购方案时，关键要解决好两个核心问题：一是项目采购对象的资格条件是什么；二是采用哪种采购方式。《操作指南》规定，采购方式包括公开招标、竞争性谈判、邀请谈判、竞争性磋商和单一来源等。在通常情况下，项目实施机构负责准备资格预审文件，发布资格预审公告，对上报的参标方进行资格预审，此后递交给财政部门备案。《操作指南》第四章第 13 条对资格预审作了进一步规定：若项目有 3 家以上社会资本通过资格预审，则项目实施机构可开始准备采购文件；若不足 3 家，项目实施机构需要重新调整预审资格；若重新资审合格的社会资本仍不够 3 家的，则可考虑调整方案的采购方式。

从采购方式上看，单一来源采购即政府同选定的供货商谈判，确定合同内容。此法虽然可以减少项目采购的时间，但在公平性上经常遭到质疑。竞争性谈判和竞争性投标是常见的政府采购模式。对于竞争性谈判，公共部门需要先成立谈判小组，邀请三家以上的供应商开展谈判。典型的竞争性投标包括公开发布投标通知、联系潜在投标者并发出邀请、资格预审、投标、谈判与签订合同等流程。

在投标过程中，与竞争者谈判是推动 PPP 项目双方达成一致目标的重要工作。谈判的内容可包括合同生效的先决条件、项目进度时间表、保证金数等。谈判后，双方需要签署谈判备忘录、公示采购合同文件等材料，并对结果进行公示。待公告期满且审核同意后，项目实施机构与中选社会资本可以签署最终的合同文本。

4. 项目执行

《操作指南》第 23 条规定，社会资本可设立项目公司负责 PPP 项目，政府也可指定相关机构依法参股项目公司。项目实施机构和财政部门会监督社会资本依照合同出资设立项目公司。PPP 项目的投产建设，绝大多数需要社会力量向金融部门进行融资贷款，这一工作将由社会资本或项目公司独立完成；对于未在规定时间内完成融资的 PPP 项目，政府可提取履约保函直至终止项目合同。若项目出现重大经营或财务风险，债权人可要求社会资本或项目公司及时做出改变。

为确保项目在执行过程中如约履行，项目实施机构需要定期监测项目产出绩效，编制季报和年报，并报财政部门（PPP 中心）备案；政府有支付义务的，项目实施机构应按照实际绩效产出，通知财政部门向社会资本方支付相应报酬。项目实施机构会每 3 ~5 年对项目进行中期评估，重点分析项目运行状况和项目执行的合规性、适应性和合理性等问题；及时评估可能存在的风险，制定应对措施，并报财政部门备案。

5. 项目移交

《操作指南》与《PPP 项目合同指南（试行）》在项目移交的范围、条件和标准、程序、风险转移等各方面均制定了较为完善的规程。

政府一般会提前至少 3 年时间，对项目是否达到了合同规定的产出绩效进行考评，并判断双方是否可以在合同终止前，依约完成支付和资产交接工作。项目移交的具体程序包括：进行资产评估和性能测试，将相关结果报告给政府指定机构，财政部门组织召开绩效评价会，公开评价结果。

项目实施机构或政府指定机构会组建项目移交工作组，负责协调统筹项目的移交工作。项目工作组依照合同终止的详细要求，对移交资产进行性能测试。性能测试结果不达标的项目，移交工作组可要求社会资本或项目公司进行恢复性修理、更新重置或提取移交维修保函；项目移交工作组还会委托专业的资产评估机构，对项目移交资产进行评估审核，具体评估标准包括设备完好率、项目最短可用年限等指标。

在具体移交的内容上，社会资本或项目公司应将如下材料移交给项目实施机构或政府指定部门。初步分为以下几类：（1）具体的项目设施和固定资产；（2）土地使用和项目设备的使用权利；（3）项目相关的设备、机器、零部件等设施；（4）参与项目实施的相关工作人员；（5）运营项目设施所必须的技术参数和信息；（6）相关使用手册、图纸资料等。此外，在合同移交日前，若项目设施出现损坏等风险，除由政府过错或违约所导致的以外，均由项目公司承担。但在项目移交日之后，政府将承担项目设施的全部损坏风险。

表4 －3 呈现了中国 PPP 项目从项目识别到项目移交的具体过程和

所需要的核心文件。

表 4-3　　　　中国 PPP 项目各阶段核心文件

<table>
<tr><th>PPP 阶段</th><th colspan="3">核心文件</th></tr>
<tr><td rowspan="5">项目识别阶段</td><td>项目发起</td><td colspan="2">《项目建议书》</td></tr>
<tr><td rowspan="2">项目筛选</td><td>新建、改建、扩建项目</td><td>《项目可行性研究报告》
《项目产出说明》
《项目初步实施》</td></tr>
<tr><td>存量项目</td><td>《存量项目公共资产历史材料》
《存量项目产出说明》
《存量项目初步实施方案》</td></tr>
<tr><td>物有所值评价</td><td colspan="2">《物有所值评价报告》</td></tr>
<tr><td>财政承受能力论证</td><td colspan="2">《财政承载能力论证报告》</td></tr>
<tr><td>项目准备阶段</td><td colspan="3">《项目实施方案》</td></tr>
<tr><td rowspan="4">项目采购阶段</td><td>资格预审</td><td colspan="2">《资格预审公告》
《资格预审申请人须知》
《资格预审申请文件》
《资格预审评审报告》</td></tr>
<tr><td rowspan="2">项目采购文件</td><td colspan="2">公开招标、邀请招标、竞争性谈判、竞争性磋商、单一来源采购方式，执行政府采购法律法规等规定</td></tr>
<tr><td colspan="2">项目采购文件应包括采购邀请、竞争者须知、竞争者应提供的资格、资信及业绩证明文件、采购方式、政府对项目实施机构的授权、实施方案的批复和项目相关审批文件、采购程序、响应文件编制要求、提交响应文件截止时间、开启时间及地点、强制担保的保证金交纳数额和形式、评审方法、评审标准、政府采购政策要求、项目合同草案及其他法律文本等</td></tr>
<tr><td>采购结果确认谈判与合同签署</td><td colspan="2">《确认谈判备忘录》
《合同项目》</td></tr>
</table>

续表

<table>
<tr><th>PPP 阶段</th><th colspan="2">核心文件</th></tr>
<tr><td rowspan="10">项目执行阶段</td><td rowspan="3">项目公司设立</td><td>《股东协议》《公司章程》</td></tr>
<tr><td>《承继项目合同的补充合同》（或需）</td></tr>
<tr><td>《履约保函》</td></tr>
<tr><td rowspan="2">融资管理</td><td>《融资方案》</td></tr>
<tr><td>《融资担保》</td></tr>
<tr><td rowspan="3">绩效监测与支付</td><td>《项目产出绩效指标，编制季报和年报》</td></tr>
<tr><td>《政府支付台账》《政府综合财务报告》</td></tr>
<tr><td>《项目合同修订报告》《项目争议解决报告》《项目提前终止报告》</td></tr>
<tr><td>中期评估</td><td>《项目中期评估报告》</td></tr>
<tr><td rowspan="3">项目移交阶段</td><td>移交准备</td><td>《项目移交清单》《移交补偿方案》</td></tr>
<tr><td>性能测试</td><td>《移交资产评估报告》《资产性能测试报告》《法律过户和管理权移交手续》</td></tr>
<tr><td>绩效评价</td><td>《项目绩效评估》</td></tr>
</table>

二、中国 PPP 项目合同设计

在项目执行的准备阶段，项目合同是整个 PPP 操作的纲领性文件，它规定了 PPP 项目主体的权利、义务、责任以及风险分配等内容，是 PPP 整个管理制度框架的具体体现，项目前期的设计与项目后期的执行要求也均集中在 PPP 的合同当中。如前所述，PPP 项目合同从广义上讲，是一个合同体系，包括项目、股东、融资、工程承包等多个方面。正如财政部发布的《关于规范政府和社会资本合作合同管理工作的通知》所指出的“按合同办事”，不仅是 PPP 模式的精髓，也是依法治国、依法行政的内在要求。以下我们将从 PPP 合同的主体、合同类型、合同内容三个方面，对中国 PPP 合同进行概述。

1. PPP 项目的合同主体

根据《PPP 项目合同指南（试行）》的内容，PPP 项目合同系统将根据不同类型涉及政府、参与企业、融资贷款方、承包商与分包商、专业运营商、原料供应商、产品或服务购买方、保险公司等多个主体。

政府通常在 PPP 项目中扮演两种角色：一是 PPP 项目的管理者，负责组织推定整个 PPP 项目的发展，并承担 PPP 项目发起、规划、采购、管理、监督等职能；二是 PPP 项目的采购者或代替人，通过平等的民事主体关系，按照合同与社会资本合作并履行义务。参与企业是指与政府方签署 PPP 项目的私营部门或由其成立的项目公司。项目公司是依法设立的自主运营、自负盈亏且具有独立法人资格的经营实体，一般由私营企业出资设立，也可以由政府和社会资本共同出资设立。通常情况下，政府在项目公司中的持股比例应当低于 50%，且不具有实际控制力及管理权。融资贷款方是 PPP 项目融资渠道的主要对象，一般包括商业银行、多边金融机构以及非银行金融机构等。在 PPP 项目中，融资方既可以是一家金融机构，也可以是由多家金融机构组成的代表团。承包商是对项目进行施工、开展工程建设的主要负责方。承包商通常与项目公司签订固定价格和固定工期的工程总承包合同，承担工期延误、工程质量不合格和成本超支等风险。对于规模较大的项目，承包商也有可能把部分工程作业，通过分包合同的方式再分包给专业的分包商完成。

此外，PPP 项目还涉及专业运营商，负责项目的运营和维护事务。原料供应商（部分项目适用），确保 PPP 项目在原料方面的及时、充足、稳定供应。产品或服务购买方，即与项目公司签订长期购销合同，以保证项目未来产出实现稳定的收益。保险公司，即项目公司以及项目的承包商、分包商、供应商等针对项目可能出现的各类风险向保险公司进行投保，以期进一步分散和转移风险；以及投资、法律、技术、财务、保险代理等方面的专业咨询机构。

2. PPP 项目合同体系

既然每个 PPP 项目都会涉及多方参与者，参与者之间都以法律合同来确立和调整彼此之间的权利义务关系，因此，就会对应地产生多个合同。《PPP项目合同指南（试行）》指出，“在PPP项目中，项目参与方通过签订一系列合同来确立和调整彼此之间的权利义务关系，构成PPP项目的合同体系。PPP项目的合同通常包括PPP项目合同、股东协议、履约合同、融资合同和保险合同等。其中，PPP项目合同是整个PPP项目合同体系的基础和核心”。

第一类是PPP项目合同，即政府方与社会资本方针对PPP项目合作所签订的合同，它是整个PPP项目合同体系的核心，其主要功能是明确政府与社会资本在项目风险上面的分配和双方的权利义务，保障双方在项目中的合理权益，是双方PPP项目的基本约定。第二类是股东协议，指针对所成立的项目公司而建立的合约关系，用以维持项目公司股东之间开展长期稳定的合作。其中的核心条款包括公司的融资结构、经营范围、股东权益，以及项目公司组织结构框架等内容。第三类是履约合同，具体包括工程承包合同、运营服务合同、原材料供应合同等，是PPP项目中由第三方提供的具体服务型合同，此类合同与传统外包合约别无二异。第四类是融资合同，该合同与股东合同不同，融资合同重点指项目公司与融资方之间达成的协定，其中项目贷款合同是主要形式。第五类是保险合同，PPP项目通常资金规模大且项目的周期性较长，因此，PPP通常会针对项目融资、建设、运营等不同的阶段进行投保，例如工程险、货物运输险、第三者责任险等。

除上述五类主要的合同外，PPP项目还可能涉及其他合同，如与专业中介机构签署的投资、法律、技术等咨询服务合同等。

3. PPP项目合同

各国通常会根据本国的具体情况和制度环境，编制PPP项目合同的标准示范文本，以此达到统一管理，规范操作，缩短合同准备和谈判周期的作用。合同本文会因各国所属的制度环境，特别是法律体系、政治经济体制等存在一定的差异。

中国的PPP发展虽然起步较晚，但在尊重本国国情的基础上，非常注重学习或借鉴发达国家相对成熟的PPP范本。理论指导实际，取得了初步的成效。

从内容上看，中国 PPP 项目合同一般包括五个方面：即绩效要求、项目支付机制、合同调整机制、争议解决机制和合同终止条款。

绩效要求就是对交付资产、服务和具体项目效果的质量和数量做出规定。PPP 项目的一个重要特征就是对项目产出做出了明确的绩效要求，而非传统的投入规定，并通过激励相容原则与支付机制挂钩。这一规定要求给予社会资本很大的发挥空间，即尽一切可行的办法达到绩效要求，从而实现物有所值。绩效要求的产出设定是十分明确且可衡量的绩效目标。为了确保绩效的达成，PPP 项目合同还会明确具体的绩效监控方式。特别需要说明的是，PPP 项目合同会对政府的介入权限进行说明。通常情况下，政府将不会直接介入 PPP 项目的具体施工筹建阶段，但若项目涉及国家重大公共安全领域，政府将会介入此类项目的具体实施，以发挥其在处理危机事务和公共安全管理方面的优势和不可替代性。

项目支付机制是 PPP 项目合同的关键，用以确定私营机构获得收益的方式，通常包括使用者付费、政府支付或可行性缺口补助三种形式。支付机制是 PPP 风险分担，社会资本收入方式的具体体现，它规定了私人部门获得报酬和所必须承担的风险的具体方式和内容，这无疑也是激励私营部门履行合同的主要激励手段。针对这三种形式，需要注意以下三个方面的问题：首先，对于使用者付费而言，虽然私人部门是从使用者手中获得利益的直接主体，但由于很多服务具有一定的垄断特征，因此，使用者付费的收费标准一般由政府制定，以此确保社会公众的利益；其次，对于政府支付而言，其支付方式将根据不同的项目考核方式而产生差异，例如，环保设施类 PPP 项目将根据其设施是否达到环境绩效进行可行性付费；交通类项目将根据客运使用量进行使用者付费；有些项目也会根据项目的综合效益和项目公司的表现进行付费。最后，出于鼓励和风险防控的目的，可行性缺口补贴将用于补助项目公司成本支出与收入之间的目标差额，保障私人部门的固有收益率。

基于 PPP 项目的长期性，很多不可预知的因素将给 PPP 项目带来未知的挑战，因此，PPP 项目合同一般具有合同调整机制。合理的 PPP 合同从一开始就会为变化预留空间，内置合同调整机制，对合同修订的前提条件和流程做出规定。例如中国《PPP项目合同指南（试行）》规定，“在建设期间，如果因发生政府方可控的法律变更导致项目发生额外费用或工期延误，项目公司有权向政府方索赔额外费用或要求延长工期”。在PPP调整机制中，最重要的内容是财务平衡条款，即用以应对成本与收益平衡变动的外部事件。此外，还包括变更服务标准、变更收费支付机制、调整运营成本基准、再融资和关税复审等事宜。

争议解决机制是PPP项目合同的另一重要内容。PPP项目参与主体多，利益关系复杂且项目期限长，PPP项目合同需要设计双方在合同签订后可能产生纠纷的解决方式。常见的争议纠纷解决方式包括以下几种：第三方介入进行调解和必要的协助；由监管机构进行调节协商；进行常规的司法程序；组成专家组进行委员会专家裁决；将PPP项目的纠纷提交给某个常设仲裁机构，通过仲裁决议书的方式进行解决。中国政府建议解决纠纷的三种方式分别是友好协商、专家裁决和仲裁。

各方在起草PPP合同的过程中，通常都希望合同规定尽量清晰、客观和详尽，以便尽可能降低发生争议的概率。但是，合同在履行过程中发生争议的情况在所难免。合同终止是确定合同双方权利义务终结的具体条款，通常包括合同期限、资产交接条款、违约事件、提前终止条款以及终止后的处理机制等内容。合同终止通常包括两种终止形式：一是合同期满终止，二是合同提前终止。第一种期满终止是项目符合合同终止条件的所有规定和预期收益，即项目顺利完成。第二种合同提前终止，是PPP项目出现了违约等终止事由，通常包括私营机构违约、公共机构违约、基于公共利益的理由提前终止合同或某些外部不可抗力提前终止等四类情况。

三、中国PPP项目的合同管理

PPP项目合同管理阶段始于财务结算，结束于PPP合同终止。如果说PPP合同的设计是在前端降低PPP风险，那么，项目执行启动后对PPP项目合同的管理，就是对PPP风险的后端把控。一个PPP项目是否成功，是否能够实现物有所值，且持续地提供高质量的服务，归根到底取决于签约各方对合同的履行程度。因此，在 PPP 合同签订以后，以合同为依据对其进行科学、合理的管理，避免或降低风险，加强应对变化的内生机制，是 PPP 项目成功落地的关键。

中国政府对 PPP 项目合同管理有以下要求。

首先，设定合同管理框架。在 PPP 项目合同签订后，中国政府的相关部门将要求建立合同管理的结构框架，并任命合同管理人员，对 PPP 合同的履行进行监管，以确保合同目标的实现。中国 PPP 项目的合同管理中的主体包括项目实施机构、财政部门（政府和社会资本合作中心）、政府、社会资本或项目公司等利益相关方。

其次，界定工作职责。设立合同管理团队后，政府需要清晰地界定该团队的工作责任，授予相应的权利权限，甚至制定职务说明书，以明确团队的报告关系。根据中国财政部发布的《政府和社会资本合作模式操作指南》对合同管理的重点内容进行了明确。操作指南提出，项目实施机构应做好进度把控和项目监督管理工作。谨防发生企业债务向政府转移的情况；重点监督社会资本或项目公司履行合同的情况和义务；定期监督产出绩效，对于项目绩效优于约定标准的，应执行合同条款中的奖励措施；每 3 ~5 年对项目进行全面的评估，重点分析项目的运行状况、适应性和合理性、潜在的风险因素等。

财政部门的政府和社会资本合作中心应配合项目实施机构做好监管工作。对于涉及政府支付义务的项目，财政部门应结合中长期规划，负责相关支付金额的执行任务。操作指南也提出，财政部门的政府和社会资本合作中心应同项目实施机构一道，建立 PPP 项目政府支付台账，以此控制政府财政的支付风险；同时，建立政府综合财务报告制度，将 PPP 项目的政府支付任务纳入政府综合财务报告之中。

对于社会资本或项目公司而言，项目融资、项目建设等方面的合同均属于其管理的职责范畴。例如，操作指南提出，社会资本或项目公司需要负责管理融资方案设计、机构对接、融资合同签订和交割等工作；在项目执行过程中，对项目进度等有关信息应依法依规进行披露，保障政府和社会公众的知情权，主动接受社会的监督。

其他主体，如社会公众或项目利益攸关方等，均需要在 PPP 项目合同管理中发挥应有的作用。例如，社会公众在发现项目存在违法违约情况，或项目建设和公共产品服务存在明显不达标时，有权向政府等职能部门举报，进而发挥公众治理的作用和职能。

PPP 合同作为 PPP 项目在操作和执行中的集中体现，是充分表达多方意愿诉求、合理分配风险收益、明确职责义务权利的重要载体。尊重契约原则，按合同规范推行 PPP 项目，并预留合理有效的调整空间，是夯实政府和社会资本长期合作的重要基础，也是中国近年来发展 PPP 项目所积累的重要治理经验。

"一带一路"沿线国家PPP的发展

除PPP项目的本地化应用外，PPP国际市场和国际项目合作是开展PPP研究的另一个重要方面。与各国在境内开展PPP实践相比，PPP国际项目无论是在主体、项目操作、制度设计和风险类型等方面，均表现出更加明显的特征和复杂性。与此同时，伴随着"一带一路"倡议的开展，以PPP模式推进基础设施建设已成为PPP应用的重要领域。基于此，本章将以"一带一路"沿线国家PPP合作为例，阐述PPP在国际项目合作中的应用与经验。

第一节 "一带一路"倡议给国际PPP发展带来的契机

2013年9月和2013年10月，习近平主席出访哈萨克斯坦和印度尼西亚，提出了建立"丝绸之路经济带"和"21世纪海上丝绸之路"的战略构想，举世瞩目的"一带一路"倡议由此正式拉开序幕。在合作领域中，以"道路联通"为代表的基础设施联通工程，成为"一带一路"开展合作项目的优先领域，这也为PPP模式在"一带一路"沿线国家和地区（以下简称"一带一路"沿线）的应用提供了良好的契机。

一、基础设施建设成为"一带一路"的重点合作领域

自2013年习近平主席提出"丝绸之路经济带"和"21世纪海上丝绸

之路”后，“一带一路”倡议的顶层设计不断得到夯实。2015 年 3 月，国家发展改革委、外交部、商务部经国务院授权，联合发布《推动共建丝绸之路经济带和 21 世纪海上丝绸之路的愿景与行动》（以下简称《愿景与行动》），“一带一路”正式成为国际倡议。文件明确了构建“一带一路”的总体框架、基本路线和主要内容，规划了五大走向，六大经济走廊的总体布局，标志着“一带一路”倡议正式进入了实施阶段。

“一带一路”沿线总共涉及 65 个国家和地区，覆盖中亚、南亚、西亚、东南亚和中东、中欧等地，涵盖人口 40 多亿，经济总规模超过 20 万亿美元。在这些区域中，绝大多数都是新兴市场经济体和发展中国家，更是当前全球贸易和基础设施兴建最快和跨界投资最多的地区。据商务部的有关数据显示，截至 2019 年 9 月，中国企业对沿线国家的投资累计已超过 1 000 亿美元，沿线国家对中国的投资也达到 480 亿美元①，“一带一路”倡议提出 6 年来，沿线的投资商贸总额就超过了 7.5 万亿美元②。

巨大的增长需求为“一带一路”沿线的合作提供了无限商机，同时，合作领域也丰富多元。根据国家发展改革委等单位联合发布的《愿景与行动》，“一带一路”在顶层设计上，强调创新合作模式，以政策沟通、道路联通、贸易畅通、货币流通、民心相通为重要合同内容。在“五通”的合同中，基础设施建设为主导的联通工程成为最主要的优先合作领域。

根据规划，沿线国家的基础设施建设可以概况为以下六大类别：以铁路、公路、航路、水路建设为主的交通运输类基础设施项目；以城市供给排水、污水处理等为主的环保领域项目；以石油、煤炭、天然气等为主的能源类项目；以住宅区、公寓、别墅修建为主的民用建筑类项目；以商城、写字楼、办公场地修建为主的公共建筑类项目；以及电信、网络信息、邮电通信为主的通信类项目。六类基础设施项目多涉及公共物品与公共服务工程，且项目耗资大，运转周期长，涉及主体多。

以交通运输类项目为例，根据普华永道的数据显示，在“一带一路”倡

---

① 人民网：中企对一带一路沿线国家投资累计超 1 000 亿美元［N］. 人民日报，2019 年 09 月 30 日。

② 商务部：我国与“一带一路”沿线国家贸易额累计超过 7.5 万亿美元［N］. 中国经济网，2019 年 12 月。

议的促进下，从 2015 年至 2020 年的五年间，全球交通领域的基建投资规模可达到 3.2 万亿英镑，其中仅亚太市场就能实现每年 7% 左右的投资增速。

“一带一路”沿线大多是新兴市场经济体和发展中国家，各国交通基础设施多处于投资兴建的增长期。据公开资料显示，“一带一路”沿线的 60 个国家中，绝大多数国家跟中国仅实现了海路联通，28 个国家跟中国实现了航路联通，9 个国家跟中国实现了铁路或公路相通，但仍有 2 个国家跟中国既无铁路、海路、也无航路公路。因此，要想实现“道路联通”的倡议目标，以公路、铁路为主的道路基建将是未来“一带一路”沿线建设的首要投资领域，这也同样是沿线各国改善本地区交通现状，提高贸易营商环境的殷切诉求。

在能源建设领域，“一带一路”沿线国家集中了俄罗斯、中东地区国家等重要的油、气资源国，覆盖了全球 50% 以上的石油供给和 70% 以上的天然气供给。我国是富煤贫油少气的国家，油气对外依存度较高，这恰好与“一带一路”沿线的油气资源形成对应互补。因此，包括管道、油气生产基地、生产性服务基础设施等在内的能源类基础设施修建成为了“一带一路”倡议的重要合作领域。从沿线国家的发展需求看，有数据显示，“一带一路”沿线国家的人均电力装机容量仅为 330 瓦，远低于世界平均水平的 800 瓦，特别是南亚、西亚和北亚三个地区的人均电力装机容量最低，其中南亚仅为 150 瓦。巨大的电力装机缺口，预示着仅电力基础设施一项，就将产生强劲的投资需求。

信息通信产业是我国近年来新培育形成的优势产业，在国际社会已具有较高的影响力和一定的优势。当前，“一带一路”沿线国家逐渐意识到互联网数字通信技术产业的重要性，纷纷将其列入本国未来发展的新兴战略产业规划。互联网、物联网等通信类基础设施，不仅自身具有完整的产业链条，还会与公路、铁路、航空港口等交通类基础设施结合，形成现代化、信息化的互联互通设施，进一步提高“一带一路”国家的互通互联水平，并成为文化领域沟通交融的重要接口。《愿景与行动》明确提出，“共同推进跨境光缆等通信干线网络，提高国际通信互联互通水平，畅通信息丝绸之路”。因此，跨境光缆的建设，航空领域的卫星通信项目等也成为了沿线国家通信领域的合作重点。

除此以外，“一带一路”的产业园区合作也是沿线国家基础设施建设的重要领域。官方数据显示，截至2019年9月，中国企业在46个国家在建初具规模的境外经贸合作区累计投资426.9亿美元，入区企业5 452家，上缴东道国税费40.9亿美元，为当地创造就业岗位36.7万个①。许多工业园区和基建项目本地化用工比例达到30%~60%，工业园区的建设正为当地工业化能力的发展，产业工人和管理团队的培育发挥着重要的促进作用。

基础设施的项目合作，对“一带一路”沿线的经济社会发展正在发挥显著的支持作用。在统计到的56个经济体中，自“一带一路”倡议提出后，有25个经济体的基础设施竞争力呈持续上升或止跌回升态势，有15个经济体的基础设施竞争力保持了稳定。世界银行等国际机构的最新研究表明，“一带一路”合作将使全球贸易成本降低1.1%~2.2%。

我们看到，这些以公共基础设施为主的合作项目，将成为“一带一路”沿线国家公共部门和私人部门合作的重要阵地，PPP模式在“一带一路”的倡议背景下，迎来了巨大的发展契机。根据中国商务部国际贸易经济合作研究院的统计显示，自2015年中国发布“一带一路”的《愿景与行动》以来，中国和沿线国家的基础设施合作驶入了快车道。2013~2018年，中国在“一带一路”沿线国家承包工程新签合同额由719.4亿美元增至1 257.8亿美元，完成营业额由640.5亿美元增至893.3亿美元②。

二、“一带一路”沿线的代表合作项目

根据中国政府官方公布的数据，截至2019年3月底，中国已经同全球125个国家和29个国际组织组织签署了173份合作文件，其中与49个国家和地区签署了标准联通和标准化合作协议；与111个国家和地区达成税收协定合作；与49个沿线国家联合发布国家知识产权务实合作联合声明；与18个国家建立了“一带一路”能源合作伙伴关系，与16个国家签署了数字丝路的合作文件。

①② 资料来源：中国商务部国际贸易经济合作研究院，2019年10月。

在铁路方面：中老铁路、中泰铁路、匈赛铁路、雅万高铁等铁路网络开工建设；泛亚铁路东线、巴基斯坦 1 号铁路干线升级改造项目进入前期研究；中欧班列正式通车，联通了欧亚大陆 16 国的 108 个城市。公路方面：中蒙俄、中吉乌、中越等国际道路直达运输试运行。航空领域：126 个国家和地区签署航空运输协定，“一带一路”国家航路新增国际航线 1 239 条。港口方面：47 个“一带一路”临港国家签署了海运协定。通信设施领域：中缅、中巴、中吉、中俄的跨境光缆项目进展建设顺利。

此外，从 2013 年至 2018 年，中国与沿线国家货物贸易进出口总额超 6 万亿美元，占中国贸易总额的 27%。中国电建、中国交建、中国建筑、中国中铁、葛洲坝集团、中工国际、中国中冶等一批大型央企成为中国“一带一路”海外项目的领军企业。据商务部的数据显示，截至 2019 年 9 月，中国企业对沿线国家的累计投资已经超过 1 000 亿美元，对外承包工程超过 7 200 亿美元，沿线国家对中国的投资也达到了 480 亿美元。2019 年前 4 个月，中国企业对“一带一路”沿线的 50 个国家新增投资合计 46. 1 亿美元，占同期总额的 13. 3%。“一带一路”沿线新签对外承包工程合同额 404. 3 亿美元，占同期总额的 60. 7%，同比增长 40. 2%，完成营业额 251. 5 亿美元，占同期总额的 56%，同比增长 3. 9%。

从具体项目和合作的国家看，很多标志性的基础设施工程在“一带一路”沿线开展，且绝大多数项目都以 PPP 的模式，由东道国政府与中国企业合作开展项目。

在铁路方面，埃塞俄比亚的埃塞吉布提铁路电气化项目，由中铁所属的中土集团中铁二局联合承建，全线长约 770 千米，项目从设计施工到监理用料，全部由中国企业和中国的技术标准完成，采用中国二级电气化铁路建设标准，项目总投资 40 亿美元，其中 70% 由中国进出口银行提供优惠贷款。该项目成为东非地区首条现代化跨境铁路。孟加拉国全套引进中国北车大连电力牵引研究中心研发的内燃动车组牵引机网络控制系统，引进设备包括 20 组列车的网络系统、40 台牵引逆变器、40 台辅助逆变器，该项目也成为中国企业首次在境外配套牵引和网络控制系统。在土耳其政府的支持下，土耳其安卡拉到伊斯坦布尔高铁正式由中国铁建公司、中国机械进口公司和土耳其当地的两家公司承建，铁路全长 533 千米，设计时速每小时250千米。在该项目中，中方施工人员负责高铁的铺轨、电网、电气化、通信等工程。在肯尼亚，当地从蒙巴萨港到内罗毕的蒙内铁路，由中铁集团采用中国一级轨道标准施工建设，轨道设计时速120千米每小时，全长480千米。印度尼西亚的雅万高铁，同样由中国企业采用了中国的技术装备和标准制造，成为印度尼西亚乃至东南亚的第一条高铁。这些铁路项目均采用国际PPP的合作模式，由当地政府和中国国内企业开展合作，或在当地政府的支持下，由中国企业和当地企业共同开发修建。

在港口项目方面，巴基斯坦的瓜达尔港，在中国政府和企业的支持下正式兴建，建设工程包括3个万吨级的深水港，2013年瓜达尔港的运营权交给中国海外港口控股有限公司管理。斯里兰卡的汉班拖特港，同样由中国企业和当地政府合作兴建，现已成为南亚的第一大港，拥有两个10万吨多用途码头。肯尼亚与中国路桥公司合作，在蒙巴萨港建设240米深的船泊位，该泊位使得蒙巴萨港的集装箱吞吐量增加了1/4的年吞吐额。斯里兰卡与中国招商局国际有限公司合作，在首都科伦坡合作建设南港码头，项目总投资5.5亿美元，成为斯里兰卡最大的外商投资项目。希腊的比雷埃夫斯港，是希腊最大的港口，2016年起，中国企业正式成为该港口港务局的大股东并接管运营。

公路方面，柬埔寨62号公路修复项目由中国上海建工集团承建，中国政府对该项目提供了优惠贷款，该公路连接柬埔寨北部边境与首都金边，全长128千米。塔吉克斯坦与中国路桥工程有限公司开工建设了中亚第一条隧道“沙赫里斯坦”隧道，该隧道也是目前中国在海外建设的最长单体隧道项目。象征着“中巴友谊路”的巴基斯坦喀喇昆仑公路改扩建工程，同样由中国路桥工程有限公司负责实施，全长1 224千米。塞尔维亚泽蒙—博尔察大桥由中国企业主导完成，该项目成为中国在欧洲修建的首座大桥，其设计与施工均采用中国装备技术与标准。孟加拉国帕德玛大桥是中国企业在海外承担的最大海外桥梁工程，项目于2016年动工，建成后将彻底改变孟加拉南部（21个区）与首都达卡之间往来不便的局面。伊朗德黑兰地铁项目，由中国中信国际、北方国际联合承建，地铁车辆由中伊合资公司德黑兰轨道车辆制造公司提供。

在能源类项目方面，阿富汗政府与中国企业合作，开展帕尔万水利灌溉工程的修复项目，修复后的项目将带动帕尔万乃至阿富汗全国的农作物生产。中国水利电力对外公司与苏丹共和国合作，在苏丹首都以北建设麦洛维大坝水电站，大坝全长 9 285 米，是世界最长的水电大坝，也是非洲当前在建的最大水电项目，装机容量 1 250 兆瓦，此项目将解决尼罗河两岸 400 万人的生存和生活用水难的问题，并形成 125 亿立方米蓄水能力的水库。中国葛洲坝集团与缅甸政府建设水津水电站，该项目由缅甸电力公司自筹资金建设，中国葛洲坝国际工程有限公司负责机电设备的设计、供货、安装和技术指导。埃及与中国企业建设输电线路项目，此项目是中埃首个成功签约的产能合作项目，也是埃及规模最大、等级最高的输电线工程。中石化与沙特政府合作，投资建设延布炼厂，这也是中国在沙特投资的最大能源类项目。

在产业园区方面，乌兹别克斯坦与中兴通讯集团在乌兹别克斯坦注册成立 UZTE 公司，并在乌兹别克斯坦中部锡尔河州建立工业园区。园区主要生产平板电脑，互联网机顶盒等通信产品，年产能力达 5 000 件。中国政府与马来西亚合作，建立马中关丹产业园，园区包括码头、铁路、公路等基础设施，首个入园的现代钢铁项目为当地创造了 4 000 多个就业岗位，其中大部分为马来西亚本地人。中国与柬埔寨合作成立西哈努克经济特区，这是柬埔寨政府批准的最大规模的经济特区项目，园区包括纺织服装类企业、五金机械类企业以及轻工家电类企业。这些产业园区将中国的优势产能、发达国家的先进技术和发展中国家巨大的需求有效对接，成为政府公共部门与企业私人部门合作的重要载体，且多采用 PPP 模式进行投资运营，有些园区还在此基础上发展成为产业新城。例如，华夏幸福以 PPP 模式，在印度尼西亚、印度、越南、埃及、马来西亚等 5 国打造了 9 个产业新城项目。

三、PPP 模式契合“一带一路”基建项目的国际合作需要

“一带一路”沿线国家巨大的基础设施建设需求，对各国的人力、财力、物力均提出了巨大的挑战。以何种形式保障资源供给，满足“一带一路”重大项目建设的需要，是各国必须面对和解决的共同问题。实践经验

表明，运用PPP模式，整合“一带一路”沿线国家政府和社会资源，并借助国际金融资本开展建设，是当前切实可行的实施路径。

1. “一带一路”沿线国家和地区资金缺口巨大

“一带一路”沿线涉及65个国家和地区的90多个港口和城市，重点项目达数千项，其中仅基础设施类项目就至少有400余项。然而，“一带一路”沿线国家又多为发展中国家，基础设施普遍落后，建设管理能力相对薄弱，面对巨大的基础设施建设投资需求，资金短缺成为制约沿线项目开展的掣肘因素。

根据世界银行推算的数据，若以总体基建投入约占GDP总量5%的国际经验估算，从2017年起，“一带一路”沿线国家对基础设施建设的需求就已达到1.3万亿美元以上。亚洲开发银行发布的《满足亚洲基础设施建设需求》表明，到2030年，亚洲基础设施需求总计将超过22.6万亿美元，每年需要投资超过1.7万亿美元。2017～2020年，除中国外，“一带一路”沿线的65个国家和地区每年投资需求达到8 000亿美元。而从全球的资本流向看，全球仅有10%～15%的投资进入发展中国家，社会资本更倾向于投资成熟的发达国家市场。

从“一带一路”资金池的供给量看，当前“一带一路”沿线国家和地区的融资来源主要有“四大资金池”：一是亚洲基础设施投资银行，资产规模1 000亿美元；二是丝路基金，首期规模为400亿美元；三是金砖国家银行，资本金规模为1 000亿美元；四是上合组织开发银行（见表5－1）。

表5－1　“一带一路”四大资金池

资金池	性质	目标国	初始投入
亚洲基础设施投资银行	区域多边金融开发机构	亚投行备忘录签署24国	法定资本金1 000亿美元
丝路基金	主权投资基金	“一带一路”沿线国家	首期规模400亿美元，中国外汇储备出资65%，中国进出口银行和中投公司各出资占比15%，国开金融占比5%

续表

资金池	性质	目标国	初始投入
金砖国家新开发银行	区域多边金融开发机构	金砖 5 国：巴西、俄罗斯、印度、中国、南非	初始资本金 1 000 亿美元，5 国平均 200 亿美元
上合组织开发银行	区域多边金融开发机构	上合组织成员 6 国：中国、俄罗斯、哈萨克斯坦、吉尔吉斯斯坦、乌兹别克斯坦	

资料来源：陈青松．"一带一路"与 PPP［M］．北京：中国建筑工业出版社，2018.

此外，中国将向南亚、上合组织和非洲分别提供 200 亿美元、50 亿美元和 300 亿美元的信贷配套。但即便如此，通过初步统计可以发现，"一带一路"沿线的渠道的融资规模仍不到 4 000 亿美元，尚不及一年的投资需求规模。"一带一路"沿线基础设施投资兴建的资金缺口可见一斑。

而除去这些专属的 PPP 资金池之外，"一带一路"沿线国家很难基于传统手段从公共部门或其他发达国家募集资金。沿线国家国内储蓄率普遍偏低，且金融市场发展滞后，融资信誉相对不足，国际发行债券成本高，政治附加因素复杂，公共财政资源十分紧张。因而，以何种方式有效地调动社会资本积极性，吸引社会资本参与投资，无疑是保障"一带一路"项目顺利执行的关键。

2. PPP 模式与"一带一路"沿线需求高度契合

"一带一路"覆盖区域广袤，投资资金缺口巨大，跨境投资领域众多，项目周期长，面对这些客观的情况，以政府和社会资本合作为代表的 PPP 模式，与"一带一路"项目需求高度契合。

第一，PPP 模式满足多主体共同参与的需求。"一带一路"倡议依靠中国与沿线国家的双边和多边机制运行，其合作主体涉及沿线国家政府、各类社会资本、国际金融机构、运营公司企业、高校科研院所、项目所在地的居民等。合作主体多元复杂，交叉性较高。合作主体之间既可能出现政府与政府间的双、多边合作，也可能出现本国政府与本国社会资本、他国政府与本国社会资本、本国政府与他国社会资本、国际社会资本间等多种合作形式。通常来说，这种灵活多元的主体合作形式，很难嵌入各国主流的项目合作制度之中，本地传统的采购制度也很难适用。而PPP模式的重要特点，就是以项目式合作为导向，把各主体的合作统一在一个标准的项目框架下，实现多元融合与利益共赢。换句话说，“一带一路”多元的主体合作需求，正好契合PPP跨行政、跨区划、跨主体的融合包容属性。

第二，PPP模式应用的主要领域与“一带一路”的主要领域高度契合。PPP项目的重要特点是其服务对象通常为公共产品及公共服务，这也是判断PPP项目的基本准则。如本书所述，以“道路联通”为主的基础设施建设是“一带一路”合作的主要内容，其中包含了铁路、航路、公路、桥梁、地铁、能源、水利、电力、通信等诸多交通类、能源类和市政建设类基础设施。这些领域均是PPP模式应用的主要领域，且在很多国家的PPP实践中积累了诸多成功经验。以中国PPP的实践为例，根据2019年全国PPP综合信息平台项目管理库年报的统计，管理库累计项目总数前二位的即为市政工程和交通运输领域项目。

第三，PPP模式契合“一带一路”基础设施项目建设周期长，区域跨度大的特点。例如，很多项目连同建设和运维的时间周期均20~30年左右，这给项目的稳定性和可持续性提出了重要的需求，也带来了巨大的挑战。而PPP模式的运行周期多以中长期项目为主，以项目的完整周期为生命长度，以合同契约的方式锁定了因时间所带来的不确定性，进而保证了项目的长期稳定和跨期实施效果。此外，天然气管道铺设，综合管廊开发等“一带一路”项目，都具有跨主体、跨区域甚至跨国界的特点，这给项目的执行环境带来了很大的不稳定因素和合规风险。而PPP模式将项目执行的规则统一在合同文本中，相关主体基于已确定的合同行事，在很大程度上避免了因各国政策的不一致性所带来的风险，实现跨区域、跨领域的资源调配，保障了项目执行和资源供给的平稳性。

第四，PPP模式有利于实现资源配置的最优化和产出效率的最大化。与其他项目相比，“一带一路”项目具有三个重要的基本前提：（1）由于所涉及国家数量的众多和合作主体的多元，如何实现多方共赢是合作的基础性前提；（2）“一带一路”项目涉及的经济社会资源复杂多样，存在多种组合，如何实现有效资源的最优配置和合理利用，是“一带一路”项目能否成功的关键，即经济效率前提；（3）“一带一路”的合作项目必须具有显著的合作必要性，即多方合作的项目效果要高于本国独自开展项目的运行效果。上述三个前提条件的实现，均需要以项目合作效率为担保，即用最小的投入实现最大的效用。PPP 模式的显著优势就是根植于市场机制，遵循市场机制的效率原则、公平原则和竞争原则。它将动员国际社会优势的人力、资本、技术、管理等资源参与“一带一路”项目的运行，一改传统由政府单一主导的低效率服务，大幅提高公共服务的质量与效率。PPP 项目参与者的市场属性，将使其在参与公共服务的过程中，以社会和企业的综合效益为导向，系统考虑项目的收益、成本、风险、可持续性和社会影响等因素，进而大大优化公共服务的资源供给。

第五，PPP 模式遵守利益共享和风险共担的大原则。“一带一路”合作的初衷是坚持和倡导“共商、共建、共享”的基本原则，项目设计与实施必须尊重沿线国家对发展目标的共识，共同探讨实现路径，利益共享和风险共担是基本的合作前提。PPP 模式的机制就是建立起一套公平合理的风险共担机制，让更有风险承担能力的主体承担相应风险，分别控制各方风险，提高项目综合的抗风险能力，同时也享有对等的收益。实现项目多主体的抗风险能力最大化、成功概率最大化和效益总和最大化。

第六，PPP 模式有利于“一带一路”合作项目的监管与协调。“一带一路”合作项目的技术方、出资方、监管方和承建方通常来自多个国家和地区，这给项目的监管和协调推进带来了极大的挑战。国内基础设施项目的监管，通常由地方政府或相关单位负责，监督对象单一，标准和规则统一。而在“一带一路”的项目中，会出现各类由于协调困难，或无法有效监管而产生的问题。PPP 模式的另一重要特征是可以摒弃传统公共项目的政府垂直监管，改为由项目公司的扁平化管理。传统公共项目的监管模式是基于行政科层的组织模式进行的，其垂直化的配置特征，导致层级多、耗时长、程序复杂，决策的交易成本高。而此类监管模式在跨区域、多政府的“一带一路”项目下将更难执行。政府和社会资本合作的 PPP 项目，通常以特殊目的公司（SPV）为载体，业务更加专业聚焦，监管和协调效率也因垂直化程度的降低而大大提高。更为重要的是，以 PPP 项目构建公共服务的供给模式，将建立起一套良性的社会响应机制，以社会公共的实际需求为导向，更加重视公众的意见，由此可以建立起良性互动的反馈，实现公共服务的不断改善。

国际经验表明，只要机制设计得当，政府与社会资本的伙伴关系就可以形成良好的互补关系，使政府在宏观调控、资源的运用能力、公共服务的监督管理经验等方面所具有的优势和社会资本在技术、管理、运营等方面所具有的优势实现叠加，由此有效激活市场潜力，提升政府管理效能，提高公共产品和服务的供给质量，实现公平与效率的统一。

以 PPP 模式推进“一带一路”建设，也得到了诸多国家、国际组织和学术机构的支持和配合。

2016 年 12 月 12 日，国家发展改革委与联合国欧洲经济委员会 PPP 中心在北京召开“一带一路”PPP 工作机制洽谈会。双方一致认为，在“一带一路”建设中推进 PPP 模式，可以更好地提供公共产品和公共服务，助推沿线各国实现可持续发展目标。

2017 年 1 月国家发展改革委会同外交部、环境保护部、交通运输部、水利部、农业部、中国人民银行、国资委、林业局、中国银监会、能源局、外汇局以及全国工商联、中国铁路总公司等 13 个部门和单位，共同建立“一带一路”PPP 工作机制，与沿线国家在基础设施等领域加强合作，积极推广 PPP 模式，鼓励和帮助中国企业“走出去”，推动相关基础设施项目尽快落地。

同年 5 月，国家发展改革委与联合国欧洲经济委员会签署《谅解备忘录》，明确提出双方应在“一带一路”沿线国家推广 PPP 模式，并为充分发挥 PPP 模式在“一带一路”建设中的务实、积极作用，建立健全 PPP 法律制度和框架体系。双方一同筛选 PPP 项目作为典型案例，用以推介和研究，建立“一带一路”PPP 国际专家库，通过多边约定与谅解备忘录的形式建立“一带一路”PPP 对话机制。

2017 年 6 月在上海举行的金砖国家财长和央行行长会议，正式建立了金砖国家政府和社会资本合作领域框架，包括制定《金砖国家 PPP 良好实践》、成立工作组就金砖国家开展 PPP 合作的具体方式进行研究。此外，对外经贸大学发布的《“一带一路”与 PPP 全球治理、区域合作与中国模式》蓝皮书提出，当前“一带一路”绝大多数项目都是由政府开发和资助的，区域性和国际性组织也提供了部分的资金支持，但这些融资渠道对“一带一路”基础设施的资金需求仍然杯水车薪，融资规模十分有限，无法弥补巨大的资金缺口，因此，需要充分发挥社会资本的优势，利用 PPP 的渠道弥补公共资本的缺口。

第二节 “一带一路”沿线国家 PPP 的发展现状与风险防范

如上所述，一方面，以发展中国家为主的“一带一路”沿线国家需要庞大的基础设施建设资金；另一方面，现有资金池又存在严重的缺口，在这一背景下，通过动员社会资本，强化国际各界之间的要素流动，无疑成为当前保障“一带一路”合作资金、提高合作效率、分配合作风险，实现多方共赢的重要路径。本书将通过梳理“一带一路”沿线国家 PPP 发展的总体历程和现状，总结和剖析沿线项目中出现的问题和成因，以期更好地了解“一带一路”沿线国家 PPP 的合作基础和特殊性。

一、总体历程

“一带一路”沿线共涉及 65 个国家和地区，在这 65 个国家中，有 49 个为发展中国家，经济发展水平较低，基础设施建设落后，但发展潜力巨大。早在 20 世纪 80 年代，“一带一路”沿线发展中国家就开始陆续尝试在基础设施领域引入社会资本，开展 PPP 项目合作。进入 21 世纪以来，“一带一路”沿线的 PPP 发展呈现出明显的不稳定波动态势，项目数量和投资额增长率波动不断（见图 5 - 1）。这一方面与世界经济周期和各国政治经济导向等宏观因素有关；另一方面也与各国对 PPP 模式的认识和反思等因素有关。

有统计数据显示，2011 年前后，受美国“次贷危机”的影响，“一带一路”沿线的基础设施类 PPP 项目投资数量和投资额大幅下跌。2015 年以后，伴随着“一带一路”倡议的深入开展，以及亚洲基础设施投资银行、丝路基金等金融机构的投入运营，中国加快了与沿线国家在铁路、公路、港口、电力等基础设施行业的合作脚步，众多大型合作项目逐一落地，沿线发展中国家 PPP 项目的投资额又出现显著上升。

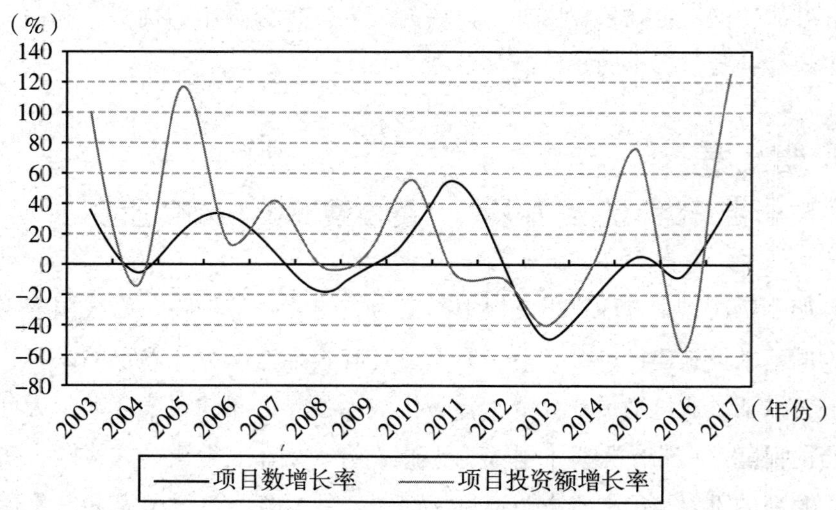

图 5 - 1　“一带一路”沿线国家 PPP 项目与投资额变动情况（2003 ~ 2017 年）

资料来源：徐哲潇，杜国臣. 以 PPP 模式推动“一带一路”建设的思考［J］. 国际经济合作，2018（10）.

从“一带一路”区域分析的角度看，2002 ~ 2017 年，东亚及东盟地区 11 国 PPP 项目合计 1 576 个，投资总额约 2 530 亿美元；南亚地区 8 国 PPP 项目 1 141 个，投资总额约 2 637 亿美元；西亚地区 8 个发展 PPP 项目 327 个，投资总额约 1 477 亿美元；独联体国家 PPP 项目 232 个，投资总额约 763 亿美元；中东欧地区 7 个发展中国家 PPP 项目 181 个，投资总额约 292 亿美元；中亚地区 4 个发展中国家 PPP 项目 12 个，投资总额约 14 亿美元。

二、发展现状

截至 2017 年底，基于“一带一路”合作框架的沿线国家 PPP 项目将近 900 个，投资额总计约 6 000 亿美元，平均项目规模投资 6. 7 亿美元，其中接近一半的项目处在项目的采购和执行阶段，超过三成的项目仍处在项目的准备阶段（见图 5 - 2）。综观这些国家在 PPP 发展方面的现状，我们可以发现以下几个鲜明的特征：

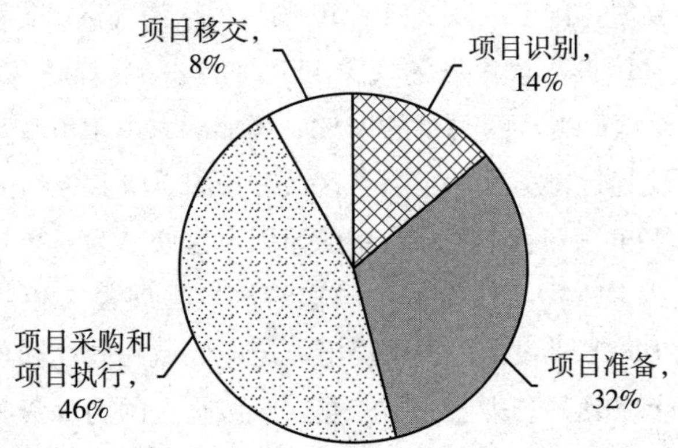

图 5－2 “一带一路”沿线国家 PPP 项目的进程情况

资料来源：徐哲潇，杜国臣．以 PPP 模式推动“一带一路”建设的思考［J］．国际经济合作，2018（10）．

第一，“一带一路”沿线国家和地区使用 PPP 模式的国别集中度较高，且参差不齐。根据相关数量统计，除中国以外，截至 2018 年底，“一带一路”PPP 项目总量排在前五位的国家分别为：印度 376 个项目、希腊 72 个项目、土耳其 54 个项目、菲律宾 42 个项目、俄罗斯 41 个项目。排名前五位的国家 PPP 总量占“一带一路”沿线国家 PPP 项目总量的七成左右，其中仅印度一国的 PPP 项目数就超过了“一带一路”PPP 项目总数的三成。PPP 项目在国别集中的特征非常明显。

从地区分布看，截至 2017 年，印度、巴基斯坦、孟加拉国、阿富汗、斯里兰卡、马尔代夫、不丹和尼泊尔等 8 个南亚国家的 PPP 数量超过 400 项，占到“一带一路”沿线国家 PPP 项目总数的一半以上，成为“一带一路”PPP 项目主要的集中区域；东盟 10 国的 PPP 项目数接近 150 项，约占沿线 65 个国家 PPP 项目总数的 20%，投资规模约占沿线 PPP 项目总规模的 30%；而西亚国家、中东欧等国的 PPP 项目实为罕见。可见，“一带一路”沿线国家的 PPP 项目分布不均，且较不平衡。

第二，“一带一路”沿线的 PPP 项目行业分布相对集中。无论是在区域上，还是单体国家，PPP 项目行业基本分布在油气能源、电力、居民安居工程、通信、交通运输、水利、矿产开发等领域。其中，东盟国家经济发展较快，且水力资源丰富，水电站等水电类PPP项目占比最高；中亚5国、俄罗斯等独联体国家，以及西亚18国，由于油气资源丰沛，开采和冶炼业发展较快，因此，该区域油气类PPP项目占比最高；俄罗斯油气类PPP项目数占全国PPP项目总量的45%；南亚国家由于市政交通等公共产品需求迫切，交通运输类PPP项目占区域总量的30%以上。

沿线国家PPP项目行业分布集中的原因可以归结为三个主要方面：一是，由于“一带一路”沿线发展中国家的区域发展程度相对接近，城镇化、交通、电力等基础设施需求表现出一定的区域趋同性和连带性，由此造成了PPP项目的区域行业集中；二是，区域临近的国家资源禀赋相对类似，根据比较优势原则来选择适合PPP的行业，自然成为“一带一路”PPP项目分布集中的另一个原因；三是，地区之间的私有化程度和公共品市场的开放程度具有一定的区域连带性，PPP模式可在相邻的国家之间进行影响和传播。

第三，“一带一路”沿线国家PPP的发展现状与该国整体的经济水平关联度并不高。传统观点认为，一国PPP市场的发达程度将与该国的经济水平和市场化程度紧密关联。但在“一带一路”的PPP市场中可以发现，沿线PPP的发展程度，不论是项目规模，还是投资总量，与该国的经济社会发达程度并不成正比，且无明显的关联关系。例如，沙特阿拉伯、印度尼西亚等亚洲主要大国，其PPP总量均没有进入排名的前列；阿联酋作为高收入国家，该国的PPP项目为零。东欧16国的PPP项目多为存量项目，新增项目相对较少。出现这一现象背后的原因是多方面的，其中一个重要的原因在于，高收入水平的国家，本国的基础设施建设相对完善，国内融资系统也比较成熟，国家财政或单边市场可以完成相应的融资建设工作，因此不需要采用国际PPP模式。

第四，新兴经济体占主导地位，且PPP发展存在区域“领头羊”。东亚及东盟地区、南亚地区新兴经济体较多，PPP模式发展快速，项目数分别占沿线发展中国家的45%和33%，投资额分别占沿线发展中国家的33%。中亚地区新兴市场国家较少，该区域的基础设施建设和私人参与程度最低，投资项目仅12个。另外，在每个发展区域中都存在PPP的“领头羊”国家。东亚及东盟地区的中国，南亚地区的印度，西亚地区的土耳其，独联体地区的俄罗斯等 PPP 发展势头强劲，项目增长迅速，成为所在地区 PPP 应用的主要效仿对象。

第五，“一带一路”沿线 PPP 项目以 BOT 模式为主。通过研究我们可以发现，“一带一路”沿线国家的 PPP 项目多以 BOT 模式为主。这其中主要的原因可能是因为 BOT 模式更加接近当地发展中国家传统的业务分包模式，也更加偏向当地的项目治理习惯。在这些国家的 BOT 模式中，社会资本与私人部门负责基础设施的投资、融资、建设、经营和维护，这里的社会资本主要为外国公司，特别是中国的大型国有企业。在建成后的运营过程中，援助国的社会资本通过政府付费或用户收费方式来回收投资，并由当地政府和合作方政府联合对该项目进行监管。在运营期满后，基础设施会移交给当地政府部门，并由受援国的企业或政府负责后续的运维。BOT 模式的特点更加满足国际合作项目之间的交接与协调，这也是“一带一路”国家以 BOT 作为主要 PPP 模式的另一个主要原因。

三、主要风险

“一带一路”沿线国家和地区在发展程度、经济环境、人文地理和法律制度方面都存在着极大的差异。加之 PPP 项目所固有的长期性和多主体的复杂性，使得“一带一路”PPP 项目面临着更多的不确定性和更大的风险。以下我们结合中国在海外项目投资的案例，特别是近年来具有代表性的投资失败教训，梳理归纳“一带一路”国家 PPP 项目所可能面临的政治、法律、经济、社会和自然等各类风险。

1. 政治风险

“一带一路”沿线国家政治因素复杂，国家内部党派林立，政治政权更迭频繁。特别是新旧政府的转换，将给政策的衔接和项目的持续性带来极大的风险，有些政策的变动方向甚至是颠覆性的。

除“一带一路”沿线国家内部外，国家之间的争端，外交冲突甚至战争，也会导致项目合作的环境突变。“一带一路”沿线暗含了全球诸多“不稳定的弧形带”，如伊拉克战争带、叙利亚战争带等，且很多国家存在内乱、政府腐败、信誉严重缺失等问题和矛盾，这些政治风险在沿线发展中国家中表现尤为突出。

就 PPP 项目而言，很多“一带一路”沿线政府未能厘清 PPP 项目的职权界限，东道国政府部门通常并不能按照 PPP 的本质要求行事，容易套用传统的管理思维，既当项目的参与者又当项目监管者，造成责任错位，使 PPP 的优势无法发挥出来。例如，沿线很多政府直接管制微观经济，对垄断企业给予隐性补贴，导致资源错配，效率低下。与此同时，PPP 项目在很多国家会面临巨大的国家征收或国有化压力，给私人部门带来严重损失，并造成投资恐惧。

大量的投资实践表明，许多失败的案例均源于政治风险。例如，2014 年，万达集团出资 2.65 亿欧元从桑坦德手中购入西班牙大厦，计划将其改建为豪华酒店和商业中心。时任马德里市政府通过决议，给万达集团改造大厦诸多自由权及优惠条件。但由于政府换届，这些承诺在马德里市地方选举后被完全推翻，万达所承担的费用严重飙升。同年，中国中铁建设集团公司在墨西哥高铁项目中中标，但仅仅过了 3 天时间，墨西哥政府就无理由取消中国高铁项目，并以财政紧缩为由宣布无限期搁置高铁招标计划。中国高铁在“一带一路”海外项目的第一单就是由于墨西哥政府的单方面“爽约”而彻底失败。在“一带一路”倡议提出前，此类问题也时常发生。中国平安从 2007 年起，先后向比利时富通集团投资约 238 亿元，获得近 5% 的股份。2008 年全球金融危机爆发后，富通集团被比利时政府强行国有化，并以低价出售，造成中国平安的直接损失近 228 亿元。2011 年，我国投资利比亚的 50 多个大型项目因利比亚战争而无法履行。这些失败的案例均折射出政治风险是海外项目的重要威胁，“一带一路”PPP 项目会与多国政府发生商业和投资上的往来，因而面临着不容忽视的、巨大的政治风险①。

---

① 资料来源：陈青松，任兵.“一带一路”与 PPP［M］. 北京：中国建筑工业出版社，2018.

邓鸿雁. PPP 项目的“国际范儿”有何亮点［J］. 中国商界，2019（1）.

胡忆楠，丁一兵，王铁山.“一带一路”沿线国家 PPP 项目风险识别及应对［J］. 国际经济合作，2019（3）.

徐哲潇，杜国臣. 以 PPP 模式推动“一带一路”建设的思考［J］. 国际经济合作，2018（10）.

2. 法律风险

“一带一路”国家社会法制形态的建设程度不尽相同，很多地区和国家尚未形成健全有效的法律体系和法制环境，制度建设落后、市场观念淡薄、信用体系缺乏。这些不利因素，给以法律和契约精神为前提的 PPP 项目带来了极大的法律风险。

在“一带一路”沿线国家中，包括了大陆法系、英美法系、伊斯兰法系等多种不同的法系国家。不同法系国家的项目招标程序、材料准备、标准对接、产权移交、项目终止等方面都存在着巨大的法律法规差异。部分沿线国家法律制度不健全且随意性大，法律条款经常被忽视；有些国家在执法时常常对国外企业有所歧视，甚至借助临时立法的方式，限制国外企业的生产运营。

“一带一路”沿线国家法律环境复杂多样，且很多参与 PPP 项目的社会资本对相关国家的法律制度不了解或了解不深入，导致 PPP 国际项目在执行时遇到很多制度和规则方面的阻碍。此类问题在国际合作和海外项目中并不罕见。例如，2008 年，中海油收购挪威的欧洲 COSL 钻井公司（COSL Drilling Europe），2013 年 11 月，公司因对当地的税收条例了解不足而造成失误，被挪威税务机关要求补交 2006 年和 2007 年的所得税约 1.75 亿挪威克朗，由此给公司带来了严重损失。中信泰富投资的澳洲磁铁矿项目，由于难以承受当地矿工极高的工资标准而试图使用国内相对便宜的劳工，但因澳大利亚法律对外籍员工就业许可极其严格，最终导致项目失败。

3. 经济风险

经济风险主要指因经济政策变化、产业结构调整、货币银根紧缩、项目产品需求调整、通货膨胀、金融风险和外汇汇率变化等经济因素造成的项目收益风险。

对于“一带一路”PPP 项目而言，经济风险也十分明显甚至严峻。“一带一路”PPP 项目以基础设施建设为主，具有集中投资大、建设周期长、投资收益慢等特点，其项目周期一般为 10～30 年，有的甚至更长。经济收益取决于项目建成后的运营效果，而沿线发展中国家经济发展环境复杂，能否顺利收回预期收益的不确定性很大。

从融资和汇率的因素看，海外融资是“一带一路”项目的重要资金来源，然而，多币种的融资和结算结构，使得项目本身存在一定的汇率风险。“一带一路”沿线国家大多经济落后，收入水平较低，同时缺乏有效的资金融通渠道和监管保障体制，项目融资的制度担保性较差。在通常情况下，项目所在国以本币开展项目运行，这将与贷款国之间产生不稳定的汇率差，而多数“一带一路”沿线国家缺少完备的外汇管理体系，外汇储备有限，且货币不可自由兑换，因此，国际货币市场的汇率波动会直接影响项目价值和收益水平。

近年来因经济风险造成失败的 PPP 项目不胜枚举。例如，尼日利亚拉各斯州收费公路由于出现替代项目，造成该公路利润降低，最后被迫移交政府。齐星铁塔 1.4 亿美元收购了南非金矿（Stonewall）的全部股权，因金价下滑而弃购，导致对方提起仲裁，被判支付了 8 400 万美元的支付费用。中国钢铁企业购买了濒临倒闭的秘鲁国有铁矿公司，收购后罢工不断、市场行情不佳，加之设备失修等各种问题，造成此项目巨大的经济损失。此外，近年来部分新兴经济体货币汇率大幅贬值，经济衰退明显，导致“一带一路” PPP 项目遭受着严重的金融风险和经济下行压力。

4. 社会风险

社会风险是“一带一路” PPP 项目所面临的另一重要制约因素。“一带一路”沿线国家涵盖亚、欧多地，处于东西方多个文明的交汇地，宗教文化差异大，社会不稳定因素多，公众情绪和认识不统一，这些社会层面的问题均对 PPP 项目的开展和落实产生影响。

“一带一路”沿线国家包含着基督教、伊斯兰教与佛教等多种宗教文化，彼此信仰差异较大，不同民族与种族之间也存在着很多历史文明冲突，具有易突发、多样化、复杂性、根源性等特质。很多国家政教关系复杂，部分国家政教合一或以某项宗教为国教。面对如此复杂的社会因素，“一带一路”沿线实施的 PPP 项目，如果不深入了解并主动适应各地的本土文化，将不利于项目的推动和协调，甚至直接导致项目失败。同时，有些国家社会治安情况复杂，有的甚至处于动荡地区，项目的安全风险更是不可小觑。

从 PPP 项目自身上讲，PPP 项目的重要特征是其所具有的公共商品和公共服务属性，这也使得 PPP 项目的社会属性明显高于其他类型的项目。对于追求利润的企业来说，公共品供给和服务意味着其在经济收益上的弱化，如果项目自身的稳定性得不到保障，社会资本将很难参与到“一带一路”的项目开发当中。

以下几个典型的失败案例均源于项目实施企业对当地的社会风险评估和认识不足。缅甸密松水电站曾是中资公司走出国门的典范，但在缅甸开工一年后，缅甸民众对项目给当地环境和民生带来的影响强烈不满，最终导致项目遭遇搁置。项目的暂停给中缅双方都造成了巨大的损失，主要投资方中电投损失达 30 多亿美元。墨西哥坎昆龙城项目由中国商务部外贸发展局出资兴建，总投资额为 1.8 亿美元，整个项目总面积为 561 公顷，计划成为中国在海外规模第二大的综合商城，仅次于“迪拜龙城”。但由于当地社会各界担心项目落成会冲击本国产业，掀起抗议，最终导致项目被叫停。

5. 自然风险

自然风险一般指因地震、海啸等自然灾害和反常的恶劣天气影响，而给项目带来成本追加，甚至中断的灾害风险。“一带一路”沿线的很多国家地处灾害多发地，且自身抗灾能力弱。德国一研究机构发布的《2017 年全球气候风险指数》报告显示，1996～2015 年，在全球受极端天气事件影响排名前十的国家中，有 6 个分布在“一带一路”沿线，灾害分布区域以中国、南亚和东南亚最为严重。

对于一项大型工程项目来说，工程地质条件和气候条件都将直接影响工程的进程和质量。很多项目都会因现场地质条件与勘察报告不符而导致项目失败。以牙买加 H2K 高速公路项目为例，经几番论证的牙买加高速公路项目，因在开工后发现当地的地质条件远比项目评估的复杂，且勘探困难，导致项目方案一变再变，项目施工进程极为缓慢。中国公司在承建哈萨克斯坦的工程项目时发现，由于当地冬季寒冷，冰雪天气持续时间长，从当年11月到次年3月均无法正常施工，但因在前期规划中未能考虑这一问题，导致项目无法在规定时间内完工。

特别值得说明的是，环保问题是“一带一路”沿线国家PPP项目需要关注的重要因素，甚至是基本的原则和红线，PPP项目必须注意保护当地环境。宝钢集团曾经在巴西合资建设钢厂项目，但因选址靠近自然保护区，加之空气污染等环保问题，导致项目两次搁浅。而与这些相反的正面例子是，巴基斯坦卡西姆港煤电站的PPP项目，项目公司在电站施工过程中十分注意对当地环境的保护，移植和栽种的红树林面积是砍伐面积的5倍，使得项目得到当地居民的拥护并最终顺利完成。

第三节 “一带一路”PPP国际合作的热点问题探讨

以PPP模式开展“一带一路”国际合作，是当前极具现实意义的新型国际合作模式。“一带一路”倡议和PPP模式的应用也几乎在同一时期成为全球共同的热点话题。以下，我们将就“一带一路”沿线国家开展PPP项目的制度环境与法律体系、金融创新、绿色发展、海外PPP项目区别与特点等热点问题进行讨论和分析。

一、制度环境与法律体系

PPP模式可以成为“一带一路”国际合作的重要融资机制和项目管理模式，但需要特别指出的是，沿线国家不同的法律体系和制度环境，是“一带一路”沿线国家开展PPP项目需要关注的一个重要问题。

具体来讲，在“一带一路”沿线国家中，新加坡、缅甸、印度等代表国属于英美法系，中东国家多尊奉伊斯兰教，属于伊斯兰法系，其余近30多个国家属于大陆法系。法系环境的不同，直接导致PPP的监管依据和监管理念存在巨大的差异。

以“一带一路”PPP项目中的税收制度为例。参与“一带一路”PPP项目的社会资本将面临三种主要的税收制度风险。一是国际双重征税的制度，即两个主权国家对纳税人的两次征税，企业“走出去”后，如果东道国政府没有对“走出去”企业进行免税，则其必然受到双重征税的要求。二是税收歧视待遇风险。参与 PPP 项目的企业在东道国往往会受到非国民待遇，在税收上具体表现为对企业采取两种不同的税率。三是东道国政府的反避税措施风险。有些时候，东道国政府会采取一些反避税措施对外资企业予以刁难。税收制度环境的复杂甚至苛刻，将导致“一带一路”PPP 项目的经济成本和交易成本大大上升。

再以知识产权和法律适用性的比较为例。在经济全球化的背景下，知识产权保护在世界范围不断得到强化，大多数国家都会对本国的工业产权进行登记，保护本国的经济和利益。同样的，与沿线国家的合作也将面临大量的知识创新和知识产权保护问题，特别是共同开发的技术专利、产品商标，甚至专有名词等。这些知识产权如何归属，能否实现产权共享，是“一带一路”PPP 项目开展面临的具体问题。

在法律适用上，“一带一路”沿线国家的法律法规，在另一个国家将不再适用。具体而言，涉外法律适用性问题存在于法律管辖范围、适用条款以及判决与执行等多方面，这些对于处理企业的纠纷影响甚大。如果不能全面了解他国法律，就可能在经营中出现违反他国法律的行为，在不知情的情况下出现 PPP 项目违规。通常情况下，国际项目一旦出现争执和纠纷，双方会寻求国际条约或双边、多边协定，其中多以 WTO 协议或《解决国家与他国国民间投资争端公约》为依据。但“一带一路”沿线很多国家并未参与到 WTO 和国际投资争端解决中心（ICSID）中，因此将无法找到合适的法律适用条例。解决争执和纠纷的另一个可行方法是寻求国际私法协助。目前我国已加入“海牙公约”，但沿线国家仍有很多国家尚未加入。

因此，在“一带一路”PPP 项目合作中，应对沿线国家法律环境进行有效且全面的法律调查，倡导沿线国家积极参与国际公约，或尽快形成多边合作法律条例。中国商务部在 2014 年 9 月印发的《对外投资合作国别（地区）指南》中，对全世界 166 个国家和地区的法律法规、投资环境等做出了全面详细的介绍，这些工作和成果可成为“一带一路”沿线开展 PPP 项目的重要资料。

二、金融创新

“一带一路”沿线国家PPP项目的资金来源主要来自两个方面：一是主要国际金融机构的官方资金；二是来自社会资本方的资金。

官方资金的来源主要可以分为以下五类。第一类是以国家开发银行和中国进出口银行为主的中国政策性金融机构。2015年至2017年底，国家开发银行已落实“一带一路”高峰论坛上提出的2 500亿等值人民币贷款；而中国进出口银行也已经累计发放贷款高达2 900亿美元。第二类是亚洲基础设施投资银行、金砖国家新开发银行和上海合作组织开发银行所构成的新兴多边开发型金融机构。截至2017年底，亚洲基础设施投资银行参与了多个“一带一路”沿线国家PPP基建项目，总贷款金额高达30亿美元。第三类是以国有四大商业银行为代表的商业性金融机构。2015年至2017年底，“中农工建”等四大银行累计向“一带一路”沿线国家项目建设贷款超过2 000亿美元。第四类是以世界银行以及亚洲开发银行为主的世界多边金融机构。第五类是为“一带一路”专门设立的丝路基金，总规模约为400亿美元。

各类融资机构以不同的方式为“一带一路”PPP项目提供资金支持，其中不乏创新模式。例如，国内政策性金融机构以设立产业基金、特惠专项贷款等方式为大型项目提供融资支持；新兴多边金融机构以国际标准提供信贷、证券投资、保险等多元化与创新性的融资产品；世界多边金融机构则与国内政策性银行、商业银行及丝路基金等形成多方联盟，联合为“一带一路”PPP项目提供数额较大且期限较长的贷款。

在“一带一路”金融创新中，PPP项目的资产证券化是当前主要的融资创新形式。资产证券化是利用项目所要形成的固定资产，提前实现其资产价值，用未来所产生的收益为偿付支持，满足即期的现金流要求。作为一种创新型的融资方式，PPP资产证券化在“一带一路”PPP合作的应用中具有以下明显的特点：第一，“一带一路”PPP的资产证券化保障力度大，以基础设施为主的民生工程，将为项目提供相对稳定的现金流，特别是供电、供气、供暖等能源类项目，由于项目刚性需求的特点，将产生稳定的收益保障；第二，PPP 项目的时间通常长达 10～30 年，较长的时间跨度，扩大了现金流的收益书水平，提高了资产收益幅度，现金流预测性较强；第三，多样化的收入方式为 PPP 资产证券化提供了双保险，政府和社会资本合理分配风险，使得 PPP 项目整体属于较为安全的资产类型。

2017 年 6 月，财政部、中国人民银行、中国证监会联合发布了《关于规范开展政府和社会资本合作项目资产证券化有关事宜的通知》，通知明确提出，择优筛选 PPP 项目开展资产证券化；优先支持水务、环境保护、交通运输等市场化程度较高、公共服务需求稳定、现金流可预测性较强的行业开展资产证券化，并明确提出重点支持雄安新区、“一带一路”等国家战略的 PPP 项目开展资产证券化。

三、PPP 项目助力绿色“一带一路”

绿色发展不仅是我国新时代的重要发展方向，同样也是“一带一路”沿线国家建设的基本导则和发展理念。

“一带一路”沿线国家和地区自然资源十分丰富，但分布却极不平衡。在森林资源方面，俄罗斯的森林资源约占“一带一路”沿线国家和地区的 50%，西亚北非和南亚地区的人均森林面积则远远低于世界平均水平。在生态系统方面，根据世界银行发布的全球生物多样性效益指数，东南亚地区生态多样性效益指数较高，而西亚北非和中东欧地区的生态多样性效益指数则较低。世界银行的有关统计显示，中亚五国水资源消耗强度大且水资源利用效率低，单位 GDP 的水资源消耗量远高于世界平均水平。南亚地区虽然拥有仅次于亚马逊河的河流系统，但是人口众多，人均水资源占有量很少。据联合国粮农组织统计，印度、尼泊尔、斯里兰卡均属于严重缺水国家。蒙古国、埃及、沙特阿拉伯等国家也面临着不同程度的水资源短缺、土地沙化等问题。很多全球污染较为严重的地区均分布在“一带一路”沿线。

从总体上来看，“一带一路”沿线存在着不同程度的水资源短缺、土地荒漠化、空气污染等生态环境问题。生态环境较为脆弱，过低的生态环境承载力意味着对沿线投资和经济发展的要求更为严苛。因此，“一带一路”的合作一定要有别于“先污染、后治理”的发展老路，而是必须实行“边保护、边发展”的发展新路。

在“一带一路”绿色发展的前提下，PPP 模式与绿色产业和绿色金融的理念高度一致。

绿色产业一方面指环保、清洁能源等新兴的产业类型；另一方面指对传统污染产业的绿色化改造，这也是 PPP 模式应用的主要领域。当前，在践行“一带一路”的倡议中，生态保护，防沙治沙，清洁能源开发利用等均被列为重点发展的产业合作内容。在清洁能源的合作方面，2014 年，中国—中亚天然气管 D 线项目和中俄东线天然气管道的顺利开工，标志着我国在“一带一路”沿线国家正式开启清洁能源项目。此后，中国与沿线国家在风能、水能、核能等领域开展了多项合作，例如孟加拉国库克斯巴扎 60 兆瓦风电项目、尼泊尔西赛堤河项目，巴基斯坦卡拉奇 2 号核电机组项目等。

绿色金融，指投资于节能环保、清洁能源等行业的金融服务，其历史可以追溯至 20 世纪 70 年代。由于环保项目巨大的公益属性，一般的银行机构不愿意接受此类项目。直到 1974 年，联邦德国成立了世界上第一家政策性环保银行，取名为“生态银行”之后，英国、澳大利亚、美国等国也先后成立了专门为环保项目提供优惠贷款的金融机构。资料显示，英国通过绿色银行引进私人资本与依靠 PPP 模式引进社会资本，两者具有高度的相似度，且在功能和目的上有着明显的一致性：前者通过私人资本投入绿色经济领域，促进英国经济绿色转型；后者则通过引进节能环保、清洁能源、绿色交通等领域的社会资本力量，促进公益性的 PPP 项目。同时，美国绿色银行也体现了 PPP 的模式思路，即致力于推动公共资本与私人资本紧密合作，并为能源类绿色项目提供充足的资金。

PPP 本质的融资属性及其固有的公益性和社会性，使得绿色产业发展与绿色金融创新成为“一带一路”PPP 绿色项目开发的主要方向和题中应有之义。随着“一带一路”建设进入全新实施阶段，有政府参与的绿色产业基金，可以为绿色 PPP 项目增信，从而更有效吸收社会资本。2015 年，“绿色丝绸之路股权投资基金”正式启动，该基金由多家私人部门、金融机构和中国—新加坡天津生态管委会联合发起，成为全球首个致力于“一带一路”生态环境改善和生态光伏能源的发展基金，基金首期募集 300 亿元人民币。

四、海外 PPP 项目的区别与特点

“一带一路”合作的本质是海外国际合作，“一带一路”PPP 项目本身也是海外项目，因而与国内 PPP 项目有着显著的不同。

在合作主体上，国内 PPP 项目合作的主体是包括私人企业的社会资本和国内各级地方政府，但“一带一路”PPP 项目的社会资本主要是央企和地方国企，而非民营社会资本。国有企业相较于民营企业在国际项目上更有优势。一方面，对于走出去的海外项目来说，国企在抗风险能力方面要比民营企业更有实力；另一方面，民营企业在融资能力、国别形象上相对弱于国有企业。但海外 PPP 项目民营企业参与率较低也导致 PPP 项目在物有所值和资金供给上会明显缩水。从现阶段看，依靠国有企业与东道国企业和当地政府开展国际合作，是目前推进“一带一路”PPP 项目的可行方式。

综上所述，“一带一路”PPP 项目相比国内项目将面临更多的风险。因此，对于那些想参与“一带一路”PPP 项目的社会资本和私人企业来说，以下几个方面是值得认真思考和关注的。第一，“一带一路”PPP 要做好本土化的工作，中国企业应积极通过本土化的方式将利益和风险与当地政府进行捆绑，这将有助于实现中国企业在海外长期投资利益的保障。第二，应根据海外投资的不同阶段选择适合 PPP 的模式。在进入东道国的前期阶段，应先参与工程的承包和运营任务，即强调生产性业务而非投融资类业务，进而将项目风险先限于工程类风险。随着“一带一路”沿线国家 PPP 制度建设的不断成熟，社会资本与东道国政府的合作逐步稳定，可以逐渐加大融资类业务，加深产权类合作。第三，参与“一带一路”PPP 项目的国内企业要转变角色，将身份转变为“外资企业”，并积极运用本国政府的公信力和相关政策寻求自我保护。需要认识到，很多在国内可控制的项目风险，在国外却可能变得不可控制，甚至直接影响项目成败。第四，参与“一带一路”PPP 的企业要充分重视和加强项目业务能力的建设。聘请经验丰富的咨询公司和专家，一同参与“一带一路”PPP 项目的开展。

第六章 全球 PPP 经验对中国的启示与借鉴

从前五章的系统阐述和比较分析中我们可以发现，以 PPP 模式提供公共产品是各国结合本国所需所做出的共同选择，同时也是人类社会科学在处理公共服务供给问题上做出的重大制度创新。我国自 2014 年起进入 PPP 发展的加速期以后，经过了五年多的努力，已经发展成为全球规模最大的 PPP 市场。在此背景下，深入分析并借鉴全球 PPP 实践的经验，可以为我国 PPP 的进一步发展提供“他山之石”。

第一节 从全球实践看中国发展 PPP 的历史必然性

从 17 世纪法国最早出现特许经营业务，到 20 世纪 70 年代英国诞生第一个现代意义上的 PPP 项目，PPP 经历了长达数个世纪的发展和演进，并被打磨成了一种极具实用性的公共物品供给制度。此后，PPP 仅用了数十年的时间就席卷全球，被各国政府和国际组织争相采用和积极推荐。无论是 PPP 发展第一梯队的英国和法国，还是第二梯队的美国、加拿大、日本、澳大利亚、新加坡等后来居上国家，抑或以中国、印度等为代表的第三梯队发展中国家，各国在 PPP 的发展动机上均表现出了高度的相似性。

首先，填补公共财政支出的财力缺口成为各国发展 PPP 的主要动因。

纵观全球主要国家的 PPP 发展历程可以发现，无论是发达国家还是发展中国家，各国发展 PPP 的根本动因，均是出于激活社会资本、填补公共财政支出缺口这一共同目的的。

英国 PPP 的两次加速期分别出现在第二次世界大战后的经济恢复时期和 1990 年的经济衰退时期，政府以期通过扩张型的财政政策和货币政策，拉动内需，振兴经济并促进就业。巨大的基础设施兴建需求和人民日益增加的公共服务，使得时任政府不得不利用私人资本进行融资。美国 19 世纪时 PPP 的起步与处于同期的西进运动紧密相连。举国的西进迁移，带动了美国西部疆土大面积的开发需求，国家公共财政难以支持耗资如此巨大的国土开拓，因而将大量公路和基础设施的修缮和运营交由社会资本管理。加拿大政府受 2008 年全球金融危机的冲击，出现国内经济严重疲软甚至负增长态势。为刺激经济增长，政府启动私人融资计划，由此加速了本国基础设施的新建和翻新。同样，日本在 20 世纪 80 年代末，由于国家经济泡沫达到顶峰并迅速破裂，日本经济陷入低迷，税收锐减，国债和地方债的数额膨胀，国家财政状况不断恶化。在此背景下，日本政府只好通过“民活”计划和“骨太方针”，向私人部门开放公共事业。

此外，阿根廷、智利、墨西哥、巴西等拉丁美洲新兴市场国家，在 21 世纪初进入了快速发展的经济黄金期。强劲的增长带来基础设施兴建的巨大需求。为解决当地公共资源短缺的问题，各国政府均通过特许经营的方式与私人部门合作开展融资活动，大量的 PPP 项目被应用到公路、铁路、港口、电力、医院、学校、监狱等公共服务领域。

纵观全球，虽然也有少数国家，例如新加坡，其发展 PPP 项目的动因并非来自融资和财力的补充，而是更偏重社会资本的专业性和高效性，但总体来看，填补公共财政支出缺口，缓解政府经费压力，仍是各国 PPP 兴起的第一原动力。

从理论上讲，国家和政府承担公共服务和产品供给的主要责任，依靠税费机制支持公共支出也是国家的基本运行方式和主要职能。然而，各国的历史经验均表明，面对波动的经济周期和刚性的公共服务需求，特别是在人口数量增加和公共服务质量需求激增的今天，国家财力很难保障公共支出永久性的收支平衡并长期支撑社会公共服务的良性运转。依靠社会资本填补公共品的支出缺口，可以说已成为全球应对此类矛盾的共同选择，这点甚至可以被总结为国家公共治理的一条客观规律。

其次，追求私人部门在公共服务领域的专业性成为各国发展 PPP 的重要目的。

除 PPP 的融资功能外，依靠 PPP 模式提高公共品服务的质量和效率，以最优化的资源配置实现最大的社会效用，是各国发展 PPP 的另一重要动因。

同样以全球 PPP 代表国的实践为例，法国作为推行特许经营模式最早的国家，其发展 PPP 的重要目的就是将具有专业性的公共服务，例如城市供水、污水处理、城市照明、电网运行和轨道交通等，交由社会资本管理。到20 世纪末，法国3/4 的城市供水都是通过 PPP 模式运行的。美国联邦政府归纳了推行 PPP 模式的七个理由，除节约政府成本，补充公共资金外，其余的六个分别是：弥补政府工作人员的专业知识缺乏、提供政府政治领导的能力支持、增加灵活性、增加创新、提高效率以及获得高质量的服务。澳大利亚对公共基础设施有着十分严格的专业和工艺要求，这使得该国政府主动与私人企业合作，以期寻求更好的工程质量和专业技术团队。作为崇尚市场机制和自由竞争的“年轻”国度，新加坡在独立之初，就意识到单靠公共部门无法长期有效地供给公共产品。在国家独立 2 年之后，新加坡就推出了首个公私合作计划，用以城市重建。追求“物有所值”和高效率，几乎成为新加坡推行 PPP 的全部原因。

可以看到，全球几乎所有国家在选择 PPP 模式时，都会考虑其所带来的高效率和专业性，这也是很多国家采用“物有所值”作为评估 PPP 项目合理性的重要原因。虽然非洲地区的很多国家采用 PPP 模式的动因主要源于国际社会和跨国机构的外力推动，但也正是由于 PPP 模式的高效率和灵活性，才使得国际社会将 PPP 模式作为援助非洲发展的模式输出和能力建设手段。这也从一个侧面证明了专业性和效率导向是吸引各国探索 PPP 模式的重要动因。

公共事业与服务虽然具有公共品属性，但依旧具有专业性要求和投入产出的经济逻辑。众所周知，任何一个经济体，如果要实现健康、长期可持续发展，必须能够很好地处理公平与效率之间的关系。而实践证明，市场机制是追寻效率最佳的制度安排，但在处理公平性的问题上，市场机制也存在市场失灵等明显的制度缺陷；而政府在公共品供给上的垄断、缺乏竞争和专业性的缺失，造成了政府失灵的客观局限。长期以来，无论是政府的单边供给还是公共品领域的完全市场化改革，均不能妥善兼顾公共品供给公平与效率。直至 PPP 模式的出现，才为公共部门与私人部门创造了最为合理有效的合作机制，平衡了经济与社会、效率与公平、市场与政府等多种矛盾体之间的关系，打破了非此即彼的对立，实现了协调融合的统一。

再次，各国 PPP 模式的兴起与演进，均与本国经济发展中的“私有化”、“民营化”或者“混合所有制”等改革进程密切相关。

PPP 模式作为公共事业向私人部门开放的制度创新，在本质上是政府职能的重新定位和对私人部门的制度开放。世界各个国家 PPP 的兴起与演进，无一例外地都与本国的私有化改革、民营化进程，以及混合所有制的发展紧密相关。换句话说，PPP 模式绝非单纯的融资体制创新，其本身兼具体制改革与国家治理体系全面升级的深厚内涵。

PPP 起源于欧洲的重要原因是基于欧洲所具有的现代自由主义和自由经济的底色。受新自由主义经济思潮的影响，英国于 20 世纪 80 年代初期开始施行私有化改革。以首相为主要倡导人的英国政府在电力、城市供水、天然气等公共领域大力推行私有化制度。在 90 年代初，英国财政部甚至制定了“普遍适用原则”，要求英国各地政府在开发公共项目时，必须优先考虑利用社会资本的可能。日本的“民活”运动，在本质上也是私有化改革，政府积极地将私营企业及团体引入地方的自治管理和公共事务之中。澳大利亚在 20 世纪末，将大量的公共业务以私有化的形式进行了剥离，同时将国有企业置身于与私营企业同等的竞争环境中。印度在 1947 年独立后，继续受英国工党经济政策的影响，并着力发展私有制经济，实行公私并举的经济政策，除国防军工产业和基础工业原料等国民生计产业外，其余行业均对私人企业开放。作为拉丁美洲的国家代表，秘鲁政府于 20 世纪 90 年代颁布《国有企业私人投资促进法》，明确国家公共服务领域对私人企业开放，并鼓励国有企业与私人资本合作，甚至主动出让国有股份或资产。也正是因为私有化的改革，帮助秘鲁实现了连续多年的经济高速增长。智利在“芝加哥帮”的影响下，从 20 世纪 80 年代开始，就对公共财产进行私有化，并主动向私人开放自然资源，催生了本国特许经营等 PPP 模式。同样的，我国自改革开放以来，民营经济与社会资本得到了长足的发展，为PPP的发展提供了关键的土壤和制度环境。特别是混合所有制等一系列改革措施的实施，在很大程度上催生了公共部门与私人部门在产权形式上的深度合作，这与PPP的内涵与理念异曲同工。

诚然，各个国家的私有化或民营化也并非一帆风顺，而是在曲折中不断徘徊前行的，由此也给PPP的发展带来不少曲折。例如，英国供水行业在经历了彻底的私有化改革后，又逐渐被国有化，此后在80年代初又被陆续民营化。英国供水领域的PPP项目也在此周折中徘徊前行。但有的国家如加拿大，并没有将PPP模式与“私有化”或“民营化”的发展思潮绑定，而是单纯地将其作为一种模式工具，因此，这些国家的PPP发展并没有受到国家意识形态或政策主张的太大影响。

需要强调指出的是，完全的私有化或民营化并非PPP模式的内涵要义。公共物品的非竞争性和非排他性特征，也注定了完全意义上的私有化改革无法适用，这也是很多国家在该领域实施完全市场化改革之所以失败的原因。现代PPP模式的产生，正是在国有化向民营化改革、民营化再向国有化回摆的螺旋式过程中被发明创造出来的，作为处在“公”与“私”两种理念之间的一个中间状态，在很大程度上可以说，PPP是公共品供给中政府与市场平衡博弈的一个结果。

全球PPP发展的经验表明，PPP模式在我国的兴起和加速具有客观的历史必然性。

从全球PPP发展的实践来看，填补公共财政支出缺口，追求专业性与高效率，以及“公有制”与“私有化”改革之间的平衡博弈，是全球PPP兴起的共同原因，同样也是驱动PPP快速发展的主要动力。而这些动因在我国现阶段也同样得到了满足。

首先，“紧财政”的经济基调与人民日益提高的生活水平，决定了公共服务支出必须由公共部门与社会资本共同承担。伴随着经济新常态的到来，“紧财政”已成为我国近年来财政政策的主要基调。以2019年为例，一方面，全年超过2万亿元的减税降费额度史无前例，力度空前的减税降负给公共财政收入带来了巨大压力；另一方面，2019年我国的人均GDP首次突破了1万美元，这也意味着人民对高质量公共服务的需求将进一步刚性增长。公共需求与税费收入两者之间的“剪刀差”，造成公共财政支出能力与需求之间的巨大缺口。因此，唯有通过 PPP 模式盘活社会资本，才是当前解决这一矛盾有效且唯一的出路。财政部最新统计数据显示，2019 年 1 ~ 11 月，全国一般公共预算支出 20.6 万亿元，而据 2019 年中国民营企业白皮书显示，中国民营企业仅注册资本就超过 165 万亿元。公共财力与社会资本之间的财力差距可见一斑。

其次，我国的公共产品与服务同样亟待提高专业性与运营效率。在传统的公共服务供给模式中，政府是公共服务的唯一主体，然而，由于缺乏竞争和行政层级式的管理机制，使得公共服务极易出现专业不足和运维低效。这使得公共服务不仅在经济效益上难以平衡，更是无法有效保障其社会效益。在有些领域，即使公共部门通过政府采购的方式委托私人企业负责开发运行，但由于实质主导权仍在政府手中，私人部门仅是托管办事，根本无法发挥其主观能动性和自身对市场的洞察力。换句话说，基于政府公权力的公共服务体制，很难满足社会对公共服务的高质量需要，更难实现公共服务全要素的最优组合。由此可见，我国的公共服务急需在供给模式上进行创新和供给侧改革，其中的一条重要路径就是引进 PPP 模式，并借助其固有的激励相容机制及市场化属性，激活社会资本方的潜在优势，以质量效益和服务效率为导向，推动公共服务的转型提效。

最后，发展 PPP 也是我国进一步深化改革，促进对内开放的重要抓手。从改制的角度讲，PPP 的作用不仅在于填补公共支出资金缺口，提高公共服务的专业性和供给效率，其本身也是深化财税体制改革、加快转变政府职能、提升国家治理能力的重要尝试。党的十八大以来，国家多次明确要建立以“法治、稳固、阳光、效率”为特征的现代财政制度，使财政制度向有利于经济可持续增长、维护市场统一、促进社会公平正义的方向发展。而 PPP 模式所尊崇的契约精神、长效稳定、公开透明、专业高效完全契合国家现代财政制度改革的方向。另外，长期以来政府与市场的关系问题，已成为我国市场化改革道路上的突出矛盾，这也是党中央自十八大以来一再强调建立新型政商关系的缘由所在。在 PPP 模式中，公共部门与社会资本以平等的身份参与项目，政府与市场具有明确的分工与风险责任，这将有利于厘清政府与市场的关系，并推动多元主体共治的国家治理体系现代化建设。

综上所述，从发展的动因与国际经验来看，PPP 模式在我国的兴起符合国家现阶段的时代特点与发展需要，是符合社会发展基本规律的一个客观必然选择。

第二节 PPP 模式的共性与中国的本地化特征

PPP 在我国出现较早，但兴起较晚，直到党的十八大提出“允许社会资本通过特许经营等方式参与城市基础设施投资和运营”，PPP 在国内才算有了正式的制度环境。作为 PPP 的后起国家，我国的 PPP 主要通过模仿和学习，引入英国、法国等国的 PPP 模式与管理方法，但同时也结合本国的特征，进行着本地化的演变和发展。

通过国际 PPP 的比较可以发现，我国 PPP 的实践与世界主要国家的 PPP 具有许多共同特征，具体表现在以下三个方面。

第一，对 PPP 发展的内涵要义与核心机制有共同的把握。PPP 作为一种泛化式的表达，虽然各个国家对其表述各有不同，国际学术界也尚未对 PPP 给出统一的定义，但包括中国在内的世界各个国家对 PPP 的内涵把握是具有很大相似性的，甚至说是共同的。例如，各国均将拓宽公共支出融通渠道，提高公共品供给效率作为发展 PPP 的首要目的；均将 PPP 视为公有制和私有制在公共品供给方式上的一种中间形态，以期寻求公共部门与私人部门之间的资源互补与平衡；均将政府在处理公共事务中的特殊优势与市场机制的灵活高效作为 PPP 模式结合的关键，并寻求长效可持续的公共品供给方式。对这些共性的认识与内涵把握，在很大程度上反映了 PPP 的理论特质与属性。

在实践上，PPP 的激励相容、风险共担、合理回报与平等合作等核心制度机制，也是各国在 PPP 实践中严格遵守的共同准则。绝大多数的 PPP 代表国会在社会资本完成约定的产出绩效后，给予相应的支付回报，使社会资本在自身创造的价值中获利。这种激励相容机制，给公共服务注入了明显的竞争机制与创新驱动力；在 PPP 风险分担的机制中，能力原则的规定与明确的风险边界的设定，实现了合作群体的风险损害最小化与应对能力最大化；与此同时，各类主体承担风险的程度与所得回报水平直接匹配，由此实现了效益与风险的对等。公共部门与私人部门之间的平等合作，共建起项目共治的新型政企关系，使社会资本的主观能动性得以充分发挥。可以看到，无论各国在 PPP 的具体应用中如何调整和变通，这些 PPP 核心机制均未发生根本改变，这也使得 PPP 的演进“万变不离其宗”，确保了其基本功能和优势的发挥。

第二，在 PPP 模式的选择和应用原则上具有相通性。虽然各个国家在 PPP 模式分类与合同类型上各不相同，但在分类方法或分类的原则性上却是相通的。例如，中国政府根据社会资本是否参与融资行为，将 PPP 分为融资性 PPP 和非融资性 PPP；法国根据有无融资行为，或有无提前融资性举措将 PPP 分为传统采购、特许经营和伙伴关系三类。与此同时，各国也根据不同 PPP 模式中私有化程度的大小，对项目的风险进行分类管控。例如委托类 PPP 私有化程度较低，产权关系相对简单，因而，项目应用领域相对宽泛，对其监管的标准也较低；而偏私有化类的 PPP，产权关系复杂，各国在该模式的应用中均采取了相对谨慎的态度。

在支付方式上，“使用者付费”“政府付费”和“可行性缺口补贴”是我国社会资本在参与 PPP 项目时获得收益的三种方式，同时也是世界主要国家 PPP 通用的三种付费方式。研究发现，各国政府在同社会资本结算时，有两项基本原则是相通的。第一，若社会资本所承担项目的社会效益十分明显，即项目的公益性明显高于该项目的盈利性，则政府会通过“政府付费”和“可行性缺口补贴”的方式给予支付，且社会公益性越大，政府支付的比重越多。如城市绿化、环保工程等领域。第二，社会资本参与 PPP 项目的合理回报率一般会控制在有效的运行期间，通常与各国市场的长期贷款基准利率，或金融市场的无风险利率水平相当，但一般会低于企业在竞争性市场上的平均收益率。因此，追求长期平稳的项目收益，是社会资本参与 PPP 项目的共同诉求。

第三，采用国际通行的 PPP 操作规则和评估方法。在具体 PPP 评估方法和操作规则上，中国 PPP 的操作指南基本沿袭世界上主流国家的规则内容。例如，在 PPP 评估中，中国的 PPP 同样采用世界惯例的“物有所值”和“财务承受能力”等主要指标；在流程上，按照项目识别、项目准备、项目采购、项目执行和项目移交等流程模块化的方式推进，其中项目采购是 PPP 项目推进的核心；PPP 项目严格遵照合同契约精神，将双方的权责义利统一在合同文书当中，并明确项目意外终止的条款，预留争辩纠纷的程序。同样地，在法律制度的建设上，中国作为大陆法系的代表国家，也希望通过出台高阶法案统一 PPP 的国家制度和顶层设计，并对政府采购法、招标法等相关的规章制度进行相应的衔接和协调。虽然现阶段相关的法律和各类法规尚未出台，但依法治理的监管思路已经形成，高阶立法等制度框架的搭建工作，已经成为中国 PPP 当前重要的发展任务和工作重点。

上述三个方面表现出的共同性或相通性，在很大程度上展示了中国在发展 PPP 的过程中，向国际社会学习、效仿的努力和基本成效。也正是基于这种学习和效仿，中国才能在短时间内搭建起 PPP 模式的总体轮廓和治理框架。当然，在积极学习国际 PPP 发展经验的同时，中国政府也在结合本国的实际国情，对 PPP 进行着“中国化”式的改造和调整，由此形成了很多本地化特征，其中以下三个方面最具代表性：

第一，财政部和国家发展改革委监管部门的双重性。综览全球主要国家的 PPP 治理，几乎所有国家的 PPP 监管都由本国或各地政府的财政部门负责，而我国由于行政体制的特殊性，政府对 PPP 的管理由国家财政部和国家发展改革委两个部门同时负责。这种双部门管理成为我国 PPP 监管制度的一个重要特色，但同时也是一个严重的问题。研究两个部门推行 PPP 的文件可以发现，财政部与国家发展改革委对发展 PPP 的初衷并非完全统一：前者更加强调 PPP 对公共财政支持的资本填补作用，而后者则更加强调社会资本在公共服务领域的专业性与高效率。发展初衷的不同，直接导致两个国家部委发布的政策与规范文件存在许多差异，造成国家 PPP 发展监管标准的双重性和地方在执行过程中的无所适从。

从国际 PPP 的发展实践来看，也有的国家通过多部门对 PPP 进行联合监管，或分工合作。例如，智利由该国的财政部和公共工程部同时负责 PPP 项目的评审和推进工作，项目的批复需要两个部门同时签署。印度非交通类 PPP 项目由财政部下属的经济事务司负责，而交通类项目则统一由国家高速公路局监管。但在这些联合监管的国家中，各部委会统一在同一部法律文件或监管框架下，有的则直接根据项目类型分类并进行分业监管，因而并不存在像我国这种双重政策或多种标准所导致的混乱局面。

第二，国有企业成为社会资本的主要力量。在 PPP 的定义中，两个“P”所指代的分别为公共部门和社会资本，其中，各国对公共部门的理解比较统一，即指以政府为代表的，可以行使公权力的部门。但各个国家对社会资本的定义和范畴却有着很不一样的认识。从我国 PPP 参与的情况看，中央企业或地方国有企业，是参与 PPP 主要的社会资本，换句话说，现阶段国有企业是我国参与 PPP 的社会资本主力军。而由于各种原因，民营企业或私人部门参与 PPP 项目的比例较低。根据国家财政部政府和社会资本合作中心公布的数据显示，截至 2018 年 6 月底，866 个落地示范项目中，民营企业占比 39.4%，而国有企业占比达 54.2%。

然而，在很多国家和国际机构，国有企业是无法被列入社会资本范畴的。例如，英国、秘鲁、南非以及包括亚洲开发银行在内的国际机构，均把国有企业作为公共部门，而社会资本主要指私人资本和民营企业，有的国家甚至把 PPP 定义为“公”“私”合作，即民营企业才是与政府对应的社会主体。在我国，国有企业与政府之间具有复杂的政企关系，因此，在一定程度上将影响 PPP 功能的发挥。

与此同时，也要看到国有企业参与 PPP 项目也有其自身的特点和优势。一方面，伴随着国有企业市场化程度的不断提高，国有企业同样具有专业优势和资源优势；另一方面，国有企业自身的资金实力、抗风险能力以及其较强的契约意识，反而会成为我国 PPP 发展的特有优势。从其他国家 PPP 发展来看，有些国家也在陆续将国有企业列入社会资本行列。例如菲律宾，在 2012 年对 PPP 法律修正时，PPP 执行机构的范围加入了国有企业、国有金融机构和大学等，国有企业的专业性和市场性得到了进一步的重视。

第三，我国发展 PPP 的市场环境也有其特殊性。改革开放以来，尽管我国的经济社会建设取得了非凡的成就，但由于社会主义市场经济体制的建立从 1992 年正式开始至今，还不到 30 年的时间，很多制度和理念尚未完全转轨和转型，特别是与英法等成熟的经济体相比，我国的市场经济体制还很不完善。

PPP 的发展根植于市场机制，而在如此“年轻”的市场环境中快速发展 PPP，构成了我国 PPP 发展的另一特殊性，而这绝对是问题的症结所在。长期以来，以企业属性存在的地方政府融资平台承担着我国公共品和基础设施融资的主要职责，并依靠土地资源为主的财政收入得以维系。这种政府与市场边界的模糊，甚至政府职能与市场职能的重叠，诱发了 PPP 在我国的异化现象。例如，国内不少地区仍把 PPP 视为一种简单的投融资手段，沿用传统地方融资平台的运作思维，出现了政府兜底、名股实债、政府回购、固定回报、变相融资等现象。以 PPP 之名，行变相举债之名。在信贷融资方面，国内金融机构仍然倾向于对大型国有企业，或有政府背景的主体进行借贷，私人部门的贷款通道仍然存在阻碍。这些问题在其他国家少有，但在我国却不断出现，造成这些问题的根本原因在于尚未完全成熟的市场环境以及根深蒂固的惯性思维。因此，正本清源，按照市场经济的发展规律来规范 PPP 的发展，是确保我国 PPP 健康发展的重要思想基础。

第三节 对全球 PPP 制度建立与管理经验的借鉴

通过梳理和总结世界主要国家 PPP 的实践可以发现，各国在 PPP 监管制度和管理方法上都积累了很多实用的经验和技巧，这些经验值得我们学习并合理借鉴。

第一，重视培植具有竞争力的社会资本与私人企业，对 PPP 项目的参与者建立一定的资质门槛。社会资本或私人部门是确保 PPP 项目质量和顺利执行的关键。从英国、法国、加拿大、印度等国的经验来看，重视培植具有竞争力和良好信誉的社会资本，是推动本国 PPP 快速发展的关键。例如，法国的 PPP 项目更倾向于选择实力雄厚的大型企业，并十分看重企业的信誉和公众形象，在项目招标环节，格外关注企业的资本实力、专业化资质和处理突发状况的能力。与此同时，法国极其注重对成熟承包商的培养和竞争性市场的建立，甚至会对本国全球行业领先的公司给予优惠政策。英国会在评选项目方案之前，从公共适当性、资产财务状况和技术专业等三方面对参标机构进行评估。加拿大政府要求社会资本所提供的 PPP 项目技术路线和性能必须满足国家级的行业标准，私人部门的产出规范要达到行业领先。印度甚至在项目执行流程中，将社会资本的资质评估和项目方案评估分开进行。墨西哥对重大 PPP 项目领域设有较高的资质门槛，例如墨西哥政府要求参与国家级公路项目的参标企业至少拥有 1 000 公里以上高级路段的施工经验，同时，在近 15 年里至少具备 3 年的公路运营管理经验。这些国家的经验做法均表明，由于 PPP 项目涉及公众利益，参与该项目的社会资本必须具有较好的资质。这一国际经验对于 PPP 发展时间不长的中国市场而言特别重要。在制度框架尚未完善的今天，我们更需要注意对社会资本的资格从技术、资金实力和社会声誉等方面进行综合竞争力评估。

第二，随着实践的发展不断完善 PPP 标准化合同与操作指南。简单来看，PPP 项目是基于契约精神的合作协议，其最终统一的形式是 PPP 合同文本。对英国、新加坡等这些普通法系国家来说，在没有高阶 PPP 综合法律的情况下，PPP 合同就是执行 PPP 项目的最终依据。在一定程度上，标准化合同的建立是一国 PPP 成熟的重要标志。英国的“PFI/PF2 标准化合同”，澳大利亚的“国家 PPP 指南细则”，日本的“PFI 项目实施程序指南”，加拿大的“PPP 项目申请准备指南”，新加坡的“PPP 手册”，印度的“中央部门 PPP 项目形成、评估与批准指引”等一系列 PPP 标准化合同或操作指南，为 PPP 项目提供了标准化的服务产品模块，格式化的付款机制以及框架性的 PPP 股东协议，进而成为这些国家对本国 PPP 指导的核心工具。此外，很多国家十分注重对 PPP 指南或合同样本的修改。日本从 2001 年到 2016 年先后五次修改《PFI 推进法》和 PPP 各项指南细则；英国从 1999 年颁布第一版《标准化 PFI 合同》后，至今已修改到了第四个版本；美国佛罗里达州自 1991 年对该州运输部的 PPP 建立法规以来，至今已修改了七次。我国于 2014 年由财政部发文出台《政府和社会资本合作模式操作指南（试行）》，并将其作为指导 PPP 的发展导则。此举是符合国际 PPP 发展实践的经验做法，但与此同时，我国 PPP 行业主管部门也需要积极总结近六年来 PPP 推进和合同管理中存在的问题和漏洞，及时修改并更新。

第三，尽快推行PPP高阶立法和PPP各级政策的协调统一。作为典型的大陆法系国家，我国应同其他大陆法系国家一样，建立高阶级行政权力的PPP专项法案。法国的《PPP专属法》、日本的《PFI推进法》、韩国的《促进私人资本参与社会间接资本投资法》、德国的《公私合作促进法》，西班牙《特许经营法》等，均是各国发展PPP最核心的法律依据和行事准则。虽然在法律形成的动因上，各个国家不尽相同，例如西欧国家PPP立法以对第二次世界大战后福利国家的反思为原动力，东欧国家以欧盟的统一要求为驱使，拉美和非洲国家主要受国际组织的发展援助影响，亚洲则源于本国私有化改革和国家战略的推动。但各国的实践均表明，唯有建立起统一的高阶法律，才能给社会资本参与公共服务树立信心并提供有效保护。对于我国而言，现有PPP发展中存在的问题以及社会各方对解决这些问题的强烈诉求，就是推动我国PPP法律制定的动力。

需要强调指出的是，无论是大陆法系国家还是普通法系国家，无论是联邦制国家还是共和制国家，PPP监管多形成国家、省、地方等多级化的制度体系，且彼此分工明确，地方法规逐层细化，彼此协调兼容。例如法国、美国和加拿大等国，虽然法系不同，但均强调法律法规之间的联动性，以及同级法律之间的互补性。从中可以看出，PPP的制度框架是一个有机的整体和完整的系统，短时间内很难一蹴而就。但发达国家已有的法律文书，可以成为我国立法工作的重要借鉴，甚至框架性模板。例如，日本的法律制度与我国的法律环境比较接近，同时，日本的中央和地方政府也是经济社会发展的主导力量，由此来看，日本的PPP法律建设对我国PPP立法会具有很强的借鉴意义。

第四，PPP模式可以建立分业管理的制度体系。从国际PPP的监管经验来看，很多国家对PPP项目施行分行业管理，并将行业特征体现在不同的合同文件和操作导则中。例如，英国会结合不同领域、不同行业的特征，制定行业专属的PPP合同范本，并将其统一在PPP标准化合同的框架内。英国的PPP合同条款分为不允许修改的“强制条款”和可以根据行业特征修编的“推荐条款”。效仿英国，印度PPP项目也会根据行业的特殊性调整监管内容。印度政府为PPP合同提供框架性模板，各行业主管部门牵头，在此基础上进行专业性补充和规定，以突出行业的专业性。美国会以不确定领域为对象，对 PPP 进行一揽子式的制度设计，同时也会根据具体领域或者具体项目，进行非一揽子式的制度设计。韩国政府会将不同类型的 PPP 模式与行业特征进行匹配，并给予专业指导，对于特殊或不熟悉的行业领域，韩国政府将要求统一采用 BTO 模式。墨西哥则根据 PPP 项目时长、资本来源方式等模式特征，制定不同的监管规则。总之，从国际经验来看，分业管理已成为很多国家 PPP 监管的重要趋势，此法可以更好地发挥 PPP 模式应用的准确性，提高精细化管理水平和项目成功率，更好地发挥行业协会等业内专业特长，进一步提高项目的专业性。我国在这一方面已经较好地吸收并借鉴了国际经验。根据财政部 PPP 综合信息平台项目管理库的分类，我国当前把 PPP 项目按 19 个行业大类进行分类。这 19 个不同行业具有明显的行业异质性，且无论从资金规模，技术需求，收益机制或风险特征等方面均具有不同的特征。

第五，突出重点监管和原则性导向。例如，英国 PPP 的制度框架追求原则性与灵活性的兼顾。在英国 PFI 标准化合同中，具有核心区域和非核心区域之分，其中的核心区域规定双方不容修改，而双方可以在非核心区域的条款中进行商议和调整。法国在 PPP 立法的设计上也采取刚柔并进的原则。日本政府在推进 PPP 过程中突出两个原则：一是以充分调动各方资源为首要任务；二是尽一切可能减少对私人部门的干预。美国政府强调 PPP 项目执行的协调性和同步性，重视各部门之间的协调机制，同时要求各机构立体同步审批，而不是按顺序开展。加拿大将监管的重点放在政府与私人之间的风险协调和分担方式。新加坡在 PPP 推进中更重视市场机制的发挥和私人权益的保护，同时给私营部门留出充分的时间和空间。印度政府对给国家应急项目或小规模的 PPP 项目开辟豁免审批程序，简化审批流程，以追求高效率。此外，还有很多国家仍在奉行“莱利法则”，即仅在公路、水务等特别适用 PPP 模式的领域开展 PPP 项目，并在引入一定数量的私人资本时，相应地减少地方公共投资财政预算的拨款，以此来防止地方政府将无节制地使用 PPP。上述各国 PPP 的监管原则性思路，均可以为我国 PPP 监管部门提供许多方法论上的启示，值得我们学习和思考。

第四节 对全球PPP操作规则的学习与借鉴

作为公共部门与社会资本的契约合作，PPP在具体的项目层面具有很多实用的操作规则和设计技巧，虽然有些国家设计的PPP操作规则具有一定的特殊性和针对性，但很多原理和理念是各国相通的。

PPP成功的关键因素在于公共部门与私人部门融合的程度，双方融合度越深，PPP的优势越能得到有效发挥。在增加融合性方面，英国政府的一些规则值得我们认真学习。例如，英国政府会以小股东的身份参与PPP项目，并按股东公司契约，与私人股权投资人享受同等权利。此举将有利于政府以公司合伙人的身份参与PPP项目，降低政府在PPP项目决策中的行政公权力属性。

促使PPP项目实现物有所值的重要手段是建立激励相容机制。PPP模式通过激励相容机制，将社会资本的绩效与收益直接挂钩，与此同时，很多国家还实行双向的激励相容机制。例如，为了激励政府部门的办事效率，英国在PPP规则中明确，若在项目评审和年度评价过程中产生节余，政府部门与承包人之间可以3∶1的比例分享该部分节余，以此增加项目评审的高效性和经济性。导向型的产出方式，也是很多国家激励相容的具体方法。例如，新加坡等国在设计PPP产出时会尽量使用产出或结果导向性的绩效规格，而不会固定具体的产出形式，以期发挥社会资本更大的创新性和能动作用。

PPP项目的融资和风险管控，是公共部门与私人部门关注的核心内容。墨西哥PPP项目通常会以私营企业、银行信贷、政府等联合混合体形式发起，这在增加了资金融通能力的同时，也强化了联合体的抗风险能力。法国政府通过一揽子的完整合同，保证融资成本、企业收益、公共服务绩效以及基础设施建设时间等多项指标的协调联动，将项目风险控制在合理区间。只有项目完整交付并实现全面的效益，社会资本才算正式完成PPP任务。哥伦比亚政府会在项目合同中提供收入保障机制、汇率保障机制和不可抗力保障机制等措施，用以应对债务风险、收入风险、汇率变动和不可抗力等问题。

在 PPP 项目收益的模式上，法国根据资本的折旧率和投资的回收率确定 PPP 具体的运营期限，将项目的运营周期与社会资本的回报率直接挂钩。有些国家在 PPP 收益方面，特别注重对私人资本的保护。例如，加拿大大多数 PPP 项目会规定，仅将一部分收益与绩效挂钩，另一部分用以保证企业的资金运转。例如，加拿大不列颠哥伦比亚省的地铁项目，只有 10% 的付款是取决于乘客量，同时项目还规定了政府在某一付款期中最多可扣除的付款上限。智利允许 PPP 公路项目收费标准按消费者物价指数进行调节，最高每年可调节 5%，以此保证社会资本方的足够收益，进而确保道路的及时修复，降低事故率。哥伦比亚政府在第二代 PPP 项目中设计了收入与合同期满挂钩的机制，即当许可方达到预期收入时，合同期限自动期满，而不是在此前设定固定合同期。

值得注意的是，很多国家政府在 PPP 项目中会将合同条款有意偏向社会资本一方，以此调动私营企业的积极性。典型的国家如加拿大，在该国的 PPP 项目中，如果因政府的问题导致项目终止，政府需要赔偿社会资本受到的所有损失，但如果是因社会资本方造成合同中断，则政府会按照当时项目的资产净值，扣减公共部门的损失。智利通过最低收入现值机制和收入再分配机制保证私人资本的收益，其核心思路是确保特许经营商不再承担因成本追加而产生的额外风险。

项目采购是 PPP 操作规则中最重要的环节，许多国家都会在 PPP 项目采购前期，对采购需求的市场供给情况进行详细的摸底。例如，英国会通过聘请咨询公司对采购需求的供给情况进行专业研判；新加坡《PPP 手册》规定 PPP 的流程先从市场调研和供给者意向采集开始；法国政府十分重视 PPP 项目的前期评估和选择，其市场调研和可行性研判通常聘请专门机构来完成。新加坡 PPP 在投标邀请发出前，会准备一份详尽的问题解答清单，以此明确政府的需求立场，加速采购供给竞争方的形成。

在加强项目自身的经济性方面，实行 PPP 项目的多级利用是很多国家当前采用的创新模式。澳大利亚政府鼓励 PPP 项目实现多级化的利用，譬如墨尔本 PPP 医院项目在医院建成运营后，允许社会资本在此基础上自行改装，兴办超市、旅店等其他公共设施，并享有税收上的优惠，其收入归社会资本所有，但是土地及所有不动产仍归政府。

组建跨领域交叉性的专业团队，是很多国家PPP执行的重要经验。例如，法国为了提高PPP项目的成功率，整个项目的管理团队由众多专业服务机构构成，通常包括咨询机构、律师事务所、会计师事务所、保险公司、银行以及融资顾问等。

此外，由于很多PPP项目最后的产权或监管仍需政府接手，因此，不少国家在PPP项目发展初期就注重对政府内部人员的能力建设和培训。例如，新加坡政府发展PPP的一条重要经验就是让政府管理人员尽早地接触该项目，参与项目全生命周期的设计和执行，并让他们协助监管，以便为顺利交接。

不过，在总结、比较和分析PPP的国际经验时我们也发现，在实践中，仍然有许多问题至今尚未得到解决和统一，且各国PPP的实践仍有很多差异。例如，PPP合同的法律属性问题。法国、日本等国将其列为行政类合同，按照行政类合同管理，而其他很多国家则基于参与PPP项目合作双方平等地位的考虑，将合同列为民事合同管理。再比如，社会资本的收益是否应该得到一定的保护，还是应该完全依靠市场机制来行事。譬如，新加坡、加拿大等国会在PPP项目政策中对社会资本进行一定的倾斜，但巴西的PPP收益则全部要求依靠市场收益和用户缴费，且任何企业提出政府补贴的申请，都会被撤销竞标资格。此外，从全球的发展来看，各国PPP退出和重新谈判的触发机制各不相同，各国在项目合理回报率或折现率的确定标准上也各具差异。我们需要认识到，不同国家在PPP发展上的差异，与一个国家的政治、法律、经济等因素密切相关，PPP项目的国别特征也应被理解为PPP全球发展中的一条重要规律并加以尊重和重视。

但无论怎样，PPP发展的国际趋势已经明确。尽管PPP在各国的发展中都面临着诸多阻碍和严峻挑战，但这种基于深刻的经济学原理和客观的历史必然性而产生的、新型的公共品供给模式，必将以各国的需求和问题为导向，不断得到改进和完善。中国也将加入全球PPP实践的国际队伍中，结合自身的发展和实践，为全球PPP的发展贡献智慧和经验。

参考文献

[1] 卜春梅，汪全报. 国外教育公私合作制（PPP）的发展与借鉴——以英国、澳大利亚、加拿大、美国为例［J］. 国家教育行政学院学报，2018（4）：65－72.

[2] 财政部政府和社会资本合作中心. 国外PPP案例选编［M］. 北京：中国商务出版社，2014.

[3] 曹书. 韩国公私合作（PPP）立法模式研究［J］. 中国政府采购，2017（5）：57－67.

[4] 陈青松，任兵. "一带一路"与PPP［M］. 北京：中国建筑工业出版社，2018.

[5] 陈涛涛等. 拉美基础设施PPP模式与中国企业投资能力［M］. 北京：清华大学出版社，2016.

[6] 陈天昊. 法国PPP纠纷解决机制——在协议合法性与协议安定性之间［J］. 中国法律评论，2018（4）：197－204.

[7] 陈新平. PPP立法实践国际比较——大陆法系与英美法系国家PPP法律制度差异分析［J］. 中国财政，2017（22）：69－71.

[8] 陈兆慧. PPP模式运行中存在的问题及对策［J］. 现代商业，2019（9）：180－181.

[9] 成军帅，姜德鑫. 中印PPP项目对比分析及对策建议［J］. 华北理工大学学报（社会科学版），2017，17（5）：10－16.

[10] 成啸. PPP：公共文化产品服务的多元化复合供给模式——以澳大利亚墨尔本剧院为例［J］. 科学发展，2016（9）：83－90.

[11]［英］达霖·格里姆赛，［澳］莫文·K. 刘易斯. PPP革命：公共服务中的政府和社会资本合作［M］. 济邦咨询公司译. 北京：中国人民大学出版社，2016.

[12] 戴正宗. 澳大利亚：PPP完胜政府采购 [N]. 中国政府采购报，2015-01-20 (004).

[13] 邓鸿雁. PPP项目的“国际范儿”有何亮点 [J]. 中国商界，2019 (1): 19-21.

[14] 段向威，张晓慧，林君瑞. 国际投资保护协定在跨境PPP项目中的应用 [J]. 国际工程与劳务，2018 (8): 67-69.

[15] [美] E.S. 萨瓦斯著，周志忍译. 民营化与PPP模式：推动政府和社会资本合作 [M]. 北京：中国人民大学出版社，2015: 291-322.

[16] [美] 弗雷德里克·比勒陀利乌斯. PPP与工程项目融资 [M]. 宋光辉，李俊，叶震译. 北京：机械工业出版社，2018.

[17] 高群山. 澳大利亚PPP模式的特点：责任明晰 [N]. 中国经济导报，2015-03-19 (B06).

[18] 公培璐. 澳大利亚PPP模式的运用对中国高速公路建设的启示 [J]. 赤子（中旬），2013 (8): 255-256.

[19] 郭丽芳，王松江. “一带一路”下我国企业在缅甸投资PPP项目的政策法律问题研究 [J]. 项目管理技术，2019，17 (8): 33-38.

[20] 何春丽. PPP示范案例的机理分析与法律适用（含国际PPP经验借鉴）[M]. 北京：法律出版社，2016.

[21] 何谐. 印度基础设施PPP项目开发竞争力现状与建议 [J]. 经济研究导刊，2018 (24): 169-175.

[22] 胡忆楠，丁一兵，王铁山. “一带一路”沿线国家PPP项目风险识别及应对 [J]. 国际经济合作，2019 (3): 132-140.

[23] 华龙，闫晓茗. 政府与社会资本合作机制研究：基于政府的视角 [M]. 北京：中国农业出版社，2017.

[24] 黄荣光. 日本中小企业融资中的PPP机制——以日本商工组合中央金库为中心 [J]. 日本学刊，2007 (6): 72-85，158-159.

[25] 贾韶琦. 法国PPP法制状况及对我国的启示 [J]. 天津法学，2019，35 (3): 64-70.

[26] 蒋硕. PPP框架下我国高铁建设的障碍与建议——基于韩国高铁PPP案例 [J]. 四川建筑，2017，37 (6): 101-102.

[27] 蒋涌. 法国政府和社会资本合作模式的发展及其借鉴意义 [J]. 法国研究, 2016 (1): 1-6

[28] 解深洋, 郭建勋. PPP 模式在城市基础设施建设中的应用分析 [J]. 居舍, 2019 (28): 12, 195.

[29] 金荣学, 魏晓兰. 日本 PPP 模式对我国的经验与启示 [J]. 当代经济, 2017 (16): 10-12.

[30] 景婉博. PPP 模式的日本经验及启示 [J]. 中国财政, 2017 (2): 66-67.

[31] 雷荷芸. "一带一路"倡议下 PPP 模式在拉美地区所面临的风险与困境 [J]. 时代经贸, 2019 (27).

[32] 李晨宇, 李学军, 胡振. 公私合作 (PPP) 项目契约前中断的影响因素研究——以日本案例为研究对象 [J]. 建筑经济, 2015, 36 (3): 45-49.

[33] 李慧杰. 印度: "两基金+一公司"为 PPP 提供金融支持 [N]. 中国经济导报, 2015-08-26 (B06).

[34] 李建英, 陈昭宇, 蔺士杰. 民营资本参与 PPP 模式的国际经验与启示 [J]. 建筑经济, 2019, 40 (9): 52-56

[35] 李学福. 当前 PPP 项目实施中的问题成因及对策研究 [J]. 石家庄铁道大学学报 (社会科学版), 2019, 13 (3): 14-19.

[36] 李艳天, 李林林. 英、法两国 PPP 法律规制的比较分析 [J]. 法制与社会, 2018 (28): 74-75.

[37] 梁时娟. 韩企进入中国 PPP 市场相关问题研究 [D]. 北京: 清华大学, 2012.

[38] 刘柯, 谢志英. 英法基础设施建设项目 PPP 投资模式比较研究 [J]. 四川建材, 2019, 45 (8): 206-207, 210.

[39] 刘敏. 日本 PFI 的立法模式及其对我国的启示 [D]. 济南: 山东大学, 2018.

[40] 刘尚希, 赵福军等. 政府和社会资本合作 (PPP) 知识读本 [M]. 北京: 中国财政经济出版社, 2017.

[41] 刘晓阳. 论国际 PPP 项目招投标阶段风险分析与控制 [J]. 中

国集体经济，2019（15）：111-112.

[42] 刘馨蔚.《中国国际商事仲裁年度报告（2017）》：中国商事仲裁国际影响力稳步提升［J］. 中国对外贸易，2018（10）：54-55.

[43] 鲁心逸. 印度PPP基建项目审计及借鉴［J］. 审计研究，2015（4）：55-59.

[44] 马斌，郭枫. 韩国PPP纠纷解决机制及其启示［J］. 合作经济与科技，2017（3）：182-184

[45] 孟春. 澳大利亚运用PPP模式健全文化市场体系［N］. 中国经济时报，2014-08-19（005）.

[46] 孟春. 印度运用PPP模式推进临空经济区建设［N］. 中国经济时报，2014-10-30（005）.

[47] 莫小龙，王长斌，杨光，李颖，杨晓杰，刘英志. 澳大利亚发展公私合作伙伴关系的经验与启示［J］. 中国财政，2013（6）：71-73.

[48] 中国驻墨西哥大使馆经商参处编译. 墨西哥PPP项目承包模式比较［J］. 国际工程与劳务，2015（6）：90-92.

[49] ［美］尼尔·S. 格里格. PPP与基础设施融资［M］. 宋光辉，孙世选，丛林译. 北京：机械工业出版社，2017.

[50] 倪香芹. 印度公私合作伙伴关系产生的背景、发展模式及其启示［J］. 南亚研究季刊，2017（2）：54-60，5.

[51] 牛耘诗，褚晓凌，冯珂，王守清. 国际PPP项目争议成因及对策分析——基于多案例研究［J］. 建筑经济，2018，39（9）：59-63.

[52] 欧纯智，贾康. 西班牙—法国跨境高铁PPP项目失败的教训与启示——基于PPP模式发展公用事业的风险分析［J］. 当代财经，2018（10）：24-32.

[53] 欧阳帆. 政府与社会资本合作：PPP：理论、实务与展望［M］. 北京：中国法制出版社，2018.

[54] 裴俊巍，包倩宇. 日本如何推进PPP［J］. 中国政府采购，2015（7）：53-56.

[55] 裴俊巍，王洁. 法国PPP中的伙伴关系合同［J］. 中国政府采购，2016（7）：38-41.

[56] 裴俊巍. 国外 PPP 立法特点与经验借鉴 [J]. 中国财政, 2016 (12): 33-35.

[57] 沈梦溪. 印度 PPP 模式下的外国投资发展路径及启示 [J]. 国际经济合作, 2016 (8): 28-33.

[58] 隋钰冰, 陈慧. 加拿大 PPP 项目的三大成功经验 [J]. 人民论坛, 2017 (31): 204-205.

[59] 孙祁祥, 岳鸿飞. 全球 PPP 经验与中国实践 [J]. 中国金融, 2020 (6).

[60] 孙祁祥, 岳鸿飞. "减税年" 带来 PPP 发展新契机 [J]. 中国金融, 2019 (17): 65-67.

[61] 孙祁祥. PPP: 从高速增长转向高质量发展 [N]. 中国财经报, 2018-02-08 (005).

[62] 孙祁祥. PPP: 化解当前社会主要矛盾的重要机制 [N]. 中国财经报, 2018-03-29 (005).

[63] 孙祁祥. "PPP" 助力全面建成小康社会 [J]. 经济科学, 2018 (1): 10-14.

[64] 孙祁祥. "减税年" 背景下 PPP 发展的作用与使命 [N]. 中国财经报, 2019-10-17 (005).

[65] 谈婕, 赵志荣. 政府和社会资本合作: 国际比较视野下的中国 PPP [J]. 公共管理与政策评论, 2019, 8 (3): 62-72.

[66] 谭臻, 吕汉阳. 政府和社会资本合作 (PPP) 核心政策法规解读与合同体系解析 [M]. 北京: 法律出版社, 2018.

[67] 谭志强. 英国 PPP 项目风险管理的主要做法 [J]. 中国财政, 2018 (15): 66-67.

[68] 童雄. 印度 PPP 模式运行现状及启示 [J]. 合作经济与科技, 2019 (16): 64-67.

[69] 王福强等. PPP 的全球进展及中国的改革实践 [M]. 北京: 中国财政经济出版社, 2018.

[70] 王洁. 我国基础设施建设的 PPP 模式建构 [D]. 北京: 中共中央党校, 2018.

[71] 王经绫，闫晓茗，陈冠达．PPP 管理机构运行的国际比较——兼论中国是否应当设立 PPP 专职管理机构 [J]．投资研究，2018，37 (3)：150－159.

[72] 王天义，刘世坚等．PPP 从理论到实践 [M]．北京：中信出版集团，2018.

[73] 王天义，杨斌．澳大利亚政府和社会资本合作（ppp）研究 [M]．北京：清华大学出版社，2018.

[74] 王天义，杨斌．加拿大政府和社会资本合作（PPP）研究 [M]．北京：清华大学出版社，2018.

[75] 王天义，杨斌．日本政府和社会资本合作（PPP）研究 [M]．北京：清华大学出版社，2018.

[76] 王天义，杨斌．新加坡政府和社会资本合作（ppp）政策及实践 [M]．北京：清华大学出版社，2018.

[77] 王新影．PPP 模式在国际发展援助中的应用及前景展望 [J]．区域与全球发展，2019，3（2）：36－46，154－155.

[78] 王学人．印度基础设施及公共服务领域的公私合作 [J]．城市问题，2009（3）：90－95.

[79] 王寅．境外 PPP 模式及其对我国养老机构发展的启示研究 [D]．南京：南京大学，2018

[80] 韦小泉，林颖，程哲，牛保龙．中印市域铁路 PPP 模式比较分析及启示 [J]．都市快轨交通，2018，31（2）：149－153.

[81] 仵祎慧，吴杰．基于政府视角的我国 PPP 模式会计准则初探 [J]．财务与会计，2019（10）：29－33.

[82] 肖笛．境外基础设施 PPP 项目的风险管理问题研究 [D]．北京：对外经济贸易大学，2018.

[83] 肖文星．国外 PPP 模式的发展概况及对我国的启示 [J]．经贸实践，2018（7）：11－12.

[84] 肖瑶．PPP 融资模式在我国的发展现状及相关问题研究 [J]．中国商论，2016（10）：79－80，82.

[85] 谢鑫鑫，田鹏许．PPP 融资模式风险分担研究综述 [J]．科学

与管理，2019，39（4）：81－86.

［86］徐琳．法国公私合作（PPP）模式法律问题研究［J］．中国政府采购，2016（9）：39－45.

［87］徐琳．法国公私合作（PPP 模式）法律问题研究［J］．行政法学研究，2016（3）：116－127.

［88］徐玉德，张若丹，李化龙．国际视域下 PPP 模式演进的逻辑与经验借鉴［J］．财会月刊，2019（13）：134－139.

［89］徐哲潇，杜国臣．以 PPP 模式推动“一带一路”建设的思考［J］．国际经济合作，2018（10）：61－66.

［90］薛淼．PPP 风险文献综述［J］．广西质量监督导报，2019（9）：55.

［91］闫竹，赵伟欣，陈志敏．日本 PPP 发展中政府的作用及对我国的启示［J］．现代管理科学，2017（7）：118－120.

［92］杨光．澳大利亚政府与私人企业：在 PPP 融资模式中取得双赢［N］．中国财经报，2014－02－11（008）.

［93］杨鑫．绿色 PPP 基金发展问题浅析［J］．现代营销（经营版），2019（10）：145.

［94］余蕊．PPP 将走向“以人为本”［J］．中国招标，2018（48）：22.

［95］袁璨，朱丽军．全球化视野下的 PPP：政策、法律和制度框架［M］．北京：中国法制出版社，2018.

［96］袁帅，容规敏，刘弢．中资在美洲的第一个 PPP 项目——哥伦比亚马道斯高速公路项目简析［J］．国际工程与劳务，2019（9）：61－63.

［97］张超，李素蕾．PPP 模式下的招标风险研究［J］．价值工程，2019，38（22）：37－39.

［98］张久长．日本参与国外铁路建设项目的机制研究［J］．铁道运输与经济，2015，37（10）：67－73.

［99］张璐晶．伦敦地铁：英国 PPP 典范的困扰［J］．中国经济周刊，2018（42）：74－75.

［100］张璐晶．英国医院如何用 PPP 模式“搬新家”［J］．中国经济周刊，2018（37）：80－81.

［101］张晓慧，王敏．国际 PPP 项目融资中那些“名不一定符实”的概念［J］．国际工程与劳务，2018（12）：65－67．

［102］张紫薇．PPP 项目 VFM 评价流程与其动态监管方式［J］．管理评论，2018，30（10）：270－278．

［103］赵超霖．英法 PPP 调研：以特许经营为主的法国模式更值得中国借鉴［J］．中国战略新兴产业，2015（24）：84－86．

［104］赵琦．国际 PPP 项目招投标阶段风险分析及对策建议［J］．现代经济信息，2019（5）：80．

［105］中央财经大学政信研究院．中国 PPP 行业发展报告（2017－2018）［M］．北京：社会科学文献出版社，2018．

［106］周根，葛宇佳，孙陈俊妍，刘勇．英国基础设施 PPP 项目立项决策体系述评［J］．项目管理技术，2018，16（12）：15－21．

［107］周兰萍，孟奕，宋茜．从世界银行实践经验谈国内 PPP 的发展之道［J］．中国建筑装饰装修，2018（9）：106－108．

［108］周月萍，樊晓丽，袁梦艺．加拿大 PPP 争议案例对我国 PPP 项目的启示［J］．中国建筑装饰装修，2018（11）：116－117．

［109］朱春萦．英国 PPP 模式及其运行机制研究［D］．长春：吉林大学，2019．

［110］朱明涛．国际 PPP 模式运作经验对我国发展 PPP 项目的启示［J］．现代食品，2019（12）：35－38．

［111］朱升华．浅析基于 PPP 模式的国际工程项目造价管理和控制策略［J］．价值工程，2019，38（19）：51－53．

［112］朱晓龙．法国公私合作模式（PPP）及经验启示［J］．经济研究参考，2017（47）：80－83．

［113］Ashish A. Prabhu，Venkata Dasu Veeranki. Metabolic engineering of Pichia pastoris GS115 for enhanced pentose phosphate pathway（PPP）flux toward recombinant human interferon gamma（hIFN-γ）production［J］. Molecular Biology Reports，2018，45（5）.

［114］Axel Grossmann，Gökçe Soydemir. The impact of productivity adjusted deviations from PPP on the U. S. inbound FDI：Evidence from Japan，

U. K. and Germany [J]. Journal of Economics and Finance, 2006, 30 (2).

[115] David O. Cushman. Long-run PPP in a system context: No favorable evidence after all for the U. S., Germany, and Japan [J]. Journal of International Financial Markets, Institutions & Money, 2008, 18 (5).

[116] Elena Tarkhanova, Artem Shikhov, Daria Lazutina. Leading approaches to Public Private Partnerships (PPP) and infrastructural investment [P]. Proceedings of the 3rd International Conference on Social, Economic, and Academic Leadership (ICSEAL 2019), 2019.

[117] I. A. Babkin. The tools for choosing the optimal business legal structure of a PPP project in industry [P]. Proceedings of the International Scientific Conference "Far East Con" (ISCFEC 2018), 2019.

[118] Lena Brogaard, Ole Helby Petersen. Public-private partnerships (PPP s) in development policy: Exploring the concept and practice [J]. Development Policy Review, 201836.

[119] Revised PPP educational materials for oral retinoids [J]. Reactions Weekly, 2019, 1760 (1).

[120] Tangjun Yuan, Kyoji Fukao, Harry X. Wu. Comparative output and labor productivity in manufacturing between China, Japan, Korea and the United States for ca. 1935 – A production-side PPP approach [J]. Explorations in Economic History, 2009, 47 (3).

后　记

开展政府和社会资本合作（PPP）的理论研究与实践，是我国在新的时代背景下进一步深化改革、厘清政府与市场关系、加强对内开放和国家治理能力现代化建设的客观要求，更是当前提高公共品供给质量和效率、缓解公共财政不足、解决公共需求刚性增长矛盾的重要路径。

作为 PPP 发展的后起之国，全球代表性国家 PPP 的发展经验和教训，可以为中国的 PPP 发展提供宝贵的“他山之石”，助力中国的 PPP 建设快速进入正轨，掌握 PPP 规律，尽可能地避免弯路和错误。正是出于这样的目的，我们以《全球 PPP 的历史沿革与发展——基于国际比较的视角》为题，开展了这一研究。

在研究过程中我们发现，当前国内外一些学者针对个别国家或地区，已经开展了相关国家 PPP 的一些基础性研究。这些已有的工作，为本书提供了重要的参考资料和研究基础；也正是在这些国内外研究资料的基础上，我们通过长时间的系统梳理，分析、汇总、提炼和横向比较，最终得到了本书的研究结论。

与此同时，PPP 作为一项重大的制度创新，各国 PPP 的实践都处在一个快速发展的动态过程之中，很多现状和信息都在进行着快速的更新。虽然我们希望尽力保证本书信息的前沿性，但受资料可得性和研究时长的影响，截至交稿期，个别国家的现状信息只能更新到 2018 年，在此也作出特别说明。但我们会继续对各国动态进行及时的跟踪和信息搜集，以确保此项工作的连贯性和持续性。

本书的研究得到了财政部金融司、PPP 研究中心、北京大学政府和社会资本合作研究中心、北京大学经济学院、中国金融杂志社等单位的大力支持，很多业内专家也给予了很多宝贵意见和指导，在此表示真诚的感谢。此外，北京大学政府和社会资本合作研究中心的同事们在本书的编写和研究工作中，也提供了很多帮助和支持，在此感谢他们的辛苦付出！

孙祁祥

2020 年 4 月

图书在版编目（CIP）数据

全球PPP的历史沿革与发展：基于国际比较的视角/孙祁祥，岳鸿飞著．—北京：经济科学出版社，2020.12
ISBN 978-7-5218-1785-0

Ⅰ.①全…　Ⅱ.①孙…②岳…　Ⅲ.①政府投资-合作-社会资本-研究　Ⅳ.①F830.59②F014.39

中国版本图书馆CIP数据核字（2020）第148484号

责任编辑：齐伟娜　卢玥丞
责任校对：杨　海
责任印制：李　鹏　范　艳

全球PPP的历史沿革与发展
——基于国际比较的视角
孙祁祥　岳鸿飞　著
经济科学出版社出版、发行　新华书店经销
社址：北京市海淀区阜成路甲28号　邮编：100142
总编部电话：010-88191217　发行部电话：010-88191540
网址：www.esp.com.cn
电子邮箱：esp@esp.com.cn
天猫网店：经济科学出版社旗舰店
网址：http://jjkxcbs.tmall.com
北京季蜂印刷有限公司印装
710×1000　16开　15印张　230000字
2020年12月第1版　2020年12月第1次印刷
ISBN 978-7-5218-1785-0　定价：65.00元
（图书出现印装问题，本社负责调换。电话：010-88191510）